文化传播视野下的视节目创新研究

李艳丹 著

电子科技大学出版社
University of Electronic Science and Technology of China Press

图书在版编目（CIP）数据

跨文化传播视野下的电视节目创新研究 / 李艳丹著
. -- 成都：电子科技大学出版社，2019.6
ISBN 978-7-5647-7236-9

Ⅰ. ①跨… Ⅱ. ①李… Ⅲ. ①电视节目制作 - 研究
Ⅳ. ①G222.3

中国版本图书馆CIP数据核字(2019)第142279号

跨文化传播视野下的电视节目创新研究

李艳丹　著

策划编辑　　李述娜
责任编辑　　李燕芩

出版发行　电子科技大学出版社
　　　　　成都市一环路东一段159号电子信息产业大厦九楼　邮编　610051
主　　页　www.uestcp.com.cn
服务电话　028-83203399
邮购电话　028-83201495

印　　刷　定州启航印刷有限公司
成品尺寸　170mm×240mm
印　　张　14
字　　数　280千字
版　　次　2019年6月第一版
印　　次　2019年6月第一次印刷
书　　号　ISBN 978-7-5647-7236-9
定　　价　66.00元

前　言

PREFACE

　　电视是 20 世纪人类最伟大的发明之一，与书籍、报纸、杂志、电影、广播等其他大众传播媒介相比，电视是当今社会最具影响力的大众传播媒介，已成为人们获取信息、知识的主要渠道和得到娱乐、美感的重要手段。

　　如今中国电视已经走过了半个多世纪的历程，中国电视伴随着中华人民共和国前进的步伐，从弱到强，从小到大，从稀缺到丰富，从封闭到开放，走得光荣而辉煌。特别是最近这些年，中国电视的发展速度之快，观念更迭之迅猛，是前所未有的。风风雨雨半个世纪，培育了一代代电视人，也留下了宝贵的经验与探索。今天中国电视节目留给大家的印象是内容丰富和形态多元。无论是央视还是湖南卫视、浙江卫视、江苏卫视、东方卫视等地方大台，新节目都层出不穷。其中大多数流行的电视节目是向海外购买版权然后本土化的舶来品，这本身似乎也说明了中国电视更加开放和多元化。

　　与此同时，自 20 世纪 80 年代以来，由于电视媒体相较其他媒体所拥有的不可替代的作用，中国电视已经成为跨文化传播与增强中国文化软实力的极其重要的途径。当跨文化交流的内容与电视的媒体平台相结合，产生的促进不同文化间交流的作用不容小觑。相较于其他电视节目现象的研究，对电视节目中跨文化现象的研究文章并不多见。然而跨文化间的交流是适应全球化语境的文化行为，电视作为传递主流文化的窗口，应义不容辞地承担起跨文化交流的责任，所以电视节目中的跨文化现象未来有很大的发展空间。

　　本书以跨文化传播为研究视角，对电视节目及其形态创新进行了研究，以及电视节目画面造型创新进行了分析，明确跨文化传播视野下电视节目的创新实践，了解电视节目跨文化传播与交流的现存问题，最后对跨文化传播视野下电视节目创新发展提出意见和建议，希望为电视学研究者及电视媒体从业者提供一定的参考和借鉴。

　　本书内容由南阳理工学院李艳丹撰写，在写作过程中，借鉴、参考和引用了国内的相关成果，在此谨对这些成果的著作人表示诚挚的谢意和敬意。

　　由于水平有限，书中难免存在不妥之处，恳请广大读者批评指正，以便使之日臻完善。

作　者

目 录
CONTENTS

第一章 跨文化传播概述 / 001

　　第一节 跨文化传播的概念界定 / 001

　　第二节 跨文化传播在中国的产生与发展 / 003

　　第三节 全球化背景下的跨文化传播 / 006

　　第四节 以电视节目为传播载体的跨文化传播特征 / 008

第二章 跨文化传播视野下的电视节目创新 / 012

　　第一节 电视节目的创新趋势 / 012

　　第二节 电视节目的创新目标和原则 / 022

　　第三节 电视节目的创新思维 / 026

　　第四节 电视节目的创新途径 / 029

　　第五节 电视节目的创新模式 / 038

第三章 跨文化传播视野下的电视节目形态创新 / 045

　　第一节 电视节目形态的含义和特征 / 045

　　第二节 电视节目形态创新的类型和动力 / 053

　　第三节 电视节目形态创新流程 / 057

　　第四节 电视节目形态创新经典案例 / 062

第四章 跨文化传播视野下电视节目编导与文案创新 / 076

　　第一节 电视节目的构思创新 / 076

　　第二节 电视文案写作创新 / 081

　　第三节 蒙太奇思维 / 091

第五章 跨文化传播视野下电视节目画面造型创新 / 099

　　第一节 电视画面造型概述 / 099

　　第二节 电视画面造型手段 / 103

　　第三节 电视画面造型要素 / 108

　　第四节 电视画面造型技巧 / 117

第五节　电视画面镜头选择 / 126

第六章　跨文化传播视野下电视节目创新实践 / 136

第一节　电视新闻节目的创新元素与方式 / 136

第二节　电视访谈节目的创新方式与趋势 / 158

第三节　电视综艺节目的创新元素与趋势 / 176

第四节　电视纪录片节目创新案例分析 / 181

第五节　电视体育竞技类节目的创新元素与趋势 / 185

第七章　电视节目跨文化传播与交流的现存问题 / 194

第一节　跨文化交流中的语言障碍 / 194

第二节　文化差异导致传播交流不畅 / 195

第三节　缺少有力的传播与交流平台 / 197

第四节　媒体资源占有比例不均衡 / 198

第五节　对外节目形式和内容易水土不服 / 199

第八章　跨文化传播视野下电视节目创新发展启示 / 201

第一节　增强电视节目的跨文化传播意识 / 201

第二节　培养高素质的文化传播人才 / 203

第三节　发掘电视节目在跨文化交流中的新价值 / 204

第四节　探寻电视节目跨文化交流的传播机制 / 205

第五节　积极搭建跨文化传播与交流的新平台 / 207

参考文献 / 215

第一章　跨文化传播概述

第一节　跨文化传播的概念界定

一、跨文化传播的概念界定

跨文化传播（intercultural communication）是指来自不同文化背景的个体、群体或组织之间进行的交流活动。从传播学的角度讲，信息的编、译码是由来自不同文化背景的人所进行的交流，就是跨文化传播。在全球化语境中，跨文化传播显得尤为突出与重要。它是人与人之间、民族与民族之间、国家与国家之间必不可少的活动。既然是跨文化，就必然涉及至少两种文化，其文化的传播就是两种文化之间的冲突、迁移、渗透与融合，这种传播加速了文化国家中个体对彼此之间的了解与认同，进而加强了族群文化的认同，产生本土化的话题，丰富了文化的多样性。

"第二次世界大战"的后期阶段，美国面临着如何确保美军能与新近占领的岛屿上的土著居民沟通的难题，于是派出了一些优秀的文化人类学家开始研究当地的文化，由此人类开始了对跨文化传播的研究。1959 年文化人类学家爱德华·霍尔（Edward Hall）出版的《无声的语言》标志着跨文化传播学的诞生，书中首次使用了"intercultural communication"即"跨文化传播"一词，并具体提出了跨文化传播研究范式的若干原则。

二、跨文化传播学的发展及其理论基础

跨文化传播学是一个阐释全球社会中不同文化之间社会关系与社会交往活动

的知识系统。跨文化传播学于 20 世纪 40 年代后期在美国兴起，到了 20 世纪 70 年代，随着世界各国之间的往来日渐密切，跨文化传播学逐步发展为传播学研究领域的一门独立学科。

跨文化传播学的发展主要经历了 4 个阶段：①跨文化传播学的诞生，始于爱德华·霍尔的系统研究及 20 世纪 50 年代"外事学院"的建立；②奠基期（1960—1969 年），由于《文化与传播》（Oliver，1962）和《传播与文化》（Smith，1966）两部著作的相继问世，使得跨文化传播确立了其学术地位；③发展期（1970—1979 年），随着许多学术期刊与专著的陆续出版，丰富了此传播学科的内涵；④繁荣期（1980 年至今），由于诸多理论和方法论的建立，使得跨文化传播研究日臻成熟。

20 世纪 80 年代末，国内开始有学者从国外引入跨文化传播学的理念。当前该学科仍处于一个中外学术对话推动学科本土化的过程，在当今全球化的大背景下，中国政府关于构建和谐社会及中国文化走向世界的构想必将推动跨文化传播学研究的进一步发展。

传播学的研究大体可分为理论与实践两个层面，理论传播学是实用传播学的理论基础，而实用传播学则是理论传播学的出发点和落脚点。跨文化传播学作为实用传播学的一个分支，它的理论模式也离不开传播学共有的理论基础。

传播不是一种简单的社会行为或现象，而是复杂的信息流动与分享过程。每一种传播现象，都有自己的传播模式。通过传播模式，我们能够以一种直观简洁的方式，清楚地理解传播的结构和过程，了解传播系统各要素之间的关系。本文的研究框架将遵循传播学中经典的"拉斯韦尔"5W 模式，现将本文的研究体系所依照的理论框架及用到的传播学理论进行陈述。

拉斯韦尔 5W 模式。1948 年，拉斯韦尔在其发表的《传播在社会中的结构与功能》一文中，最早以建立模式的方法对人类社会的传播活动进行了分析，这便是传播学上著名的 5W 模式。5W 模式明确指出了传播过程中存在的 5 个基本要素，即"谁（who）""说什么（say what）""通过什么渠道（through which channel）""对谁（to whom）""取得什么效果（with what effect）"。这 5 个要素构成了后来传播学研究的"谁"就是传播者，在传播过程中担负着信息的收集、加工和传递的任务。"说什么"是指传播的信息内容，它是由一组有意义的符号组成的信息组合。"渠道"是信息传递所必须经过的中介或必须借助的物质载体。

"对谁"就是受传者或称受众。受众是所有受传者（如读者、听众、观众等）的总称，它是传播的最终对象和目的地。

"效果"是信息到达受众后在其认知、情感、行为等各方面所引起的反应，它是检验传播活动是否成功的重要尺度。

拉斯韦尔的 5W 模式是一种线性模式，即信息在其中的流动是直线的、单向的。该模式把人类传播活动明确概括为由 5 个环节和要素构成的过程，是传播学研究史上的一大创举，为后来研究大众传播过程的结构和特性提供了具体的出发点。

"把关人"理论。"把关人"的概念是传播学的重要范畴，由传播学的先驱者之一库尔特·卢因最早提出。"把关人"（gatekeeper）又译作"守门人"。卢因认为：信息的传播网络中布满了把关人，这些人负责对信息进行把关，过滤信息的进出流通。

"使用与满足"理论。"使用与满足"理论又名满足需要论，它是从受众的需要和接收信息的原因出发进行的研究。这一理论的代表人物是卡茨、麦奎尔、E. 罗森格伦、G. 布卢姆勒等。这一理论认为，受众是有着特定"需求"的个人，他们接触媒介的活动是基于特定的需求动机，从而使自己的特定需求得到"满足"。

"意见领袖"与"两级传播"理论。意见领袖（opinion leader）又叫舆论领袖，是指在信息传递和人际互动过程中少数具有影响力、活动力、既非选举产生又无名号的人，这些人是大众传播中的评介员、转达者。"意见领袖"作为一个词，最早出现于美国传播学学者拉扎斯菲尔德等三人的《人民的选择》（1944）一书中。这三位学者在对美国 1940 年总统选举时选民投票意见的研究与对比过程中，提出了两级传播模式：即"观念常常是从大众媒介流向意见领袖，然后由意见领袖流向人口中的不太活跃的部分"。

第二节　跨文化传播在中国的产生与发展

一、跨文化传播在中国的兴起

跨文化传播指的是具有"不同文化背景的个体、群体或组织之间所进行的交流活动"。跨文化传播，对于我们中的很多人来说，依然相对生疏，不过实际上这并不是一个新学科、新议题。在我国漫漫历史长河中，可以定义为跨文化传播的经典事例并不少。像大家所熟知的"玄奘取经""丝绸之路""郑和下西洋"等都包含其中。我们的生活不能没有跨文化传播，它或多或少地参与我们日常生活的各个方面，小到人与人之间、群体与群体之间，大到民族与民族之间、国家与国家之间都少不了不同文化之间的交流互动。人类的传播活动多种多样，跨文化传播是其中非常重要的一部分。提起跨文化传播活动，势必涉及不同文化元素在不同时间空间内的交流互动，涉及不同文化背景之下的人们的交流来往，所以说在维持社会结构稳定和社会系统平衡、促进社会发展方面，跨文化传播功不可没。

　　跨文化传播以一门学科的形式正式被引进国内，具体来说还是因为现实需要。随着冷战结束，与意识形态有关的争论逐渐淡出人们的生活，不同文化在世界大舞台上的交流互动愈加频繁。信息时代的到来，加速了全球一体化进程，文化多元化趋势日益明显，跨文化传播的重要性也越来越受到重视。20 世纪 80 年代初，跨文化传播被外语教学界引入国内，引入时，International Communication 被译作"跨文化交际"。在引入之初，跨文化传播还停留在诸如语言与文化的关系和外语教学中的文化差异 等有关语言的层面。

　　今时今日，跨文化传播在学术界又有了多个翻译名称，其中以"跨文化沟通""跨文化交际"等为代表。之所以会出现翻译的区别，还是源于"communication"一词的多种释义。虽然是对同一对象的不同解释，但是具体到学术研究上，亦会产生研究方向、研究内容和侧重点上的差异。其实无论是"Transcultural Communication""International Communication"还是"Cross-Cultural Communication"皆可用跨文化传播加以描述。

　　从发展之初，我国跨文化传播研究一直本着开放、交流的宗旨，学术交流活动就十分丰富。中山大学与欧洲跨文化研究院在 1991 年联手，举办了我国"第一届跨文化国际学术研讨会"，随后国内其他高校也陆续举办这类活动，"环太平洋地区文化与文学交流国际学术研讨会"在 1994 年顺利召开。此后学术交流愈显频繁：1995 年在大连召开了"文化研究：中国与西方"国际研讨会，哈尔滨工业大学举办全国第一届跨文化交际学研讨会；1996 年北京大学与美国肯特州立大学合作，先后举办了"交际与文化——进入 21 世纪的中国与世界"国际研讨会、"中国与世界：面向 21 世纪的传播与文化"国际学术研讨会；"翻译研究和文化传播国际研讨会"于 1997 年在北京召开，一年以后的 1998 年，"首届文学人类学学术研讨会"召开；而在 1999 年，"跨文化交际与英语教学"国际研讨会在南京师范大学召开。

二、跨文化传播研究在中国的发展

　　20 世纪 80 年代可以说是跨文化传播在我国的理论引入时期。这一时期的著作也多是把跨文化传播作为一门学科介绍给国内学界。例如，1983 年何道宽在《外国语文教学》杂志上发表了文章《介绍一门新兴学科——跨文化的交际》等。

　　自 20 世纪 90 年代起，跨文化传播在我国才开始普及并且取得了一定的进步，进入了稳固发展阶段。从对社会和学术发展的影响这一角度来看，这一时期的跨文化传播发展可分为三个阶段。1990—1995 年为借鉴初创时期，这一阶段，20 世纪 80 年代对跨文化传播理论的引进介绍依旧在延续，但更加活跃。比如，1991

年上海人民出版社出版了由霍尔著、刘建荣等译的《无声的语言》，1992 年华夏出版社出版了由罗宾逊著和马啸、王斌等译的《跨文化理解》。与此同时，有关跨文化传播的初步探讨及研究成果也开始出现。比如，1992 年胡正荣在《现代传播》杂志上发表的文章《大众传播媒介影响的扩展与控制：电视的跨文化传播初探》，贾玉新在《外语学刊》杂志上发表的文章《美国跨文化交际研究》等。据统计，自跨文化传播引进国内至 1994 年，相关文章已经发表近百篇。1995 年以前，跨文化传播的发展特点就是对理论的研究借鉴以及对发展成果的初步收集整理。

1996—1999 年跨文化传播研究有了质的提升，研究方向也有所拓展。与此同时，中国加快了国际化进程的脚步，我国社会生活的各个方面开始越来越多地步入全球一体化的进程。这一时期，中国的跨文化传播研究进入了与国外接轨的阶段，相关的学术交流活动迅速增加，相关著作的介绍翻译也迅速增强。比如：1999 年由莫藤森著、关世杰等译的《跨文化传播学：东方的视角》在中国社会科学出版社出版。文化多元化研究、文化帝国主义研究、大众媒介与跨文化传播的关系等问题研究成为热点。在这一阶段，相关论文的发表量逐年增多。例如：1996 年许力生在《外语教学与研究》杂志上发表的文章《跨文化交际中的言谈规约问题》，1999 年杨瑞在《新闻与传播研究》杂志上发表的文章《从"现代化"到"全球化"》等。当然，相关专著或文章的数量逐年增加。比如：由上海外语教育出版社于 1997 年出版的贾玉新著述的《跨文化交际学》，由北京广播学院出版社于 1998 年出版的钟大年等著的《电视跨国传播与民族文化》等。

20 世纪以来，跨文化传播研究进入了高潮，研究发展也逐步深化。2001 年中国成功加入世界贸易组织，在一定程度上推动了相关的学术研究，我国跨文化传播研究到达第一次高潮时期。这期间，研究成果大多是对作品的译著。比如，由百花文艺出版社于千禧之年出版的《美国文化模式》一书（斯图尔特和贝内特著，卫景怡译）；2001 年，由中央编译出版社出版的《世界传播与文化霸权：思想与战略的历史》一书（阿芒·马特拉著、陈卫星译）；南京大学出版社出版的《认同的空间——全球媒介、电子世界景观与文化边界》（莫利与罗宾斯著，司艳译）；以及北京广播学院出版社于 2003 年出版的《文化模式与传播方式——跨文化交流文集》（萨莫瓦等著，麻争旗等译）等著作。有关研究数据表明，2001 年入世产生了不可预料的积极影响——跨文化传播研究高潮突然到来，以至于在随后的两年时间里，学术研究热度反而有所下降。到了 2004 年，跨文化传播的研究发展在各个领域都相对平缓。进而在 2005 年与 2006 年，我国的跨文化传播研究进入了真正的发展高潮时期，论文发表数量呈现激增的态势。在这 5 年时间里，比较有代表性的研究成果包括：秦志希于 2003 年发表的论文《论欧洲电视跨文化传播的历史进程及文化效应》（载《新闻与传播研究》）；2005 年单波、王金礼发表的论文《跨文化传播的文化伦理》(载《新闻与传播研究》)。当然也包括如下专著：2002 年，清华大学出版社出版的作品《全球化与大众传媒：冲突·融合·互动》，由尹鸿与李彬主编；由北京广播学院出版社于 2003 年出版的《国际传播与跨文化交流》(郭镇之主编)等著作。

第三节　全球化背景下的跨文化传播

随着全球化时代的到来，世界将成为一个联系更为紧密的整体。政治上的国家联盟、经济上的跨国公司与贸易合作、文化上的电影电视产品的引入与输出，都让地球真的成了一个小小的"村"。电视这个服务于大众，永远在依据社会主流文化与主流价值观在调整自身内容的媒介，也适时地做出了改变。跨文化交流内容已经悄然走入电视节目，这种现象的到来不仅与全球化带来的文化多元化有关，也与我国政府层面对文化制定的策略有关，更是电视自身的媒介属性决定了它是最适合做跨文化交流的大众媒介。

全球化通常意义上是指全球联系不断增强，人类生活在全球规模的基础上发展及全球意识的崛起。世界被缩成了一个整体。起初的全球化语境主要存在于国家政治和经济层面。20 世纪 90 年代后，随着全球化形势对人类社会层面影响的扩张，文化全球化开始受到重视。

一、全球化以前的文化

在全球化阶段以前，文化被看作是一个民族或地区所在地人民的"生活方式的总和"，是"为了提升个人和社会的生存能力，增强适应能力，以及保持他们的成长和发展，一代一代传承下来，并通过后天习得的共同行为"，是一种有明确地理界线的、向内发展的概念。

文化的"内向性"与"独立性"常常使人们与那些有着不同历史的人隔开。身处某一文化中的人们，通过对前人的继承，形成了归属于该文化的语言、宗教、价值观、传统以及习俗。每一种文化都形成了一个独特的生活圈，在圈子内所有的行为都是可以解释和理解的；对于圈子以外人们的生活方式、思想态度则是难以理解甚至认为不可思议的。圈子与圈子间相互独立，难有交集。无论是如中国古语所说的"物以类聚，人以群分"，还是英文中的"With the feathers of the bird will gather together"，表达的都是大多数人会试图接近那些和自己有着相似的外貌、习惯和性格的人，这似乎是人类的天性。一种文化为它的成员提供了交流的特有模式，这种模式常常与来自其他文化的人所采取的模式不同。在人与人的交往中，大多数人倾向于选择同类，而对不熟悉的人关闭心扉。这种倾向说明了为何偏重寻求类似之处会成为跨文化交流中的潜在问题。除了不愿意去了解另外一种文化以外，刻板印象的存在也影响着分属于两种不同文化的人之间的交流。因为文化的各自独立、各自发展，对于异质文化的理解往往流于揣测，在成长的过程中形成了对某种文化的刻板印象。这样的刻板印象或者以偏概全的倾向也许是高估了另一种文化，也许是践踏了另一种文化，不正确的刻板印象给来自不同文化的人们间的交流造成了严重阻碍。

二、全球化背景下的文化

在我们所处的时代，国家为了发展而与他国进行经济合作，跨国公司为了提高利益而进驻不同的国家，构成了经济一体化的现实。交通与通信技术的飞速发展，促成了现今的信息全球化。经济全球化与信息全球化的不断深入，文化全球化也随之而来。不同文化间的交流互通正在以前所未有的深度和广度向前发展。在全球化的背景下，人们所接受的文化信息突破了空间的限制。"文化全球化"的提法概括来说是指文化以各种方式在"融合"和"互异"的共同作用下，打破了原本在地理上的疆界，在全球范围流动。需要注意的是，文化的全球化并非文化的"一体化"，而是文化的"多元化"。曾经只向内发展的文化在面对外来文化时，以更加包容的态度，在保有自己文化本质的同时，显现出吸纳外来文化长处的趋势，使社会中的文化呈现出多元化的态势。

在我国，外来的文化产品一直广受欢迎，从日剧、韩剧的流行到对美剧、泰剧的青睐，从美国的真人秀节目到中国台湾的谈话节目，受众通过电视抑或网络，享受着来自海外的文化盛宴。当然，以开放包容姿态迎接五洲来客的中国，自身的电视节目中也越来越多地出现涉外内容。以韩剧在中国观众中曾掀起的热潮为例，20世纪90年代初央视引进的第一部韩国电视剧《爱情是什么》的播放，造成的韩剧热风靡中国。受众喜欢韩国偶像剧中的唯美爱情、赏心悦目的男女主角，也注意到韩国家庭对于传统的重视——经常出现的三世或四世同堂的家庭；一切以年长者为重；生活中众多的礼节，对各个节日的重视。韩国文化通过电视剧达到很微妙的输出。电视对外来影视剧的引进，首先是介绍了另一个国家的文化，将其成功的电视作品带给本国观众欣赏，作品中带有来自这个文化的信息，通过电视作品，受众可以领略处于另一种文化中的人民的生活、想法与观念，消除了一部分原有的对异族文化的不确定性，这无疑是有利的一面。

电视行业作为社会主流文化的表达者，面对全球化的趋势时，则自觉扮演起跨文化交流的桥梁角色。调整自身的节目构成，加入跨文化交流的因素，成了明智的电视人做出的选择。伴随着整个中国社会开放的步伐、包容的心态、与国外频繁的交流，涉外内容在中国的电视节目中越来越多。无论是介绍外国风土人情的旅游节目，还是邀请外国人做嘉宾的综艺节目、谈话节目，另一种文化在国人眼中原本模糊的影子逐渐变得清晰。开播于 1990 年的《正大综艺》带领观众了解世界，使"不看不知道，世界真奇妙"成为中国观众耳熟能详的一句话。这个节目对于中国观众的意义非凡，在 20 世纪 90 年代初期，能够出国旅游的民众占的比例极小，但是随着国门的逐步打开，街头巷尾开始出现的异国面孔，使大家产生了试图了解外国的打算，《正大综艺》的出现满足了大家对其他国家好奇。用益智问答的形式在从国外拍摄的小片中提出问题，由现场嘉宾作答，这种形式的综艺节目在今天看来也许观众会厌倦，但在 20 世纪 90 年代是很有吸引力的节目形态；当然更有魅力的是每期节目都有新国家、新景象出现，"世界性"的题材具有的陌生性与新奇性造就了《正大综艺》在那个时代的成功，让中国的观众坐在电视机前足不出户地进行了一次异国之旅。值得一提的是，每期的《正大综艺》结束，紧跟着的大剧场播放的都是国外电影，用电影这种文化产品的形式再次介绍世界。可以说《正大综艺》在 20 世纪 90 年代的中国是一个极具影响力的电视节目，也是最早有跨文化交流现象的中国电视节目。但是节目中的涉外内容也应该注意：如果电视节目中简单盲目地传达另一个国家的文化、习俗，而看轻了本土文化，那么我们所拥有的丰厚的传统文化便会因自己的无知而失色。所以，中国的电视业在面对外来文化产品与在做自制跨文化交流的节目中应更理性，具备一种开放本土文化与捍卫民族文化的精神，才能使电视媒体更好地弘扬我们的文化气质，也才能适应文化全球化的背景。

第四节　以电视节目为传播载体的跨文化传播特征

一、强调双向平等传播

所谓平等传播，是指真实地表现人类共同的文化主题以及发掘不同民族人群的共同文化兴趣。其实好莱坞电影、韩剧能够风靡中国，并不是因为它们是外来的，而是因为它们具有国际性，代表了世界上不同文化背景下人们的共同需求。电视英语节目也是如此，它挖掘的是一种大众的共通的文化，寻求的是一种基于共同经验、共同情绪、共同兴趣的文化传播。同时，电视英语节目可以做到，面对不同国家和民族之间文化的差异，用一种平等对话沟通的方式进行了解探讨，而非强制性地将信息输出，这也是平等传播的一种体现。

双向传播，顾名思义，即传播形式的互动性。这一点在电视英语访谈节目中体现得尤为明显。例如，2011 年 7 月的一期《杨澜访谈录》，嘉宾是耶鲁大学法学院华裔女教授，《虎妈的战歌》的作者蔡美儿。蔡美儿的一本书引发了一场全世界范围内关于中美教育方式的大讨论，这样对于两种不同观点展开话题，更能够凸显传播双向性的特征。节目主持人杨澜从支持和反对两个方面就观众关心的问题进行提问，并且在节目中与嘉宾蔡美儿就某些问题展开多角度的讨论。一方面，蔡美儿将自己的观点一一表达，同时与之不同的观点也被提出并传达给蔡美儿。在节目最后对中美两种教育方式究竟孰优孰劣没有下结论，而是总结性地把观点一一陈述，以发问的形式继续引发观众深思。相信，无论是中国观众还是国外观众，不管大家是支持中国教育方式还是倾向于美国教育方式，都在观看节目的过程中，完成了一次观点的接受和表达。

二、偏重意识形态传播

跨文化传播是一项复杂、特殊的工作，特别是在对外宣传中。电视英语节目仅仅依靠先进的设备、相对多的投资和高覆盖率的卫星就想取得好的宣传效果，是远远不够的。想要达到宣传的目的，就要深入了解和研究宣传对象，包括对象的价值取向、欣赏习惯和思维模式。韩非子在《说难》这篇文章中有一句经典名言，即"凡说之难，在知所说之心，可以吾说当之"，用来形容电视英语节目的传播内涵再准确不过了。诚然，想要说服成功，最关键的是要了解对方的"心"，即他的思想、愿望、情感等，进而加工自己的说服内容，使之与对象的"心"相吻合。简而言之，就是在意识形态上投其所好。

我国目前的电视英语节目从节目内容的设置、主持人及创作团队的配备，演播室的布置等各个方面，都尽量兼顾中西方的思维方式、审美标准。以更西化的节目形式、更地道的语言设置吸引国外观众，进而用生动的内容打动观众，使之逐渐认同、接受在节目中所体现的与之平时所处环境不同的文化氛围。

三、功能更加丰富

既然是电视节目，就具备了电视节目应有的基本功能，电视英语节目当然也不例外。

（一）新闻传播功能

自古以来，人们就要通过了解外部环境的变化来调整自己的思维方式和行动方式以适应社会变化发展的需要。远古时期，人们用绳结记事，用大声呼喊传递信息；在敌人入侵时，烽火成为人们传递危险的紧急信号。随着时代的发展，人们进入了信息传播的纸质化时代——报纸出现了。随之，电子媒体的诞生，更是加快了信息传播的速度，使传播范围和影响力都有了不同程度的扩大。可以说，是人们对信息的需求推动了传播方式的发展进步，这也是电视媒体出现的根本原因。因此，新闻传播是电视节目最基本、最重要的功能之一。而以电视英语节目为传播方式的跨文化传播就具有了信息传播、沟通导向作用。

（二）社会教育功能

由于电视传播具有速度快捷和影响广泛的优势，电视节目成为现代社会进行社会教化的重要阵地。无论是哪种类型的节目，新闻节目也好，文化娱乐节目也罢，抑或是信息服务类的节目，都或多或少地体现了社会教育功能。科教类节目体现这一功能则更为直接和明显。

电视英语科教类节目，借助电视这种先进的传播媒介，普及英语知识，开展英语教育，呈现给观众全面、完整的不同民族的文化习俗，帮助人们直观、透彻地了解外面的世界。相较于其他传统的社会教育形式，电视教育覆盖面更加广泛、内容更加鲜活生动，因此在这一方面，跨文化传播可以说是名副其实的"空中学堂""没有围墙的学校"。

（三）文化娱乐功能

面对纷繁复杂的社会生活，"人们需要遵守社会秩序，要严格按照社会规范和标准约束自己的言行。同时为更好地生存和发展，人们还需要承受来自生活中各个方面的压力"。面对快节奏的生活，又要时时面临严峻的挑战。为了缓解这样的紧张状态，每个人的身心都需要放松。马林诺夫斯基在《文化论》一书中说道："游戏、游艺、运动和艺术的消遣，把人从常轨故辙中解放出来，消除文化生活的紧张与拘束……使人在娱乐之余，能将精神重新振作起来，再有余力去负担文化的工作。"可见人们对文化娱乐的需求是一种自然需求，当然对于人们的生活也有着重要意义。

随着电视这一电子媒介的普及，电视节目形式也逐渐呈现出多样化的趋势，各种满足人们文化娱乐需求的电视节目纷纷呈现在荧屏上，并且逐渐成为受众首选的娱乐方式。

（四）信息服务功能

时代在不断发展变迁，一时间大量的信息化产物铺天盖地地向我们涌来：卫星通信、电脑网络、数字化……人类已经跨入了信息时代，在这样的时代背景之下，经济飞速发展，人们生活水平不断提高，这就必然导致电视节目的信息服务功能日益突出，而与人们生活息息相关、有较强服务性、实用性的节目越来越受欢迎。

同为电视传播媒介，我国的电视英语节目与汉语节目一样，也具备上述提到的四项功能。例如，包括央视在内的全国各级电视媒体都开设有英语新闻节目，承担了新闻传播功能。除了电视媒体，许多国内知名的英语培训机构也都创办或参与创办了英语教学节目，可以说是电视媒介社会教育功能的延伸。此外，在跨文化传播的过程中，电视英语节目的文化娱乐功能和信息服务功能也有着自己的体现。

第二章　跨文化传播视野下的电视节目创新

第一节　电视节目的创新趋势

面临着"三网融合"、制播分离和跨界经营的新格局，电视媒体的发展已经处于一个重要的转折点。电视媒体只有认清自己的优势和不足，尽快融入新的发展框架之中，不断探索新型的节目形态，努力打造立体化传播，并与其他各类媒介实现资源共享、优势互补、协同发展，才能真正实现中国电视传媒业的跨越式发展。我们可以总结出目前的电视节目主要有以下几大创新趋势。

一、利用互联网，加大内容合作

电视与新媒体的竞争主要表现在与互联网的竞争上。为了取得竞争优势，现在的电视节目应多从以下两方面下功夫。

第一，引入互联网的思维。众所周知，互联网将人类带入了 Web 2.0 时代，它最突出的特点就是互动性。在电视节目中主要有以下三种互动方式：一是主持人或嘉宾与现场观众进行互动，如主持人鲁豫在节目中与现场观众的交流；二是在直播室接入场外观众的热线电话，如齐鲁电视台《开讲天下》中的"callin"方式；三是通过网络或手机等平台与观众进行实时互动，如《东方直播室》节目进行中屏幕下方滚动播出的网友实时留言和短信内容。再如凤凰卫视的新闻资讯节目《全媒体全时空》整合了电视、电台、网络等所有媒体资源，节目每日针对一个话题通过不同方式和平台与受众互动，使节目成为全民参与报道、全民相互讨论的媒体平台。受众可以参与凤凰新媒体的街采、通过《全媒体全时空》节目微信留言、打电话给凤凰 U-Radio、在微博上发表意见看法等。这种全媒体全民参与的方式，改变了以往主持人主讲、专家解读、记者连线的方式，是一档真正的全媒体节目。这些互动方式的加入，可以增加观众的参与度，让人们从电视上也能体验到网络中的互动感受，为观众及时发表个人的意见和看法打开了多个通道。

第二，在节目中直接加入互联网上的内容，如对网络热门话题的讨论等。如上海艺术人文频道于 2009 年开播的文化批评类节目《大声说》，就是与新浪博客、139 说客、西祠胡同等平台进行了深入的合作，打出"下期话题是什么，谁来谈，都由你决定"的口号。可以说，它真正地在电视上呈现了一个 Web2.0 社区，还原了互联网上"一石激起千层浪的惊心动魄"。又如东方卫视 2010 年播出的节目《东方直播室》，也是和天涯社区进行了内容合作，利用天涯社区网站上的网友群资源和热门话题展开讨论。栏目讨论的话题 70% 来自天涯社区论坛，实现了该节目的真实性和互动性，引起观众的高度关注。截至 2018 年 8 月 20 日，中国互联网络信息中心发布第 42 次《中国互联网络发展状况统计报告》，报告显示，截至 2018 年 6 月，中国网民规模达到 8.02 亿人，2018 年上半年新增网民数量为 2968 万人，与 2017 年相比增长 3.8%，互联网普及率为 57.7%。在手机网民方面，数据显示，截至 2018 年 6 月，中国手机网民规模达到 7.88 亿人，2018 上半年新增手机网民数量为 3509 万人，与 2017 年相比增长 4.7%。值得一提的是，在手机网民占网民数量的比重持续攀升，2018 年占比已高达 98.3%。如此大的网民资源，电视媒体如能很好地加以利用，在节目中多关注网民讨论的热门话题，定会带来不错的收视表现和社会反响。

二、整合独家资源，力推特色节目

全国有 2000 多个频道，50 多家卫星电视，电视台之间的竞争博弈非常激烈，呈现出强者愈强、弱者愈弱的"马太效应"，省级卫视更是面临着严峻的考验。电视台如要积累自身的品牌价值，必须打造一些有自己鲜明风格的节目。那么，整合独家资源，尤其是本地资源，打造适合本地观众的特色节目无疑是一大良策。所谓的特色节目，首先从节目名称上就能体现。比如同是竞技冲关类节目，湖南卫视的名称为《智勇大冲关》，透露出湖南卫视以及湖南人所具有的那种"霸气"；而浙江卫视则取名为"冲关我最棒"，延续《我爱记歌词》的特色，突出"我"这个主体。其次，从节目内容本身来看，也充满了地域化色彩。同样，天津卫视为著名相声演员郭德纲定制的《今夜有戏》，用"郭氏"语言、说书逗乐的方式串联起整个节目。据 CSM "2010 年第一季度新节目观察"显示，自 2010 年 1 月 3 日开播起，《今夜有戏》在天津地区的平均收视份额超过 11%，且表现出较好的收视冲高能力。又如，黑龙江卫视的《本山快乐营》、辽宁卫视的《明星转起来》等，都是从本地文化出发打造的特色节目，吸引了大批观众。

由此可见，关注社会热点，围绕本地文化，充分利用本地资源，尤其是名人资源，从节目定位、形象包装到宣传推广都为名人量身定制，从而多角度地打造符合本地观众口味的特色节目，已成为电视节目创新的一大法宝。

但是，独家资源并不仅仅限于本地资源，有学者认为它包括四层含义：一是本地区所独有的历史、经济、文化、精神特质；二是能够抢先以恰当的角度开发共有资源；三是与众不同的先进管理运行体制；四是拥有具有特质的优秀节目策划人和主持人。独家资源是不可复制的，因此电视台在进行节目创新时，要充分发掘这些资源，对之进行有效整合，实现合理利用。

三、混搭元素多，融合创新引潮流

媒介形态的丰富性和多样性，使得观众的选择性越来越多；同时，观众的文化素养、技术素养、媒介素养等逐渐提升，他们的要求也越来越高。而网络技术的发展特别是微博的兴起，又使得受众的关注度转向这些新的网络应用，并通过微博等途径第一时间获得信息，或者在互动式的交流中参与事件的发展，甚至在议程设置中起到举足轻重的作用。观众不再是被动地接收电视媒体传递的信息，而是希望寻找一种能够参与、能够表达、能够互动的方式。在这种形势下，电视节目仅凭单一化的元素是无法吸引观众眼球的。那么，在节目中使用多种元素，进行合理编排，也成为电视节目创新的策略之一。比如在谈话类节目中融合娱乐、闯关等多种元素，而生活服务类节目可以包含娱乐、竞技、真人秀等元素。以河北卫视的《家政女皇》为例，它就结合了真人秀、情景剧、谈话、游戏等多种元素。再如湖南卫视的《天天向上》，其中融合了娱乐、歌舞、访谈、情景剧、竞技等多种元素，混搭特色鲜明。正因为它融合了多样化的元素，使其具有丰富的内容，适合各种层次的受众群，开播以来一直受到广大观众的喜爱，节目品牌价值不断提升。在 2010 年 11 月 10 日的"快乐夺标——湖南卫视黄金广告资源招标会"中，《天天向上》以约 1.3 亿元的冠名费夺得标王。又如中央电视台互动真假求证节目《是真的吗》，包含脱口秀、真相视频调查、现场真假实验、嘉宾竞猜真假游戏等环节，结合了脱口秀、新闻调查、综艺娱乐多种元素。可以看出，现在的电视节目形态越来越复合化和多元化，也使得研究者们无法对其进行简单归类。

有学者提出将经济学里的"融合创新"引入电视业。融合创新是将各种创新要素通过创造性的融合，使各创新要素之间互补匹配，从而使创新系统的整体功能发生质的飞跃，形成独特的不可复制、不可超越的创新能力和核心竞争力。那么，电视节目出现多元素组合的现象也正暗合了"融合创新"这一理念。通过对不同元素的重新组合，突破传统，打造出新的风格。但是，"混搭"不等于"乱搭"，节目制作组在制作节目的过程中，必须事先对节目本身的定位进行深入分析和研究，加入的多种元素应符合节目的整体风格，这样才能真正提升节目的价值。

四、确立服务意识，增强服务力

2009年，江苏卫视的情感类节目《人间》荣获我国广播电视业界具有绝对权威的中国广播影视大奖。该节目自2007年开播至今一直保持着高收视率的一个重要原因，就是它不仅关注人的情感，并且为每一个当事人提供了最好的情感服务。《新周刊》曾评之为"最具人性深度情感节目"，并给了这样的评价：它把演播厅变成了故事发生地、人性中转站。主持人在节目中以人文的视角和与人为善的态度，去与每个事件当事人进行深入的沟通，在情感上力求为之提供最周到、最贴心的服务，并推动每一个事件趋向和谐的结果。一条新闻提供了新情况、新知识，满足了观众的好奇心，就达到了基本的服务效果。更进一步讲，这些新信息、新情报还能有效地帮助观众，改变他们的生活生产行为，就实现了增值服务，意味着新闻产品本身具备了附加值。

一个节目的价值大小在很大程度上取决于它与受众生活方式的关联方式和关联程度，这种关联方式和关联程度的指标是服务力。浙江卫视推出的《寻找王》的定位就是这样一档具有服务力的帮助类栏目。它打出的口号是："10亿人帮您寻找！"开播以来，播出的节目中不仅有为观众寻子、寻妻、寻友等富有情感的服务，也有帮人们寻医问药、追回大学通知书的服务，还有为警方播出通缉令的服务。可以说，该节目为观众提供了综合性的服务，真正凸显了电视人的社会责任感。只要你需要帮忙，节目人员就会竭尽所能为你服务。该栏目开播第一周，收视率在杭州地区就从第24位跃升至第3位。

2012年至今，无论是中央电视台的《梦想合唱团》《为你而战》，还是浙江卫视的《中国梦想秀》、湖南卫视的《天声一队》，抑或是佛山电视台的《一封私信》，都打出了诸如公益、慈善的理念。节目通过这种新的理念增强了自身的服务能力。

从以上分析可以看出，在电视节目中加强服务理念，在为观众提供人性化服务的同时，电视自身也能得到很好的收视表现，实现双赢。传播学者施拉姆曾提出过一个有名的公式：某种媒介或信息被受众选择的或然率 = 报偿的保证 / 费力的程度。这表明，某种媒介或信息是否会被受众选择，由两方面决定，"报偿的保证"指媒介或信息的价值对选择者而言是高还是低，"费力的程度"则包括所需时间、金钱及方便程度等。人们总是希望付出最小的代价而获取最大的报偿。因此在电视节目的传播内容中确立服务意识并加强服务力，融入人们的"生活圈""工作圈"和"消费圈"，就能在降低观众费力程度的同时，使之获取更多有价值的信息，从而吸引更多的观众。

五、开放思维

形成广电产业链 2009 年，我国对文化产业的振兴首次制定规划。对于各级电视频道而言，这是打造并延伸产业链、推动制播分离、壮大媒体实力的大好机会。各大卫视正积极从整合自身品牌、加强跨地域、跨产业合作等方面来开发产业链。

首先，利用自有品牌形成栏目产业链。深圳卫视 2003 年开播的大型娱乐节目《饭没了秀》因其以宝宝语言为笑源的另类思维，开播以来一直是珠三角地区娱乐节目的收视冠军。而在《饭没了秀》栏目形成品牌后，节目在 2010 年又开播了周五版《〈饭没了秀〉"宝贝赖上大明星"》。此外，该栏目还拥有 7 大类的附属品牌，包括"饭没了秀"常规节目、"饭没了秀"常规特别专场、"饭没了秀"主持人见面会、"饭没了秀"魔力宝宝一帮一、"饭没了秀"魔力宝宝超级演唱会、"饭没了秀"非常规特别节目、"饭没了秀"魔力宝宝演艺。由此看出，深圳卫视充分利用自有品牌的优势，成功地打造了一个品牌栏目产业链。《中国好声音》也利用自身的品牌优势，延伸推出《酷我真声音》《学员推介会》《成长教室》《加长解密版》等衍生节目，有效地拓展了节目的品牌产业链。东方卫视脱口秀节目《今晚 80 后脱口秀》2012 年推出的现场演出《今晚 80 后说相声——王自健第一次》，首轮 6 场演出出票率 100%，实现了"在播"到"在场"的产业链延展。

其次，跨地域的合作日渐增多。近年来，纪录片的国际合作成为发展趋势，包括和国际知名机构合作、邀请国际团队参与创作等合作方式。比如国务院新闻办公室与美国 Discovery 频道联合拍摄、英国独立电视台联合制作的《北京地铁系统》；中央电视台和美国弗吉尼亚政府合作拍摄的《来自弗吉尼亚的故事》；央视纪录频道与英国广播公司、美国国家地理频道、法国国家电视集团合作摄制的纪录片《秘境中国·天坑》《非洲》《生命的奇迹》等。双方及多方的合作能够有效实现优势互补，协同发展。

再次，电视业与电影业的合作也越来越频繁深入。省级卫视已从单纯为电影提供首映礼的宣传平台转向参与电影的制作，如《十月围城》的投资方就有东方卫视、江苏卫视、广东卫视、湖南卫视、旅游卫视五家重量级卫视台资源，这 5 家电视台为电影提供了全方位的宣传，包括播出首映盛典或邀请剧组参加本台各种综艺节目等。中小型制作的电影也开始采用与知名栏目合作的方式进行宣传，如湖南卫视的《快乐大本营》多期节目的参与嘉宾均为电影剧组，包括《铜雀台》《杀生》《北爱》《窃听风云》《追影》《机器侠》《大兵小将》《枪王之王》等剧组。

电视业投资电影成功有先例可循，如上海文广集团主导制作的两部动画电影《风云决》《喜羊羊与灰太狼之牛气冲天》，前者以 3000 多万元票房打破尘封已久的国内动画电影票房纪录，后者最终票房成绩过亿。上海大学影视学院教授石川认为，电视业"大鳄"涉足电影制作业是一个值得鼓励的现象。广电集团资源优势明显，一方面它们资金雄厚，另一方面，它们拥有的媒体资源也是一般电影发行公司无法比拟的，这对于电影营销、宣传非常关键。

最后，通过跨产业合作来打造产业链，也是目前电视业的一大亮点。2009 年12 月，淘宝和湖南卫视合作组建了"快乐淘宝"公司，联手拓展电视网购新市场，不仅推出"快乐淘宝"节目《越淘越开心》，还在淘宝网上开辟"快乐淘宝"子频道专区和外部独立网站，创建了电子商务结合电视传媒的全新商业模式。这就打造了一个电视与电子商务领域的产业链，改变了电视之前一次性广告收入的盈利模式。

无独有偶，凯撒旅游和旅游卫视在 2010 年年初也联合制作了国际旅游推介节目《凯凯莎莎游世界》。该节目结合凯撒旅游的众多旅游线路，进行旅游产品、当地文化、历史地理、购物、时尚、餐饮等各种特色介绍，节目涉及亚洲、非洲、欧洲、美洲多个地区的旅行线路展示，极具实用性和趣味性，收视人数在播出当月就突破了 80 万。

可见，电视媒体通过整合自身品牌资源或进行跨地域、跨产业合作来开发新节目，并互为联动，从而形成广电产业链，已是今后电视发展的一个重要趋势。只有形成广电产业链，才能推动广电业持续、稳定发展，让电视突破依靠广告单一盈利的旧模式，实现盈利模式的多样化。同时，在保证市场效益的前提下，电视节目制作人员也会有资金和精力研发更多的优质节目。

六、大投入大制作，打造优质节目

2009 年 7 月起，国家广电总局制定各种政策希望扭转电视媒体一味利用电视剧资源而忽略优质节目创作的习惯，使各级电视频道逐渐转向节目创新之争，加快研发非电视剧类节目的步伐，打造新的节目资源优势。2010 年最受关注的两个节目是上海东方卫视的《中国达人秀》和江苏卫视的《非诚勿扰》。这两档节目在市场效益和社会效益上无疑都取得了巨大成功，可谓优质节目的代表。据统计，第一季《中国达人秀》的总收入超过 2300 万元，平均收视率在 3% 以上。而《非诚勿扰》2010 年 6 月 6 日的收视率则高达 4.53%，刷新了之前所有卫视节目的收视纪录。那么，究竟如何打造优质节目？应该从哪些方面努力呢？

第一，大投入、大制作才有大产出。以《中国达人秀》为例，版权购买的费用是 110 多万元人民币，导演组团队约 60 人，加上宣传、制作共 100 多人，一个栏目投入如此大的人力在国内是很少见的。同时，《中国达人秀》也投入了极大的物力：在选手进等候区之前、等候区、上侧幕前、侧幕、表演结束后的密室等都有摄像机拍摄。舞台表演有 13 台摄像机，一共 20 个机位。正是如此多的机位，才会全方位、多角度地拍摄到选手的表现、现场评委、观众和侧幕主持的反应，以及现场其他的戏剧性表现。《中国达人秀》的每集节目是从 150 盘素材带中剪出来的，制作之精良，可见一斑。这也有力地说明了此档节目创造出收视奇迹绝非偶然。电视与新媒体相比，由于电视屏幕及收视时间等的限制，在信息数量上毫无优势。但是，电视在品质上则拥有相当大的潜力。我们可从中得到启示：加大资金投入和组建强大的制作团队，集中精力打造精品节目，是当下电视媒体拓展生存发展空间的一个重要途径。

第二，加大对舞美的重视。电视节目的舞美包括节目现场的布景、灯光、化妆、服装、效果、道具等。随着人们生活品位的逐步提高，观众对视觉效果的要求也越来越高。现代电视舞美强调层次感、节奏感和实用性，这也使舞美不仅仅是促成节目形式的一种手段，而且要介入节目内容本身，成为其一部分，加强节目的表现力，渲染出特定的氛围。有数据显示，《中国达人秀》平均每集节目的制作成本高达上百万；《非诚勿扰》每期的成本为 30 万~40 万元。其中，舞美占据着相当大的份额。我们可以在《非诚勿扰》中看到，不论是环境、灯光、服装、化妆、道具，还是节目的背景音乐、节奏控制等，都已达到同类节目最上乘的水准。再如东方卫视的《幸福魔方》在舞台中央设计了一个"玻璃屋"，主持人和当事人居其中，各方当事关联人和心理疏导师围坐在四周，通过灯光的变换，矗立起全景空间 360°的原点，突破了原来的平面视角，营造出全新的收视体验。而河北卫视播出的《家政女皇》栏目更是邀请了国际顶级舞美、灯光设计及人物造型大师量身打造每一期屏幕形象。此外，东方卫视《舞林大会》、安徽卫视《天声王牌》、江苏卫视《幸福晚点名》、湖南卫视《以一敌百》等都是通过舞美技术实现了节目的华丽创新。

第三，精心选择嘉宾。嘉宾原只是电视节目中的元素之一，根据节目内容需要而邀请至现场。从热播的电视节目来看，嘉宾对观众眼球的聚焦作用越来越凸显。可以说，嘉宾本身也成为电视节目创新的一种手段。嘉宾选择得好，不仅能有力提升节目的知名度，也能为节目整体形象加分。例如，贵州卫视热播的电视谈话栏目《论道》，由于博鳌亚洲论坛秘书长龙永图的加入，不仅保证了该栏目的思想、风格、语态和视角，也是栏目实现可持续发展的一个重要前提。

七、引进优质模式，推动节目创新

节目模式与节目形态是基于不同分类而产生的两个概念。那些优质的、典范性的节目模式，往往是将多种节目形态高度整合在一个节目模式当中，进而产生出各类创意元素。当然，某些被众多从业者竞相模仿的节目，由于其成功的技巧、元素、结构、形式、类型、定位甚至题材取向、内容编排等，可能使其本身就固化为一种节目模式。好的节目模式可以通过将各种节目形态的特性高度融合在一起，推动节目形态的创新。

近年来，我国电视节目"模式引进"如火如荼（表 2-1）。2010 年被世熙传媒总裁刘熙晨称为我国"模式启蒙年"，代表为购买 Fremantle Media 公司节目版权的《中国达人秀》和借鉴 Take Me Out 的《非诚勿扰》。2011 年，各电视台从引进节目开始发力。中央电视台从英国 Fremantle Media 公司引进版权，制作了《谢天谢地你来啦》；湖南卫视《舞动奇迹》第三季上演，同期播出的引进版权模式的节目还有《称心如意》《我们约会吧》和《最高档》；5 月，东方卫视《中国达人秀》第二季登场，《我心唱响》也随之起航；浙江卫视高调推出了《中国梦想秀》，主打平民梦想牌，节目引自英国 BBC 综艺节目《就在今夜》；山东卫视引进 Surprise!Surprise!，上星节目直译为《惊喜！惊喜！》；辽宁卫视推出中国版 X Factor——《激情唱响》；深圳卫视《年代秀》引自比利时综艺节目 Generation Show 的模式；东南卫视则一举引进三个节目，分别是《欢乐合唱团》《明天就出发》《朋友就该这样》。2012 年，湖北卫视从荷兰塔帕传媒集团购买了《我爱我的祖国》的中文版权，引进整体节目制作模式，荷兰方派制作人到湖北武汉对栏目组人员进行培训。安徽卫视联合光线传媒引进 Fremantle Media 公司的节目 Don't Stop Me Now，推出新才艺竞技节目《势不可挡》。该年，引自荷兰音乐节目 The Voice of Holland 的模式标杆节目《中国好声音》的蹿红引起业界对模式的广泛关注，电视节目模式的竞争愈演愈烈，模式节目急剧增长，竞争激烈。2013 年，湖南卫视《我是歌手》、江苏卫视《星跳水立方》、东方卫视《中国梦之声》、湖南卫视《中国最强音》、北京卫视《最美和声》等纷纷推出，模式节目常态化已经成为一大创新趋势。

表 2-1　我国主要模式节目

节目名称	播出频道	来源国家	原版名称
谢天谢地你来啦	中央电视台	澳大利亚	Thank God You're Here
梦想合唱团		英国	Clash of the Choirs
超级减肥王		美国	The Biggest Loser
中国达人秀	东方卫视	英国	Got Talent
梦立方		英国	The Cube
妈妈咪呀		韩国	Super Diva
顶级厨师		英国	Master Chef

节目名称	播出频道	来源国家	原版名称
舞林争霸	东方卫视	美国	*So You Think You Can Dance*
我心唱响		荷兰	*Sing It*
步步惊心		美国	*Minute to Win It*
名声大震	湖南卫视	英国	*Just the Two of Us*
舞动奇迹		英国	*Strictly Come Dancing*
我们约会吧		英国	*Take Me Out*
最高档		英国	*Top Gear*
百变大咖秀		西班牙	*Your Face Sounds Familiar*
女人如歌		荷兰	*The Winner Is*
我是歌手		韩国	*I am a Singer*
中国最强音		英国	*X Factor*
老公看你的	江苏卫视	德国	*My Man Can*
星跳水立方		德国	*Stars in Danger：High diving*
芝麻开门		以色列	*· Raid the Cage*
中国好声音	浙江卫视	荷兰	*The Voice of Holland*
中国梦想秀		英国	*Tonight's the Night*
越跳越美丽		美国	*Dance Your Ass Off*
转身遇到 TA		美国	*The Choice*
中国星跳跃		荷兰	*Celebrity Splash*
黄金年代	安徽卫视	意大利	*The Best Years of Your Lives*
势不可挡		英国	*Don't Stop Me Now*
我为歌狂		荷兰	*Mad For Music*
我爱我的祖国	湖北卫视	荷兰	*I love My County*
我的中国星		韩国	*Superstar K*
年代秀	深圳卫视	比利时	*Generation Show*
男左女右		荷兰	*Battle of the Sexes*

续　表

节目名称	播出频道	来源国家	原版名称
一声所爱·大地飞歌	广西卫视	英国	*True Talent*
惊喜！惊喜	山东卫视	英国	*Surprise! Surprise!*
中国星力量		韩国	*K-POPSTAR*
完美暗恋	广东卫视	荷兰	*Dating in the Dark*
激情唱响	辽宁卫视	英国	*X Factor*
天下无双	天津卫视	英国	*Copycat Singers*
最美和声	北京卫视	美国	*Duets*

如此大批量地引进国外模式，是否会引起同质化竞争？中国传媒大学教授、著名电视策划人苗棣表示，如果形成一个比较规范化的市场，由于"引进"具有排他性，"引进"本身就在一定程度上是差异化的。但是，模式并非拯救一个节目或者平台的法宝，它只是提供了一种有益的方式，电视人不断学习和借鉴的过程才最为重要。深圳卫视副总监易弹认为："引进成形的节目类型，会让节目环节设置与内容表达、操作方式瞬间站在 70 分的起点上，但是 70 分对于所有平台都是不够的。任何节目如果不进行本土化改造，就会水土不服。"由此可见，节目模式的引进与本土化改造是相辅相成的。只有将两者进行有效融合，才能真正实现节目的创新，推动整个电视业的持续发展。比如，《我爱我的祖国》原模式中的题目主要是一些字母游戏，适合欧洲人的语言习惯，不适合中国人。湖北卫视既保留了原节目中起承转合的模式，以及"接歌"等经典环节，同时进行了本土化改造，大量的内容来自中国各地的传统文化、民俗风情等，尤其还关注了荆楚文化。又如戏剧真人秀节目《谢天谢地你来啦》中，每一个情景和故事都需要自己的设计和想象。这就提高了自身的创作和制作门槛，有效地避免了抄袭或雷同。

八、技术引领创新，内容依然为王

纵观电视业的发展，技术起到了非常重要的推动作用。没有技术的更新，难有节目的创新。比如齐鲁电视台 2003 年创办的《开讲天下》已两次夺得中国电视十佳谈话节目桂冠，其中"callin"技术起到了不可替代的作用。根据百度百科的解释"callin"的准确表述是：自动语音接入系统的数据实时表决系统。即观众在收看《开讲天下》的同时，通过拨打电话选择数字按键的方式投票表达自己或支持或反对的意见，接入系统会将观众投票自动生成为统计数字，实时显示在电视屏幕上，从而真正实现了民意调查与电视辩论内容的同步呈现。2009 年 K 歌类节目引入的评分机器系统同样是技术革新的成果，湖南卫视引进了 MR.MIC，江苏卫视有 SAM，浙江卫视则是蓝巨星。东方卫视的《东方直播间》更是利用技术将电视手段、网络媒体、短信直播等多种传播手段相结合，致力于构建一个三屏合一的意见平台。而如今，随着技术的发展，四屏合一（手机、iPad、电脑、电视）的时代已经到来，正在继续推动节目的革新。从以上分析可明显看出，技术领先带动了节目进步，而节目创意又会促进技术进一步革新。电视本身就是技术和艺术的结合体，两者的良性循环将是今后媒体生产创新的必然趋势。

加拿大传播学者麦克卢汉认为媒介是人的延伸。他说任何媒介都是人的某种功能的延伸，比如书本是人的视觉的延伸，广播是人的听觉的延伸，电子媒介是人的中枢神经系统的延伸。而人类就是通过不断地创造新技术扩展了自己的身体与能力，人类自身的每一次延伸必将在人类的发展进程中引入一种新的尺度。

当然，技术性传播媒介的发明和使用，的确极大地扩展了人类进行信息交流的能力。在电视的发展史上，技术一直扮演着非常重要的角色，推动甚至引领着电视业向前发展。所以，电视节目制作人员首先要尊重新技术，改变原有的"高高在上"的观念。其次，我们也要认识到，电视节目还是以内容取胜。技术最终只能从形式上对电视节目产生影响，而"内容"为王依然是不变的法则。可以说技术引领了创新，但真正的创新还是要回归到节目内容本身，回到制作节目的人身上。在电视节目创新的过程中，仍需继续秉承"内容为王"的宗旨。创新节目只有具备核心的不可替代的竞争优势，才能避免速朽。收视居前、口碑较好的节目，无一例外都是从前期策划、录前准备、现场拍摄到后期制作等各个方面精益求精，具有创新精神的高品质节目。

第二节　电视节目的创新目标和原则

一、电视节目创新概念

创新与发明最大的区别在于创新是经济行为，而发明是技术行为，简单地说，创新是发明的商业化过程或商业化结果。世界著名经济学家熊彼特（Joseph Alois Schumpeter）在《经济发展理论》一书中首次使用了创新（innovation）一词，他将创新定义为"新的生产函数的建立"，即"企业家对生产要素的新组合"。电视节目的创新同样如此，是指传媒机构在特定的产业环境中出于对目标成长绩效的追求而在核心能力的基础上创造新的电视节目，或对现有电视节目实施改进的行为过程。

我国的电视综艺节目从早期单向传播、缺乏互动的联欢娱乐到互动性强、格调不高的游戏娱乐。再从内容充实、惊险刺激的益智娱乐到广泛参与的平民娱乐，乃至当下热播的明星真人秀娱乐，已走过近半个世纪的发展历程。虽然其"服务百姓，娱乐大众"的宗旨未变，但其在起步、发展过程中已有过数次的改变与创新。因为对于电视观众来说，需求永远只有一个字——新；对于电视工作者来说，追求的也只是这一个字——新。对于电视节目的发展而言，似乎没有什么比创新更为重要的了。

节目创新通常分为三个层面：理念创新、内容创新和形态创新。

（一）理念创新

理念创新是指思想观念的创新和思维方法的创新。形态和内容都是附着于理念的，是理念的具体化表现。电视节目创新的根本是理念的创新，只有体现了先进的文化理念，电视节目创新才可能走得更长远、走得更精彩。

以《超级女声》的文化理念为例，虽然该节目在很大程度上借鉴了《美国偶像》，但它在借鉴的过程中对新兴文化的一系列鲜明特质进行了独到的抽象和演绎，特别是在比赛规则方面做得尤其出色。这些新兴文化特质给长久以来习惯按部就班、服从等级制度、评判标准单一化、凡事都讲求面子、长幼有序、宁可被动接受也不主动参与的中国老百姓带来了极大的新鲜感和娱乐性。尤其是手机短信的互动性，给节目现场带来了真实的悬念，就像在人们的日常生活里放置了一个随时可能实现的奇迹。这些都代表着《超级女声》产品创新的核心价值。

（二）内容创新

内容创新是指不断地寻找生活中具有新颖性、变动性、时效性和突发性的素材，让受众耳目一新。节目内容对收视率的影响举足轻重，优化节目内容是提高收视率的重要一环。

人文是节目内容的源泉。注重人文性不仅是知识的展现，更多是通过节目目的、节目内容、节目理念传递给观众的人文内涵。《爸爸去哪儿》以亲子互动为宗旨，摒弃了真人秀阶段单纯竞技、比拼的娱乐要素，主打亲情牌，让电视受众把目光开始转移到家庭、孩子身上，用节目引发受众的反思，起到积极作用。《两天一夜》则在节目中注重实用知识的灌输，每到一个景点，都有详尽的景点知识介绍，除此之外，一些交往礼节、风俗习惯都会积极地通过嘉宾演示传达给受众，此节目还冠以公益的头衔。

俗语说：无文则行之不远。人文性是未来综艺类节目的重要发展趋势。2013年暑假的两档电视节目《中国汉字听写大会》和《汉字英雄》正是因为破解了综艺节目格调不高、人文性不足的局限获得了高收视率。面对当下我国综艺娱乐节目泛滥、格调不高的状况，2013年9月，国家广电总局又一次下发限娱令。此次命令被形象地称为"加强版""超级版"。电视作为传播大众文化的重要载体，能否担当社会责任、传递正能量是首要考虑的问题，如果单纯只靠行政手段去制约，无法从根本上扫除泛娱乐化现象，或许以后还会有"第三版""第四版"限娱令的出台。注重人文性，追求人文内涵，更多的是靠广播电视人的自律。

（三）形态创新

电视节目形态就是电视节目设计的基本模式。这个形态既包括电视节目的构成要素（如人、声、词、画、音、字等），也包括节目结构（节目时间长度和环节构造），还包括节目的播出方式（直播／录播、日播／周播／季播）等。不同的电视节目形态规定着不同的电视节目内容，对应着观众的性别、年龄、受教育程度并决定着观众的规模。对电视节目而言，节目内容无论面对何种收视需求，都必须转化成相应的充满个性化色彩的电视节目形态，才更具活力，为观众所接受和喜爱。一个节目能否吸引观众，很大程度上在于其形式能否吸引观众，因而一个好的节目形式是获得高收视率的必不可少的重要条件。纵观我国新推出的节目，播出后获得较高收视率的，很大部分是在形式上有所创新的。如，江苏卫视《非诚勿扰》的灭灯、浙江卫视《中国好声音》的转椅等。

电视节目形态创新。即对节目构成要素、节目结构和播出方式进行不同的排列组合，一方面是指要赋予原节目形态新的内涵，另一方面是指要产生新的节目形态。当然，并非所有的电视节目都具有形态意义。有些电视节目刚一诞生可能就意味着一种新形态的产生；而有些模仿和克隆的节目只会增加节目数量，却不会对电视节目形态有所贡献；而那些粗制滥造的节目，则给电视节目形态带来了负面影响。先进的形态设计本身就是电视节目生产经验和创意的精华所在。电视形态的创新要建立在不同受众的不同收视习惯之上，从观众对特定信息的接受和欣赏习惯出发，以新的节目形态来适应观众需求。

形态创新和内容创新相辅相成，节目基本要素的重组和变动往往会导致新的节目要素和节目类型的出现；而特定的内容元素或节目类型又需要特定的节目模式来表现。当特定的节目形态和特定的内容选择有机地结合在一起的时候，就产生了节目模式，也就是我们通常所说的模式化节目。在西方，节目模式被称为节目"圣经"。节目"圣经"包括脚本、制作流程、板块格式、游戏环节、演播室、舞美、道具、植入式广告设计、观众参与设计、多媒体联动、节目测试等内容。节目模式成为电视的重要生产力和盈利来源。在美国，最受欢迎的电视节目有 3/5 是模式类节目。再看欧洲，情况也相仿，近年来最受欢迎的电视节目有 2/5 是模式类节目。换句话说，节目模式在电视节目中占据着很重要的地位，能左右市场占有率。

二、电视节目的创新目标和原则

（一）创新关系到电视传媒产品的成长

从经济学角度看，每一个传媒产品都存在一个相应的生命周期，对此，英国经济学家马歇尔也提出了著名的"树木原理"，他认为一个产业就像是一片森林，大大小小的企业好比是其中参差不齐的树木，都有生存和发展的机会，也都会经历凋零枯萎的命运。那么，如何使企业超越生命周期的限制，获得较好的成长而免于老化呢？创新期或者说导入期是企业成长的关键时期，也是企业生存和发展的关键时期，因此企业的管理者要抓住产品生存和发展的关键时期，通过延长这个时期来发展企业。不仅如此，每个组织在成长的阶段也都会遇到"成长天花板"的危机，"成长天花板"限制了企业的进一步成长。企业破除成长天花板的制约，可获得持续成长，其动力源泉就在于不断创新。传媒成长与企业的成长适用于同样的道理，创新是电视不断前进的发动机。

在电视节目竞争激烈的今天，电视传媒必须不断获得成长才能让其立于不败之地。也就是说，当传媒即有产品无法解决其将要面临或正在面临的危机时，创新作为一种"创造性破坏"，打破既有的格局，建立更有效的格局，将使传媒获得进一步成长的动力支持。创新可以说是驱动传媒及其产品成长的主导力量。而电视节目的成长不能仅仅理解和表现为变得"更大"，更重要变得"更强""更新"，也就是"质"的成长。对于电视节目的可持续发展来说，"质"的创新或变革是最为核心的内容，量的扩张只是成长的结果。

湖南卫视的创新性是不错的，虽然它是以娱乐立台，在娱乐节目方面的创新思维和速度还是值得业界学习的。从《超级女声》《舞动奇迹》《百科全说》《智勇大冲关》《我们约会吧》等节目的相继推出和被反复模仿可见其创新步伐之快，从王牌节目《快乐大本营》《天天向上》在综艺节目的大浪淘沙中屹立不倒可见其创新功力之深。正是湖南卫视不断地创新让自己总是走在国内同行前列。再次证明了创新是传媒及其产品成长的原动力。

（二）节目创新关系到媒体的核心竞争力

中国电视已经过了粗放式发展的初级阶段，现已进入培育核心竞争力的品牌竞争新阶段。"核心竞争力"一词由著名管理学专家 G. 哈默尔和 C.K. 普拉哈拉德于 1990 年提出，所谓核心竞争力就是"在组织内部经过整合的知识和技术，尤其是整合不同技术的知识和技能和关于怎样协调多种生产的技能"，核心竞争了有一些必要的识别准则。哈默尔和普拉哈拉德认为其识别准则包括 3 方面：①核心竞争力应当对最终产品可见的消费者收益具有明显贡献；②核心竞争力提供了进入多样化市场的潜力；③核心竞争力应当是竞争对手难以模仿的能力。哈默尔等还把核心能力归纳为 3 种类型：①功能性能力，是指企业通过提供具有独特性功能的服务或产品，为消费者创造显著的独特性价值功能；②市场通路能力，是指促使企业更接近消费者或市场的能力；③整合能力，是指可以使企业更快、更优质或更富弹性地提供服务或产品的能力。

通过对核心竞争力概念的叙述，我们可得出这样的结论：电视产业的核心竞争力体现在各部门各种资源之间的无形资源，它必须具备价值优越性、独特性，也可以说稀缺性和延展性的特征。相应地，就某电视传媒产品来说，它的核心竞争力就是它与其他传媒产品相比所存在的优势，比如节目的独特性、价值的优越性。要获取此种优势电视节目就必须进行创新，以求获得第一种能力，即功能性能力。电视节目要通过提供具有独特性的节目产品，为受众创造显著的独特性价值功能，而不是去复制别人的模式，或依赖作为开放性资源的对频道品牌优势积累有限的电视剧。

第三节　电视节目的创新思维

制度创新是节目创新的原动力，理念创新是节目创新的根本，借鉴新媒体和各种艺术形式，从内容和形态着手全面创新是创新的基本方法，发挥传统电视的优越性仍然是节目创新的重要途径，提高执行力是创新的重要保障，完善节目评估体系是创新的必要手段，将这些方面加以综合运用和考量，就可以实现电视节目的创新。

一、对主流价值观的发展与融合

电视作为一种传播载体在发展中会遇到各种发展与坚守的问题，在面对新事物、应对新挑战时，把持正确的、主流的价值观是让其在发展中不迷失、不盲目的必然选择。

电视节目的创新也要遵循在主流价值观的引导下发展、融合新的价值观原则，对于虚假、偏激、低俗的信息和内容可以起到控制的作用。

以人为本，提倡人文关怀可以说是一种长远发展之计。20 世纪 70 年代，社会营销观在西方国家刮起旋风，就是指企业要反思传统的营销观念，意识到企业的营销应负有一定的社会责任。社会营销观或道德营销观体现了企业的社会责任感和新价值观，产生最大顾客满意的顾客导向与长期消费者福利，同时都是实现组织目标的关键。要求企业在营销时，不但要考虑消费者的需要和公司目标，更要顾及消费者和社会的长期利益。以人为本，提倡人文关怀也体现了社会营销观的具体策略。

人文关怀就是要提倡人的个性发展与思想解放。电视节目增加人文关怀不仅仅指将人文关怀作为新闻报道的视角,选择题材的导向,它更应该成为电视节目制作中必须加以考虑的原则,贯穿于新闻报道的整个过程中,包括从采访、选题到表现形式的选择。体现在电视节目报道普通百姓的生存状态,关注老百姓身边发生的小事。通过这些报道触动人们的心灵,引起共鸣,体现人文关怀的情结。在报道中代表人民群众的利益,传达人民的心声,才能倡导一种先进的文化发展方向,充分地满足受众的需求。

民生新闻的兴起说明了具有人文关怀的节目是受众所喜爱的,中央电视台"感动中国年度人物颁奖礼"这类温情脉脉、充满人文关怀的晚会对受众来说更像一场盛典。该典礼以隆重、庄严的仪式表彰那些在平凡岗位默默坚守的普通人,他们来自全国各地,来自各行各业,他们的工作是普通的,但他们的选择或坚守或信仰,总有一方面让同是普通人的观众赞赏。特别是经过颁奖礼庄严的仪式表达,主持人郑重地朗诵颁奖词和名人的高度评价语,那一刻普通人受到了国家英雄般的礼赞。"感动中国年度人物颁奖礼"不论是它的颁奖过程还是颁奖词和名人的高度评价语都充满了人文气息,给了值得关注的普通人一个独一无二的舞台。

二、加深对新闻题材的文化性挖掘

我国的电视节目和 20 世纪 90 年代初期相比,虽然现在荧屏上出现了不少那时少见的节目样式,诸如真人秀、脱口秀等,但样式的种类及其审美含量远不及那时丰富,像曾经令受众赏心悦目、耳目一新的电视音乐艺术片、电视舞蹈艺术片、电视风情艺术片、电视民俗艺术片、电视文学艺术片、电视文化艺术片等几乎消失殆尽。而如《话说长江》《话说运河》《唐蕃故道》《望长城》等能给予观众心灵激荡,能够振奋世道人心的史诗篇章、文化性电视节目类型,也仅仅留置于国家、政府重要纪念活动或节庆活动的媒介配合行为当中。

我国的文化历史悠久,源远流长,制作这类节目时考虑受众媒介素养的现状以及发展,是大有节目可以做的。实际上,具有社会文化性的节目受众还是很欢迎的,《百家讲坛》的成功就证明了这一点。《百家讲坛》适应电视传播规律,改变了学术讲座的阳春白雪,强调要为广大百姓喜闻乐见,挖掘优秀传统文化的现实意义,为了符合大众收视习惯,强调对主讲人进行"电视感"的训练。先后推出的《易中天品三国》《于丹论语心得》《于丹庄子心得》《王立群读史记》等受到观众欢迎,在社会上引起广泛反响,取得很好的效果。还有中英联合摄制的纪录片《美丽中国》也是一个典范,从使观众置身于中国的多彩风光中,包括汉代宫殿、内蒙古草原和维吾尔的沙漠、丝绸之路、青藏高原。影片还包括罕见的大熊猫和一种珍稀的中国特有的食鱼蝙蝠的珍贵生活记录。

以文化反哺为代表的关于文化传递的理论应该是电视节目在文化方面可以有所作为的，也是媒介素养教育由绝对的保护主义转向相对的保护主义的理论基础。然而从整体来看，文化反哺理论对中国媒介素养教育的影响仍很微弱。在媒介素养教育策略中，不但要培养学生的批判观点，认清现状，还应教会学生进行文化省思，即在识读媒体时能从另一个不同的角度反思文化与社会的问题。

三、加强受众的参与性

电视媒体发展到现在，受众的参与虽然越来越多，但这只是相对而言。受众的参与不是多了，而是还很少。电视媒体在受众参与的机会和设置上可以给予更多的考虑。受众通过间接或直接地参与媒体，对于媒介的生产过程有了亲身体验，更能感悟媒介信息对自己的影响。同时，传播过程中的主体概念就会越来越清晰。这对于主体性发展、主体性教育具有重要作用。"主体"这一概念是相对客体而言的，它表现出人与客观外界的关系。在电视节目中，表现为参与者与节目的关系，包括参与者的体会、认识。主体性发展是人的全面发展的核心，主体性教育是以培养和发展受教育者的主体性为目的的实践活动，是现代教育应有的、重要组成部分。通过承认和尊重受教育者的主体人格和主体地位，提高和培育人的能动性、自主性和创造性，使他们成为能动地、自主地、创造性地进行认识和实践活动的社会主体。通过受众参与电视节目，合理地强化受众在媒介方面的自主性、能动性和创造性，充分利用电视节目传播的过程生成独特的文化意义，这对塑造健康的主体人格和敬业乐群的主体性人格具有重要作用。这既是媒介素养教育的目标，也是电视节目创新的要求。

大型相亲互动节目如《非诚勿扰》就充分发挥了电视媒体的交流特性，征婚双方参与，台上的主持人，台下的嘉宾，荧幕内、荧幕外的有意征婚者进行沟通，把参与者内心真实的想法挖掘出来，以最大限度地凸显参与者的性格。《非诚勿扰》开播之初，因参与嘉宾不时爆出惊人言论，受到了炒作、虚假、低俗的质疑，央视也在黄金时段的节目里，对相亲节目的不良价值取向给予了批评和舆论监督。

鉴于此，《非诚勿扰》节目组做了一些调整，嘉宾的言论不再直接涉及敏感问题。节目在相亲的同时，也具有对嘉宾和受众进行主体性教育的成分。表现在嘉宾经常就一个习惯、一句话畅所欲言，不同观点的表达对于受众和嘉宾确认、改变或重建观点起到了重要的作用，特别是主持人和两位观察员的引导起到了点睛的作用，让受众看到了某一问题你我他的各方观点，虽然有些人的想法不符合主流，但经过主持人的引导，有时会特别强调正确态度，这种方式对于观众有一个正确的认识，建立一个符合主流的正确认识起到了积极作用。主体性就是在这种正确认识的累积中形成的。

四、加强媒介从业人员的素养

所有信息的传播必须经由媒体传播者把关，他们的素养水平特别是媒介素养水平是直接影响大众传播效果的关键因素。在这方面，我们可以看到一些反面的教训。电视媒介的多功能齐步发展是其健康发展的基础，近年来我们看到电视迅速地转向娱乐的倾向明显。从教化到寓教于乐到羞羞答答兼顾娱乐，再到大张旗鼓倡导娱乐，这是一个明显的过程，不能说在从教化工具到娱乐媒介的转变，是电视落实自己媒介本性的必然。但问题的另一面是，电视越来越重要、动辄关涉几亿受众的同时，本能并且主动迎合大众的低层次要求，已经大大降低了自己的格调，并且表面上在引领大众的背后其实是被动跟随着大众文化的物质欲求，这种倾向许多时候走到了大众也难以忍受的地步。"平民化"不是"平庸化"，写生活的同时要提升生活，即使观众欣赏趣味不高，也不应一味地迁就迎合。

传播者的媒介素养关系到节目的制作水准和节目的价值取向，因此提高媒介从业人员的媒介素养具有重要意义。可以从以下几个方面提高传播者的媒介素养。首先，提高传者的教育水平。教育水平的提高使媒体从业人员的知识结构和知识的储备都趋于完善，"把关"行为也越来越科学；其次，专业修养的加强。随着传媒理论研究的繁盛，受众意识、传播方法等媒介素养广大传播者要加强学习，吸纳专业方面的前沿知识，并以此指导具体的传播实务，使我国的传播水平日新月异；最后，跨媒介学习。随着媒体产业的扩大，媒体竞争日渐激烈。在激烈的媒体竞争环境中，不同媒介之间、国内外媒介之间相互学习、借鉴，博采众长，这是最直接地提升传播者的媒介的整体素养的方法。可以说，能起到提高受众媒介素养作用的创新都是有意义的创新，都是成功的创新。

第四节　电视节目的创新途径

创新是电视传媒永恒的主题。在市场竞争日趋激烈的今天，创新已经成为电视传媒生存的必要手段。

在美国，每个电视网平均每年用1亿元（占广告收入的1/20）购买创意案，它包括创意概念、脚本和样片等。每年有6000个以上的创意入围各大电视网，每个电视网会收到数百个创意案。这些创意案主要来自独立制片人、电影公司的电视部门、电视网的员工、业务爱好者等。电视网会从创意案中选出25～50个，然后和制片人签合同做样片（pilot），最后真正能播出的可能只有几个。很多原创节目模式来源于欧洲，电视网往往通过制作人经纪公司和制作人签约。

中国电视媒体生产从根本上来说都是非市场化背景下的电视节目生产。近年来，我国电视节目市场不断有新鲜的节目元素涌现，节目内容逐渐丰富，节目的构成、环节和播出方式也有很大的变化。但遗憾的是，到目前为止，我们的创新大都止于借鉴国外成功的节目模式，对其细节进行修改和创新。许多电视节目的研发过分依赖某个制片人、编导的个人智慧，节目出台带有较大的盲目性和随意性，听说国外某档节目火了，看完一两盘海外节目的带子就匆忙上马，节目的核心内容、游戏规则及价值观念均缺乏论证，结果马失前蹄，出师不利。还有的电视台过分听命于某些教授、学者的"谆谆教导"，以为他们的字字珠玑定能点石成金。殊不知这些教授只是在某一领域学有专长，那些高深的新闻学、传播学、美学理论或许能从宏观上对整个电视频道或栏目建构提供帮助，但是并不一定能指导某个具体节目的运作。

中国台湾著名主持人凌峰曾就大陆电视节目的创新情况谈了一些自己的看法，他说："与港台的专业电视策划人相比，大陆这些电视谋士对电视的参与，还不能叫电视策划，只能算出两个点子，给电视支支招。其实电视策划是一门科学，它有一套完整的运作规律，从严格意义上讲，大陆电视界在这方面还有许多空白。"

在内容为王的时代，如果不重视研发投入，不注重产品的推陈出新，总是跟在别人后面跑，节目在市场竞争中就会因为缺乏核心竞争力而始终处于弱势地位，很难走向市场化、专业化。我们应该加大研发投入，继续发挥频道、节目等各个利益主体创新的积极性，并采取前期投入、后期奖励等各种形式鼓励各个利益主体在节目研发的整体目标下进行创新，以项目为纽带进行联合研发，形成矩阵式的研发框架，并建立节目创新基金，改变目前国内电视节目简单克隆、自产自销的生产方式，促进中国电视节目的繁荣。

电视传媒创新战略是电视传媒战略的有机组成部分，是电视传媒在正确分析自身的内部条件和外部环境的基础上所做出的创新总体目标部署，以及为实现创新目标而提出的谋划和根本对策。电视传媒创新成功的前提和保障，就是制定适合自身特点的创新战略。

一、率先创新的优势和风险

率先创新是指一个电视媒体领先于其他电视媒体，首次将某种类型的节目市场化，并获取相应的经济效益和社会效益的过程。率先创新更容易吸引观众的目光，可以在一段时间内享有一定的超额垄断利润。率先创新的这种收益被熊彼特称为"先驱者利润"。不过由于我国节目创新缺乏版权法的保护，新节目的形态很容易被借鉴和克隆，因此率先创新随时面临替代者和赶超者的威胁。新节目能够在多长时间、多大范围内维持收视效果，一方面取决于节目本身能否长期吸引并维持住观众群体，另一方面取决于仿制该节目的难易程度。

湖南卫视2004年在国内率先推出《超级女声》这种全新的节目形态，获得巨大成功。之后，国内许多电视台相继推出同类型的节目，对于相同的这部分受众，其新颖度必然递减，很多同类型节目迅速被市场所淘汰。创新理论认为，后进者如果想把观众从率先创新者那里吸引过去，就必须支付高于率先创新者的"消费者成本"，以使观众觉得改变收看习惯是有利可图的。

对替代者而言，能否在市场上取得成功，关键在于与率先创新者的差异化。替代者如果能够在模仿率先创新者的节目模式的前提下，通过创新找到吸引观众目光的新选题、新定位，它就能超越率先创新者的地位。如果替代者的节目与率先创新者的节目没有差异、缺乏个性的话，它就无法与已成为品牌的率先创新者的节目相抗衡。

率先创新蕴含着丰厚的利益回报，但并不是所有的电视台都有能力或愿意选择这一创新方式，这是因为率先创新承担着更为巨大的创新风险。这种风险具体表现为三点。第一，率先创新的高投入。任何一种产品的前期开发和市场培育成本都是相对较高的，电视节目的前期研发更是费时、费力、费钱的，一个样片的制作成本就要花费几万甚至几十万，一次次地反复拍摄，一次次地进行效果测评，必然消耗大量的人力、物力、财力。随着电视媒体竞争升级，电视节目投入越来越大，这种高额投资是电视传媒面临的主要投入性风险。第二，率先创新的高要求。率先创新由于是创造新节目模式，很难找到达到新节目类型要求的熟练运作的编导、摄像、经营人才。率先创办某类栏目的电视媒体需要承担满足新节目类型特殊需要的人力资本的培养成本。第三，率先创新的市场风险。新节目往往具有很多不确定性，这种不确定性在高强度的市场竞争条件下意味着后期市场的开拓风险。率先创新需要在市场开发、广告宣传和知识普及等方面投入大量的资金，挖掘有效需求，打开节目局面。由于这种市场开拓对用户所起的作用在很大程度上是一种新节目概念的导入，因此投入具有很强的外溢效果，即相当部分的投资收益将被模仿跟进者无偿占有。

二、模仿创新成功之道

（一）电视节目模仿创新的方式

目前电视节目模仿创新的方式主要有三种：购买版权式、购买品牌式以及免费直接吸纳部分优秀元素。三种方式各有利弊。

购买版权式。购买版权式适用于引进者全然不懂运作规则，要请对方的策划、创作人共同制作，具体操作严格按对方要求实施，并充分利用对方的品牌效应做宣传，以确保节目成功。当然，付出的代价也很大。

首先，购买版权要支付高昂的版权费用。中国香港电视台购买英国《百万富翁》的版权一次性支付 25 万港币；美国《百万富翁》每集 15 万美元出卖版权；《幸运 52》购买 *GOBINGO* 版式花费 400 多万元人民币，终因不堪重负，一年后终止购买合同。《幸运 52》栏目虽然首开国内版权购买的先河，但在节目制作过程中对节目的创新只属于《GOBINGO》的整个品牌体系。

其次，版权法规定，只有版权拥有者才有"修改权"，购买者只有按部就班地使用版式的权利，没有改编权。这就意味着国外电视节目版式的输出要求"版式引进方全面接受境外节目版式的一切元素"，包括舞美、灯光、环节设置，甚至连主持人的手势、眼神都必须分毫不差。但许多国外电视节目类型文化特征很浓，很难完全在另外一个国家复制。许多东方国家购买了西方国家品牌栏目的版权后，除个别节目很成功以外，大多反响平平。由于文化上的差异，节目需要进行"本土化"改造的地方很多，买了版权反而受到限制。

购买品牌式。这是指购买对方品牌使用权，总体规则使用对方的，也可以进行自我改造。1998 年，由央视体育频道引进的法国体育竞技节目《城市之间》，吸引到总计 12 亿人次的观众，成为该频道年度收视冠军。

免费直接吸纳部分优秀元素。这是指从节目元素入手，比如从主题、规则、参与者、情境、舞美等方面进行借鉴。比如《超级女声》的节目性质与《美国偶像》有共通之处。湖南台在借鉴"平民选秀"的大理念下，再创造出诸如海选、PK、"玉米""凉粉"之类的新鲜环节和词汇。

（二）电视节目模仿创新的特征

跟随性。模仿者因受自身实力的限制，为了回避风险、节省投资，跟随原始创新者对其有价值的节目创新之处边观察、边学习、边追赶，充分利用首创者已经开辟的市场。

开拓性。模仿创新不同于机械复制，在模仿的过程中，需对原创节目进一步完善和开发，对首创者已开辟的市场空间做进一步拓展和扩充。例如，脱胎于英国节目《谁想成为百万富翁》的《开心辞典》，许多内容克隆原版，包括舞台搭建、重要比赛环节和规则等，但同时也舍弃了原版百万大奖的设置和其他一些比赛规则，这就是所谓的部分"克隆"，对于《开心辞典》成功避免侵犯版权有重要意义。

"看中学"的积累机制。20 世纪 90 年代，湖南卫视通过观察、选择、借鉴、模仿港台电视界的创新行为，在观察它们的成功和失败中学习，在模仿中吸收大量外部知识，使自主创新能力大大提高。

资源投入的中间积聚性。原始创新者着力于研究开发和后期的节目销售，对中间环节如成本控制、节目管理等方面受到人力、资金等资源的限制，往往无力投入。这对模仿者来说就是极好的机遇，把资金集中投入在创新链的中间环节上，可以形成强劲的后发优势。

（三）如何进行成功的模仿创新

精确解读。失败的模仿创新很大一部分原因在于电视传媒只将目标锁定在率先创新者的电视节目上面，而忽视对电视节目成功原因的深入分析。对于模仿创新者来说，率先成功的电视节目仅提供了观众需求的现实方向和可能满足的方式，模仿创新的关键在于以市场为起点，从观众需求角度着手改进产品。在进行模仿创新之前，要对原类型节目有充分的了解，明确其内在要素以及彼此的关联，做到精确解读。

电视节目的模仿创新，其实施过程主要有对原始节目的监视、核心技术破译和二次创新等阶段（图2-1）。

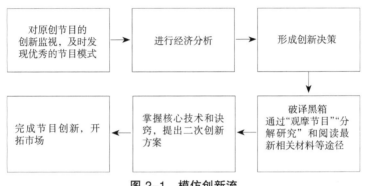

图2-1 模仿创新流

在对原创节目的监视阶段，电视传媒的主要任务是通过各种信息渠道（如新闻报道、收视调查、学术刊物、出版物等）跟踪全球最新最火的节目，及时发现优秀的节目模式，并对其进行科学的分析，包括对节目的先进性和经济性进行系统的比较研究，从而形成创新决策。这一阶段信息的收集是电视传媒组织学习的基础，技术经济分析是决策的依据。通过学习总结，可以不断提高电视传媒的技术监视能力、技术鉴别能力以及创新决策能力。目前，国内许多电视台都花重金从海外购得节目样片，但是为了节省成本往往每种只购买几集。在跨文化的语境之下，通过观看一两集的样片企图理解节目背后的一整套操作流程、规则设置、技术要求等，困难重重。许多电视台在一知半解的情况下，就对海外节目的规则进行修改，导致节目精华流失的例子比比皆是。

在对原始创新核心技术的破译阶段，电视传媒通过"观摩节目""分解研究"和阅读最新相关材料等途径，迅速打开原创节目的"黑箱"，揭开核心技术的机密，使模糊化的知识明晰化、结构化，为电视传媒实施二次创新打好基础。

在"二次创新"阶段，实施"变异战略"，对引进或破译的技术进行局部改进和连续创新，努力开发比原创节目更具有市场竞争能力的节目。此阶段电视传媒应加强各个职能部门的管理，实现高效配合，同时加大节目创新投入，集中创新资源，并合理配置、积极利用外部资源，跨越"技术创新陷阱"。如果电视传媒不能实施有效的二次创新，就只能永远跟在原始创新者后面，陷入引进—落后—再引进的恶性循环。

为了避免解读不精确带来的问题，有以下几种应对策略。那些实力相对较弱的电视台，由于人才或者资源方面的限制，本身不具有准确解读海外节目的能力，可以通过直接购买节目版权的方式来引进优秀的节目样式。海外的公司会提供节目策划、制作、操作流程的全套培训服务。这就相当于一种"加盟"经营，有助于保证节目质量。而那些已经具有模仿创新能力的电视台，则可以通过其他方式，比如邀请海外的节目策划人对我们的节目创制人员进行讲座或培训，进一步加深对节目本身的理解，以便完善和提升我们自己的电视节目。

模仿创新要有广阔的视野。模仿创新不能局限于国内，尤其在当今全球化趋势下，电视类型的跨文化传播更为普遍，"得风气之先"意味着快速地占领类型高地，因此，要有全球视野。

注意文化相容性。相容性是指创新与现有的各种价值观、以往的各种实践经验以及潜在采纳者的需求相一致的程度。模仿总是在"跨语境"的情况下进行的，所以，必须做社会语境的估量与分析。比方说，考察不同地域受众的心理状况、意识形态差异以及文化差异（如生活方式、传统习俗等），唯其如此，才能使电视类型的重新组合真正成为一种创新。

西方的电视节目是建立在西方的道德伦理及价值观念之上的，包括真人秀在内的众多节目，其竞赛规则多数是鼓励参与者暴露其人性弱点的。如生存竞争中的人性暴露是《幸存者》游戏节目主题的精髓所在，也是该节目构思的核心目标。

《幸存者》节目执行制片马克·伯纳特曾经说过："我们就是想让观众看看普通人身处充满钩心斗角的人际环境中如何生存下来。"许多评论家认为，《幸存者》之所以成功就在于它展示了人类生存的真相：要生存，就要与他人合作；要成为最后的幸存者，就要战胜自己的合作者。在游戏中，参与者为了能赢，往往会不择手段，甚至相互倾轧、朋友离间、情人反目、仇敌牵手，所有的阴谋、串通、诡计和钩心斗角，都是为了在竞争游戏中不被淘汰。这与讲求宽容、合作、和平共处的中国传统伦理道德以及主流意识形态相违背。

中国的电视节目在娱乐趣味、道德标准等方面都会受到中国特定的意识形态、文化传统、社会价值观念甚至生活方式的制约和规定。中国观众的电视欣赏习惯是：在公众媒体上看到的，一定要是符合传统道德标准、传统审美的东西，所以一旦遇到要暴露人性丑恶（甚至未必是丑恶，只是些小毛病）或个人隐私的东西，制作节目的人就放不开手去做，看节目的人也放不下脸来看，这也使得这类节目的国内版本很难做到尽兴，更有甚者则难逃"夭折"厄运。如湖南经视《完美假期》节目出现的"打情骂俏、拉帮结派与钩心斗角"，让观众感觉它是"一场令人恶心的人生丑剧"。最终，这档真人秀节目被相关部门叫停。同样，包括《生存大挑战3：美女闯天关》在内的众多"真人秀"节目，都受到类似的道德审判。因此，我国电视节目在模仿国外节目的同时，必须予以适当的本土化，在兼顾文化相容性的同时又不丢失节目的精髓。

三、节目创新战略的选择

创新永无止境。电视传媒面对宽广的节目创新领域，可供选择的方向很多。但节目创新必须有明确的目标、方向和计划，不能无组织、无目标地创新，否则既耗费资源，也会使电视传媒无所适从、一事无成。电视传媒到底选择何种战略，要根据自身宗旨与发展目标、总体经营实力、产业竞争态势和国家政策等因素，进行综合评判后做出自己的选择。创新战略是一个动态的战略模式或战略组合，没有固定不变的模式。只有在不同的发展阶段选择不同的战略模式，才能不断推动电视节目的发展。所以，对创新战略的选择也应是一个逐步升级的过程。

（一）三种类型的创新相互融合、相互促进

在电视传媒的创新活动中，自主创新、模仿创新和合作创新三种类型的创新战略之间有着内在的互动关系，是相互融合、相互促进的。由于现代电视节目的高度融合性，使得每一项所谓的自主创新活动或多或少带有模仿的成分；同样，每项模仿创新不管其模仿的比例有多大，其中也必然含有"自有成分"；否则，就不能称为"创新"了。

同时，三种创新战略之间还呈现出明显的互补性和递进性。模仿创新是创新的初级形式，自主创新是创新的高级形式，是电视传媒追求的最高目标。模仿者在充分学习、吸收、消化首创者的成果和经验教训的基础上进行创新，通过模仿创新提高自身的竞争能力，最终走向原始创新的轨道。要充分认识模仿创新的内在价值，无论是现在还是将来，电视节目模仿创新都具有广阔的空间。合作创新则是形式多样，贯穿始终，且具有巨大的经济价值。另外，电视传媒不能因为合作而忘记自主创新，电视传媒只有提高研发能力，加强自主开发，从而创造拥有自主知识产权的产品，才能在竞争中立于不败之地。模仿创新并不否定自主创新，"模仿"是基础，"创新"是目标，二次创新是推动模仿创新的主要手段。

电视节目创新过程的一般规律表明：模仿创新在前，自主创新在后，而合作创新则贯穿始终。不过这种顺序只具有相对的意义，事实上，它们之间并无明显

的分界线，一种形式向另一种形式的转化和演变是悄然发生的，电视传媒实力和规模的变化是促成节目创新战略转换的根本原因。当电视传媒发展成熟，具备了较强的资金投入能力、风险承受能力、技术储备能力，则会毫不犹豫地转向自主创新战略。

（二）电视传媒在不同发展阶段应采取不同的创新战略

电视传媒的发展过程一般可以划分为孕育期、新生期、成长期、成熟期、衰退期5个阶段，在不同阶段应采取不同的创新战略。

在新生期和成长期阶段，电视传媒创新能力一般较弱，表现为资金缺乏、人力资源不足，承受创新失败风险的能力也较弱，这时可以选择模仿创新。在此基础上，利用自己的某些特长进行再创新。在发展过程中，逐步提高自主开发的成分，使竞争力不断增强。

在成长后期及成熟期阶段，由于资金充足，技术积累增加，研发条件改善，电视传媒应采用投入较多、可以创造丰厚收入的自主创新战略。再进一步，可以推行全球化创新战略，在国外设立研发机构，利用国外的节目资源、人才资源实现创新。这是有实力的电视传媒迅速提升创新能力的最佳选择。

（三）模仿创新是当前中国电视最具操作性的创新之路

对成功节目模式的购买和移植已是普遍的市场操作行为。在我国某种新类型节目发展的初期，直接引进原创国家经过长时间播放得以验证的优秀节目的样式及创意并进行模仿创新，不失为中国电视明智的战略选择，是一条最具操作性的创新之路，会大大缩短我们的探索过程。不过，随着我国电视业的发展、电视市场的开放和相关法律体系的健全，我们不可能长久"无偿"地借鉴海外的成功模式。

纵观国内外的电视传媒，很多知名电视台都是靠模仿起家，用最少的投入接触到领先者的核心理念，经过一段时期的能力积累，由模仿创新最终过渡到自主创新阶段。在实施这一创新战略的过程中，要注重培养自己的消化吸收再创新的能力，有效避免重复引进，不断增强研发实力，并在此过程中不断增加自主创新的比重，最终过渡到以自主创新为主的阶段。

（四）国内电视媒体当前创新工作的主要任务是推出以地方性、全国性市场为目标的创新

按区域性指标来划分，节目市场创新可分为地方性、全国性和世界性三个层次，其中，创新难度最大的是世界性产品，它要求面向全球推出首创电视节目，以跨国传媒集团为创新竞争对手。

近年来，中国电视产业经历了飞速发展的过程，取得了令世人瞩目的非凡业绩。与西方发达国家相比，虽然我们在电视技术、硬件等方面正在逐渐缩小与它们的距离，但在节目内容、样式及创意等方面还有很长的路要走。在这种情况下，我们认为，国内电视媒体当前创新工作的主要任务不是推出以跨国传媒集团为创新竞争对手的世界性产品，而是进行以地方性、全国性市场为目标的创新。

当前，许多学者把中国电视面向全国市场的创新置于国际化市场空间进行考量，认为中国媒体推出的节目，多数克隆于海外节目，缺乏创新能力，这其实是批评者理论考量假设空间指向和传媒创新的现实空间指向的错位。在国内许多电视媒体还在蹒跚学步的阶段，连本地市场都占领不了的时候，大谈世界性创新，只会造成误导。

四、电视节目形态的版权保护

近年来，围绕节目形态展开的法律诉讼不断在全世界范围内展开。2004 年，美国 NBC 电视网将福克斯电视台告上法庭，认为后者抄袭了自己的《竞争者》节目。不久，ABC 电视网投诉福克斯将该台的《换妻》节目改头换面、据为己有。从国际上看，迄今尚无一个各国达成共识的电视节目版式版权保护法。就连自称电视节目版权保护非常完善的欧洲，也直到 2001 年 4 月才在法国戛纳成立了第一个欧洲电视节目版式版权协会，但该组织仅是一个在版权纠纷各方之间起斡旋、协调作用的民间机构，而不是一个官方的、具有法律权限的机构，因而影响力甚微。

由于立法等方面的相对滞后，国内电视节目形态在申请专利方面受到一些客观条件的明显制约。我国《版权法》保护的对象为有形实体，如文字作品、图案、摄影作品、软件等，却对制作有形实体的方法未作限定，抽象的概念无法进行保护。

例如，北京电视台和怡通广告公司联合制作的电视游戏节目《梦想成真》，是日本 TBS 电视台《幸福家庭计划》的中国版本。制作公司每年仅版权费用一项就高达数十万美元。2001 年，《梦想成真》制作方向国家知识产权局专利局申请节目形式专利权保护，被拒绝受理。专利局的理由是电视节目形式专利申请尚无先例。这是我国电视节目制作人首次试图申请节目形式专利权。随后，制作方按照国家知识产权局有关人士的建议向国家版权部门申请版权保护，得到了这样的答复：

"除了对《梦想成真》和《幸福家庭计划》的图案可以申请保护外，其他如游戏方法、规则、节目形式等创意性的东西不能进行保护。"

由于得不到法律保护，许多电视台克隆《梦想成真》的节目形态，有的电视台竟然连"梦想成真"的节目名称都保持不变，有的则采用日本原有节目名称，有的则在其大型节目的一个板块上进行克隆。虽经制作方一再交涉，但大多数电视台或节目公司依然如故。又比如，湖南卫视曾状告江苏卫视《非诚勿扰》侵权《我们约会吧》，浙江卫视状告湖南卫视《挑战麦克风》侵权《谁敢来唱歌》。

直接抄袭是对节目形态创新的一种打击。2000 年，央视体育频道曾经与《谁想成为百万富翁》的制作公司洽谈节目样式的引进事宜。但接洽之中，发现未经授权的模仿节目已经横行国内荧屏。当年，全国仅省级电视台跟风开办的同类型节目就有 48 个，而地市级电视台开办的数量更是高达 87 个之多。体育频道的跨国合作也就只能不了了之了。因此有学者指出，为了保护电视节目形态而制定相关的法律已刻不容缓。

第五节　电视节目的创新模式

一、节目内容创新的发展

（一）要有人文意识

在 20 世纪 90 年代，许多人都在探讨人文精神。社会上相继出现了许多关于人文主义的术语，从社会精英到一般百姓，几乎到了妇孺皆知的程度。为什么文化的综艺节目收视率持续降低，观众都不愿意观看，这是因为没有人文气息。所以说我们在进行节目策划的时候，就应该大力弘扬人文主义，同时应该提高节目的品位。以上这些才是在对文化类的综艺节目进行准确定位的关键目标。一个节目的取材要从社会生活中进行选择。在对节目进行策划时，就要抓住社会事件的服务性与公益性。要更加密切地关注老百姓的生活，投射老百姓的心理活动，显示对于社会生活的关注。

我国文化类电视节目汲取传统历史文化，展现历史文明的屡见不鲜，和往年的传统文化类节目不同，如今的文化节目已经不仅仅是介绍历史文化，而是在介绍的同时也会对当今的社会现况进行反思。使群众在观看节目的同时，能够结合现实问题进行思考和学习，从而改善人们之间的交往问题，提升自身的文化修养等。毫无疑问，这种引导观众学会自我调整和思考的节目其文化含量要更高。

（二）要有观众意识

随着社会的发展，人们的生活经历也不同。因此大众的需求也在不断发生变化。所以在进行节目的录制时要充分把握大众的思想，吸引大众的眼球。这就意味着，讲述文化的综艺节目当下急需改变原来简单的宣传模式，要采取更加丰富多彩的宣传方式，同时要对节目的内容进行准确的定位，多调查采访观众心中所想、做观众所爱看的节目；另外还要探索更多观众喜爱的宣传平台和途径，通过更多的互动交流，使观众对节目产生强烈的共鸣和喜爱。分析观众的收视趣味。做好节目需要知道观众的潮流中心所在，节目必须击中到观众的内心，了解他们的心理活动，来对节目进行更好的调整和升级。了解观众的收视趣味点，根据这些趣味调整活动内容和方案，做出他们想要的节目。发展对象性节目。通常而言，文化类节目的涉及范围较为广泛，其观众们的文化阶层和受教育水平也不一样，这就不能确保做到每一个观众都能喜爱这款节目，或者这款节目适合大部分的观众。发展对象性节目能够针对固定的观众群体进行文化节目制作，使这类节目在这群特定观众中得到良好的影响效果和传播力度。要制作这种对象性节目，需要在不同阶层的观众群体中找出最适合的观众层进行针对性策划。

加强观众同节目的沟通。目前很多文化类节目都存在一个共同的短路，就是极度缺乏和观众之间的沟通，只是单方面的表演行为。策划一款节目需要考虑到观众的参与互动，要学会突破原来的单向灌输行为，实现模式转型升级。节目方要充分地考虑到观众们的意志，通用沟通互动的方式鼓励他们思考，增加他们的节目参与感和热情度。同时重视观众信息的调查和反馈。节目的背后离不开对观众的调查询问，搜集他们的观看需求和感想，一个节目的策划不能只凭节目策划团体的猜想，要真正地走入观众中去，才能做出深入民心的节目。节目演出后也要到观众中去搜集其观后感想，将这些反馈进行分析，为后面的节目调整和修改做好铺垫工作。这些对观众的调查可以使节目避免或减轻风险，通过反馈对方案进行修补，最终做出适应民意的好节目。

二、节目的形式创新发展

形式新颖的综艺节目往往会受到大众的喜爱，与突出无聊的内容相比更容易吸引观众的眼球。所以说这种具有创新意义的节目能够在人群之中进行更好的传播。这种文化类的综艺节目在进行类型规划化时须得令节目改变之前的死板教化形式，让观众"乐于接受"。上至节目形态的总体包装，下到具化的每个细节甚至特效的加持，都须表现出明显的节奏感染力和视觉震撼力。

（一）精美的视听语言

在录制综艺节目时，最重要的两个方面就是画面以及声音。只要做到将这两个方面进行完美的结合，才能实现最佳的节目录制效果，最终才能迎合观众的需求。在进行节目表演时从来没有对表演方法进行限制，一切的表演方法都是个人的艺术行为能力的发挥，代表这个人独特的艺术表现。

因此，在进行节目制作时我们应该最大限度地将视听语言做到极致。因为是文化类的节目内容，所以其主要的目的还是在于传播相应的文化。所以说在进行节目录制时要保证文化内容的通俗易懂，千万避免节目内容枯燥乏味。通过更加诙谐幽默的方式传播这些文化知识往往会使得大众更容易接受。因此，我们在录制这类文化节目时尽量使用更为大众所接受的形式去表达，并适度规划、优化节目内容。首先，电视不同于其他媒体，它的最大优势就是其可观性。相关资料指出，人对外界进行感觉时首先会从视觉进行感知，其次是听觉。所以说我们在进行节目录制时要优先考虑视觉与听觉这两大因素：①设计最佳的镜头语言。在进行镜头语言的设计时要全面考虑各种因素的制约。比如，光线、明暗对比以及色彩搭配等。②选择恰当的表现手法。如人物表演以及说明等。文化类电视节目的画面必须达到观众看了之后感觉赏心悦目才算是节目录制成功。除此之外，要突出节目的主题，还要注意节目声音的搭配。

以特效包装为例，字幕、音效、动画短片、表情符号、重复回放、表情捕捉、快进和慢放等特效手法的运用是未来电视节目的发展趋势，尽管在以往的节目当中，我们也会见到这种形式的运用，但其运用的频率、密集度及显著性都不及当下的电视节目。这些特效包装可以起到提示同期声；增加信息量；概括、强化、提示、美化声音和画面的作用。例如，在《爸爸去哪儿》第一期节目中，郭石头在奔跑的过程中配用了魂斗罗游戏的音乐，非常应景奏效。在田雨澄和王诗龄哭泣、脸红的时候，会用眼泪、脸蛋红晕表示。电视是视听结合的艺术，特效的适当运用，再加上嘉宾的滑稽搞怪，能够刺激观众的视觉和听觉，更好地融进节目内容中来。甚至有的电视画面并不可笑，但加上幽默搞怪的音效后，便会展现出幽默效果。在未来的电视节目中，多种特效手法的运用必是发展趋势之一。

（二）精致的节目包装

包装的含义就是对节目进行优化，可以通过广告提前进行节目预告。节目包装作为节目制作人将电视节目为产品进行的营销策略，同时也是节目制作人精神文化的外在表现。这种具象化方式是电视节目形式的基础，也是为加强其节目效果而设计的全方位、系统化和制备精良所必需的。大量的电视节目使观众难以找到自己喜欢的内容，所以节目制作必须规划好内容宣传，加大放映前对节目的宣传，要减少内容与受众的代沟。成功的节目包装能够使更多的观众对电视节目更加重视，还能够使观众体会到节目制作人的文化底蕴和用心程度，增强节目的艺术水准。节目制作人要以节目名称、开头、预告宣传、主持人等方面为重点加强包装。节目预告是节目内容的向导，有利于吸引观众。所以节目包装必须包含节目预告的规划。节目预告先得具备优秀创意，这些创新必须能够以突出节目特点为根本，兼顾辞藻华丽的解说词，画面具有冲击力。

（三）精选的拍摄场地

由于受到人力、物力、财力等多方因素制约，外景拍摄一直只是电视节目的点缀。在以往的电视节目中，外景的出镜主角多是主持人或特约嘉宾，通过他们的游历展现不同的风土人情，一般以现场 VCR 的形式播放。但当下一些节目直接把舞台搬到了室外，且拍摄场地并不是固定不变的，呈现出多样化的趋势，且地点非常具备典型特征。观众在看电视节目的时候，也可通过镜头、通过嘉宾体会领略不同风景及人文风情。这也是当下电视节目制播的一大亮点。例如在《爸爸去哪儿》中，拍摄场地有北京郊外寂静的乡村、有宁夏广阔的大漠、有云南神秘的普者黑湖。这些场景都是经过精心的寻找、评估，平均历时一个月才确定下来的：地点在路程、景色等方面都必须符合要求。为此，该节目的踩点组几乎踏遍了国内的所有省份。此外，在《两天一夜》中幽静闲适的青城山、繁华热闹的都江堰都是看点。这些场景的直观展现一方面是出于节目主题的需求，但更多是通过展现、丰富节目内容，吸引更多受众群体。

三、节目的创意方式发展

文化类节目作为一个历史丰富的节目，必须不断调整其播出内容，适应新的社会文化形式，才能让观众更愿意观看，只有这样我们才能够获取更加有效的信息，我们制作的节目才会被大众所喜爱。国家与社会正在进行不断的发展进步，随着社会文化发展速度越来越快，如今的文化类的电视节目已经不能再继续沿用以前的播出模式。单纯地介绍生活文化或文艺已经不能吸引观众的目光、满足他们新的文化需求了。调整文化类电视节目的播出内容，使内容更加符合人民群众的需求，做更符合群众心意的策划才能让节目获得收视成效。

（一）精准的选题

一档节目选题能够反映出整个电视台的能力和水平，对整个策划也起到关键性的作用。文化节目编导负责最初的选题策划，它的选取要符合人民群众的需求、国家的政策以及整个市场。一个选题的好坏能够反映出该电视台是否具备完善的能力。同时也表现出该电视台的素质与水平。要想进行一次成功的选题，还要考虑许多其他因素。首先电视台在进行主题材料的选择时要与社会效益相关。选题需要符合国家的宣传政策，符合党的意识，要有积极的思想意识，有着深厚的知识内涵、科学和文化储备。必须符合当代社会发展需求，要把整个文化市场潜力体现出来，使观众达到共鸣和良好的学习。要考虑节目的市场具有多大的效益空间，还要考虑这个节目在播出之后会对社会产生怎样的影响。所以在进行节目材料的选择时节目编导很用心，希望精心做出的选题会得到一部分观众的喜爱和认同，但是这并不表明大部分的观众群体也会认可，事实上也需要再次进行选题策划。然后选题的进一步策划需要更加全面和客观，对第一次的选题做更好的完善。要让整个文化节目达到饱和感和丰富感需要全面地考虑，这就需要努力地摆脱传统思维，要全面客观、完整系统地进行考察。之后我们才能够对这些做出客观公正的分析，最大限度地去除主观因素的影响。最后，进行选题时也需要有足够的现实条件去完成，如果不考虑现实因素而盲目策划，就会让选题脱离实际，再理想的选题也难免会惨遭失败。选题策划要综合考虑多重因素，包括人的条件，例如编导能否真的做好策划工作；而后还要研究其内容能够真正实现，以期达到理想的节目效果。

我国有着深厚的文化底蕴和历史基础，中华上下五千年的文化发展，是我们的历史荣耀和宝贵财富。文化节目通过展现良好的传统文化，能够加深人民群众对中国历史的了解，激发他们的爱国情怀和探寻历史真相的热情。文化节目通过以现代化的展现手法去介绍传统文化，能够使观众更容易接受和产生共鸣。

（二）精确的立意

一个好的立意能够让整个文化节目表现得体，深化主题。电视节目的时间通常会受到限制，所以想要在有限的时间内全面展示选题内容，就需要注意立意的鲜明。节目的制作必须与市场价值相符合，要有一个确定的主题，所有的流程都是围绕着这个节目主题进行的。一样的主题有着不一样的观察角度，需要节目策划者站在不同角度去分析创作，最终在多个方案里选取一个最合适的角度进行创作。策划者以何种角度去展示主题、进行活动策划在整个策划过程起着关键作用。文化类节目展现其内容的表达方式也会有不同角度的切入点。活动策划人员要能够做到全面分析整个节目的优势与特色，摆脱陈旧的思维观念，在众多的角度中选取最适合的进行创作，使节目能很好地展现其想要表达的主题内容。

所谓切入点，就是找到最适合表达节目主题的方向。一个切入点选择的好坏，直接影响到节目的影响力。切入点找得准确，就能使人民群众对节目产生共鸣，让节目更加具有吸引力和说服力。找好切入点就如同找到了社会最敏感的那处地方，观众会普遍认可节目的内容和观点，使节目整体产生良好的影响力和感染力，其传播速度也会更快、更持久。一件事情开始是最难的，怎样开始一个主题的制作？用什么方式开头？怎么才能吸引观众看下去？传播理论向我们展现了一种观念，即电视节目周期与社会周期大致相同，这两个周期的相互碰撞能产生一股强大的磁场。这种磁场能够激发观众对节目的热情，这个磁场就是我们想要找到的切入点。想要达到节目效果和实力就要在前期做好大量的准备工作，对人民群众的采访和调查分析是必不可少的。节目组必须深入探索节目主题，掌握好背景要素，对主题有了深刻了解才能获得好的节目效果。

四、电视节目其他方面创新

因为随着经济的发展，电视媒体也不断进行创新，电视作品更加丰富多彩，种类繁多。文化类电视节目由于自身的缺点，很难吸引普通观众的目光，所以为了能够利于体现文化内涵，并同时兼顾较高的收视率，须得改变文化类电视节目的市场规划。

（一）拓宽媒体的宣传渠道

现在这个社会就是网络时代，电视节目如果想获得最大化的增值，须充分利用自身优势并与其他媒体相结合加强市场宣传。最应该考虑到的就是进行资源整合。可以将有限的文化资源扩增放大，有利于获得更大的社会与经济收益。鉴于电视影像的瞬时性，观众无法短时间内接收太多信息，尤其是枯燥抽象的文化内容。文化类电视节目本身特有的文艺特质是其"卖点"，社会宣传是把这些"卖点"向大众传播的有效办法，文化类电视节目的舆论宣传可以使观众方便地选择适合自己的节目，这样有利于按预告时间收看，提高收视率。

多渠道的宣传会使人们更容易获取媒体所要传达的信息，如此一来，会更好地塑造节目效果，以便于人们更好更准确及时地获取想要得到的资讯内容，现如今的网络时代，已经不能单单只靠传统媒体的旧形式，旧瓶装新酒，宣传面宽了，所赢得的收获也必将是加倍的，采用多种形式的载体，进行多角度深层次的宣传，同时也是拓宽媒体宣传渠道的上策之选。

（二）加强国际交流合作

电视节目存在着抄袭严重、克隆模仿的情况，这种情景带来的不仅是收视市场的瓜分与削弱，更重要的是资源的浪费——不仅是人力、物力、财力，也包括频道资源。

所以节目在制作过程中应注重跨区域甚至跨国界的合作，注重资源的整合和共享。电视综艺节目在此方面做得较好，主要体现在两点：第一，在出境嘉宾的选择上，国内的综艺娱乐节目越来越注重邀请港台或国外嘉宾，甚至邀请他们进行节目的主持串联，以此来扩大节目在海内外的知名度和影响力。第二，在制作环节，注重与其他海外媒体或制作单位合作，注重多种先进娱乐理念及节目制作方法的引用和运用。湖南卫视早在2007年举办的《舞动奇迹》综艺节目就是和中国香港 TVB 合作进行的，并获得了较好的口碑和收视率。《爸爸去哪儿》节目则是和韩国方面及时沟通交流，在嘉宾的选择上认真听取韩方的经验，确保收视长虹；《两天一夜》中则是邀请到韩国人气明星安七炫，这也是合作的一种体现。

（三）提升主持人专业素养

无论上演什么样的综艺节目，主持人都是这个节目的代表，在一定意义上主持人的形象就代表了这个节目在人们心中的形象。这一个理论是非常合理的。所有的综艺节目都演绎着文化和艺术。节目的展示也是外在的表演形式以及内在的传播内容相结合。而这一切都通过主持人的表演逐步地展现在观众的面前。所以表演出来的内容一般都是经过主持人的再理解以及再创造。因此，无论是何种节目，主持人的地位都是不言而喻的。虽然有的主持人在整个节目之中只是作为片段与片段之间的链接，但是大多数主持人都是节目的主心骨。而对于文化类的节目来说，对于主持人的要求非常高。虽然说上知天文、下知地理有点夸张，但是也相差无几。作为一个文化类节目的主持人首先就要具备高深的文化修养。主持人在节目中的形象要塑造出来。高大、热情奔放、务职尽责等都是对于主持人的形象要求。但是并非只要有一定文化内涵就可以成为优秀的主持人。主持人不仅要将所学知识融会贯通，而且还要能够将自己所知道的知识以一种幽默诙谐的方式传递给观众，让观众喜闻乐见，易于接受，这才是一个成功的主持人应该具备的基本素养。

第三章　跨文化传播视野下的电视节目形态创新

第一节　电视节目形态的含义和特征

一、电视节目形态的含义

关于电视节目形态，根据不同的概念可以被解释成电视节目设计的基本模式，电视节目中的程序软件，或者是电视节目形式的自然延伸和个性化拓展。如果把电视节目形态看作一个客体，它是电视节目的制作者为了不同的目的，适应不同的对象，根据不同的内容而采取的对电视符号的加工和处理方式中相对固化的部分，并指向相对稳定的节目特征。如果把它看作一个主体，电视节目形态是电视节目制作方式的核心，不同的节目形态规定着不同的节目内容，也筛选着不同的观众。因此，电视节目形态是由各个节目形式要素依照不同的组合方式、不同的功能指向，并具有相对稳定的外部形式和内部构造，而最终形成的节目存在样态，它是电视节目内容的形式载体和结构方式。

以电视综艺节目为例，其作为一种几乎与电视同步诞生的节目形态，自出现以来就是电视荧屏中不可或缺的重要组成部分。业界普遍认为，我国电视综艺娱乐节目发端于20世纪90年代中央电视台的《综艺大观》，至今已有近半个世纪的历程。虽然其"服务受众，娱乐大众"的宗旨不变，但在其起步、流变、发展的各个阶段，在节目制作理念、表现形式、节目内容等方面都表现出不同的特点。

自1977年中央电视台的《文艺生活》开播至今，电视综艺娱乐节目已走过近半个世纪的历程，在这其中，按照节目特点我们一般划分成以下四个阶段：第一阶段，以中央电视台《综艺大观》和《正大综艺》为代表，这个阶段的节目一般采用小型晚会表演形式，目的是寓教于乐而非以"娱乐"为本；节目的制作还没有完全地市场化；观众的互动很少，主持人的角色基本是串联。总体上看是以"传者为中心"的单向传播模式。第二阶段，以湖南电视台的《快乐大本营》为代表，这个阶段的综艺娱乐节目开始关注参与性、娱乐性和刺激性，节目制作开始商业化，并利用明星嘉宾、多样游戏样式吸引观众眼球，称为游戏娱乐阶段。第三阶段是益智娱乐阶段，以中央电视台的《幸运52》和《开心辞典》为代表，特点是寓教于乐，融知识性和趣味性于一体，具备教化功能和健康格调。第四阶段是真人秀阶段，也称为全民娱乐阶段，因为所有的真人秀节目都追求受众的最大化，追求全民娱乐。最早是2000年广东电视台的《生存大挑战》，最具代表性的是湖南电视台的《超级女声》。这个时期的节目可以用"平民视角，狂欢理念"来概括，国内的电视荧屏一时间是一枝独"秀"。需要说明是，这四种节目形态不是逐一更替的，而是各自不断发展的，当下的电视荧屏，这四种节目形态同时具备。

时代在发展，受众的需求在发展，节目为迎合受众需求也需要发展。

在联欢阶段，因为缺乏互动，所以产生了游戏娱乐，而游戏娱乐阶段的格调不高使益智娱乐节目应运而生；随着受众成为当代电视文化的重要组成元素，真人秀节目随之而来。但在当下，面临着一枝独"秀"的发展瓶颈，另一种全新节目形态——"大综艺"就产生了：2013年10月，国内电视荧屏上两档节目异常火爆，湖南电视台的《爸爸去哪儿》及四川电视台的《两天一夜》，这两档节目的热播，标志着我国的综艺娱乐节目又朝着新的阶段迈进——第五阶段，大综艺阶段。

所以说，电视节目形态的研究，无论是文化形态、叙事形态、功能形态还是传播形态的研究，不仅有助于我们认识这种形态的外部特征，而且有助于揭示其本质内涵。

二、电视节目形态的特征

从宏观角度分析，电视节目形态主要有五大特征。

第一，电视节目形态必须具有相对稳定的内部和外部结构。按照德国著名哲学家格奥尔格·威廉·弗里德里希·黑格尔对审美的说法，美的要素可分为内容（内在）和形式（外在）两部分，内容通过形式来表现意蕴的特性。其实，任何事物都是由形式和内容两大要素构成的，形态也建立在这两大内外部结构之上，缺一不可。一个新节目的内部和外部结构必须保持相对稳定，才能成为一种新的节目形态，否则只是在已有节目形态的基础上开发的新节目。

第二，节目形态决定节目的功能。随着时间流逝，节目内容和样式可以有很大改变，但是形态在我们的记忆里是可以积淀下来的。因此，节目形态是在制作一档电视节目时需要掌握的基本方向。如果我们把一档节目定位为娱乐节目，它的制作样式可以多样化，而在这档节目播出之前，我们就可以大致预料到受众通过这档节目所得到的体验和满足感是属于消遣性质的。也就是说，形态定位决定着节目的功能。

第三，节目形态不同于具体模式。一种节目形态不等于一种节目模式，而是一种形态可以包括多种不同的节目模式。比如《面对面》的节目模式和《康熙来了》的节目模式完全不同，但它们都属于"谈话"这类节目形态。而同一种节目模式当中，也可能会融合多种节目形态的形式特征。这也是为什么如今有很多电视节目无法被归纳为某一种绝对的节目形态的原因。我们只能从这个节目当中分析出不同形态的比例，再挑选出其中所占成分最高的形态，用以归纳该节目的类型。例如，中央电视台财经频道推出的《交换空间》，是一档以生活服务类节目的理念来定位的节目。该节目为观众提供了装修信息的服务，其中也包括了让房东们交换房屋进行竞赛的单元，这是真人秀节目形态当中所使用的操作手段。但由于竞赛单元只是节目中一种推动叙事的手段，所以《交换空间》应被归为生活服务类节目形态。

第四，节目形态具有历史继承性。节目形态会随着观众需求的变化而发生改变，甚至出现全新的形态。然而，这些新形态跟旧形态是有密切联系的。例如，20 世纪末出现的真人秀节目形态是由综艺节目、纪录片、生活服务节目以及谈话节目延伸而来的一种新形态。它记录的是真人真事，但是这些记录下来的镜头是经过后期编辑的，以加强节目的悬念感。所以，如果说它没有发生，它确实发生了；如果说它发生了，节目当中却有很多元素是为了娱乐效果而被人为制造出来的。因而，这一节目形态既不属于纪录片，也不属于综艺节目。研究电视节目形态不仅仅要研究当前节目形态的创新，深入地理解旧节目形态对于节目形态创新也至关紧要。

第五，节目形态本土化。西方提出"全球化"的概念后，一直遭到东方和第三世界国家的质疑。就电视节目形态而言，这些国家虽然不赞成西方的提法，但又不得不承认大多数节目形态理念都源于西方国家。随后"全球本土化"的概念被提出，它是由全球化（globalization）和本土化（localization）组合而成，指的是"全球化的思想，本土化的操作"。目前中国的很多电视节目形态都源自西方，但实际运营模式却与西方大不相同。以 2010 年东方卫视推出的《中国达人秀》为例，这档节目不仅花费了很高的成本向《英国达人秀》收购品牌和模式制作权，而且还请来了《英国达人秀》的制作团队来协助制作，但是该节目在选手选拔、表演内容和呈现方式等方面都加入了很多本土化的元素，放大了中国人比较看重的情感和道德色彩，让真情流露而非表演主宰一切。又如东方卫视 2013 年推出的《中国梦之声》，引自美国的《美国偶像》（AmericanIdol）。节目没有简单照搬，而是根据本土观众的主流价值观、收视习惯，加入了许多中国元素，如原版赛制不存在的"逆袭战"、有别于"毒舌评委"的温情导师、比原版慢的讲故事节奏、直播现场的400位梦想观察员等，成功地进行了改造，受到了模式方的肯定。以上类似节目体现的正是全球化的思想，即以西方模式为榜样，同时又加入本土化的操作方式。所谓中国节目"新形态"，在这里指的就是西方的电视节目进入中国后所产生的本土变化，这种变化可能会催生出完全新型的节目形态。

三、电视节目形态的发展

随着电视在不同时代的发展，电视节目形态也在发展。因此，了解电视的发展历程可以让我们理解电视在不同时代的功能和观众对其需求的变化，这些变化又能让我们进一步理解形态在当中的形成和变化。

（一）电视从传播者主宰到接受者主宰

电视作为一种大众传播媒介，参与其传播过程的对象主要有传播者和接受者。传播者曾经主宰着电视信息，决定着电视所播的内容。由于过去的电视节目都比较单一，所谓的节目形态也甚为简单。在以"传播者为中心"的电视时代，电视观众的愿望被极大地压制。

随着电视媒介形态的改变，加上新媒介的出现引起社会对电视重要性的质疑，电视不再像以往那样以生产者为主体。尤其是在以网络为代表的新媒体的冲击下，受众的信息接收渠道发生了明显变化，他们开始拥有对信息的选择权甚至发布权，不再满足于传统媒体所提供的信息。即使主流媒体不予报道的事件，他们也能从网上获得详尽的信息，不再处于信息受控的状态。"多种媒介，一个声音"变为"一个媒介，多种声音"，接收者应该知道什么、应该什么时候知道不再完全由传播者所控制，媒体全面进入"以受者为中心"的时代。

（二）电视从"宣传品"到"艺术品"再到"商品"

1936年8月，英国广播公司（BBC）在伦敦的制高点亚历山大宫建立了世界上第一个电视台，并于当年11月2日在伦敦奥林匹克展览厅播出了世界上最早的电视节目。也许当时的世界没有深刻地意识到，就是从那一刻开始，一种新型电子传播形式开始极大地影响人类社会的生活。电视一开始都是以宣传为主的传播理念进行操作的。BBC在当时以转播盛大典礼（如1937年英王乔治六世的加冕典礼和1953年英女王伊丽莎白的加冕典礼）和新闻事件为主。当时，电视所具有的功能与报纸基本无异，人们关注电视主要是为了关注新闻和政府所宣布的信息。同样，20世纪50年代，电视在进入中国的初期，也是以"宣传"为宗旨的传播工具。

20世纪40年代，电视作为国家政府用以宣传、告知和影响社会的传播工具的属性被打破了，而电视节目随着电视媒体商业化特性的凸显开始得到发展。美国当时的电视体制主要是商业电视体制，因此电视节目首先在商业电视台播出。这种私人经营的节目模式使电视台的经济来源以广告收入为主，也由此引起了电视台之间的激烈竞争。50年代初，美国电视节目主要有戏剧娱乐节目和新闻时事节目，由于广告的压力，戏剧娱乐节目成为发展重点。戏剧娱乐节目主要包括电视剧、综艺和滑稽表演等，而电视剧在当时几乎占据了主导地位，当时的电视节目从电影艺术中汲取了丰富的艺术营养，利用电影的拍摄和制作手段来制作电视内容，让电视走向了个性化和艺术化的路线，在某种程度上成为一种"艺术品"。

20世纪50年代中期，电视事业突飞猛进。这是因为电视传播技术的发展使得电视成本大幅下降。另外，随着"第二次世界大战"后经济的快速增长，电视在20世纪70年代基本完成了全面普及，成为家用必需品，电视与人们日常生活的联系也越来越紧密。至此，电视节目的发展也走向了全面商业化。正如《新周刊》在其所刊的《2010中国电视红皮书》一文中提到的，电视不再是作品，而是项目。电视节目形态也随之发展，呈现给观众的形态开始多样化，从新闻节目、纪录片、娱乐节目、访谈节目到打乱各种电视节目形态规范的真人秀节目等。人们对电视的最初认识也开始改变，它不再是单纯的"宣传品"，亦非"艺术品"，而是如同我们生活中的其他日用品，等待我们在需要时去消费它。

电视节目形态的变化随着电视功能的发展，可谓经历了由舆论宣传、社会教育到娱乐审美表现再到以商品的形式提供社会服务和进行文化传输的阶段。

（三）电视从"奢侈品"到"必需品"到"消费品"再到"老人用品"

电视机在中国从50年前的奢侈品、30年前的必需品、20年前的消费品到现在的辅助品，眼看要沦为"后网络时代"的老人用品。根据不同年代的发展态势，电视的内容也随之改变。

20世纪50年代末，当电视在中国作为"新生物"出现时，它是以"奢侈品"的身份存在于人们的生活当中的，一般的家庭通常是买不起电视机的。人们在用新奇的目光打量着屏幕传达出来的声画信号时，并不完全懂得和理解它所承载的宣传任务和传播功能。当时，电视节目以新闻为主要呈现方式，而新闻节目的统一格调，加上其居高临下、灌输式的传播态势，使得电视节目成为单一的说教工具。电视节目以"我说你听""我播你看"的话语霸权，成为高高在上、可望而不可即的"稀罕物"。

所谓节目栏目化，就是把同一内容或同一风格的节目归为一个栏目，并安排在固定的时间内进行播放，使其有一个固定的名称和时间长度。栏目化是电视节目走向成熟的一个标志，是电视文化发展到一定阶段的产物。电视栏目从本质上说是一种节目的编排形式，它使节目的内容、类型系统化，使时间长度规范化，使节目编排条理化，起着定点、定主题、定形式播出的作用。它既是一种节目组织形态，又是一种节目管理样式。因此，电视栏目可以被理解成以固定的周期、时段和长度播出的、具有内容与形式同一性或相关性的专栏节目。电视栏目的出现培养了观众的收视习惯，让观众根据自己的选择定时打开电视关注自己喜欢的栏目，同时也让节目拥有了一个相对稳定的收视群体。

到了 1980 年，《新闻联播》节目中加入了"国际新闻"的栏目，开拓了新闻报道的国际视野，从而成为广大观众了解国内外时事与党和国家政策的窗口。同年，中央电视台也开办了新闻评论性栏目《观察与思考》以及系列节目《动物世界》等。1983 年春节，《春节联欢晚会》开播，开启了中国人乃至世界华人"春节必看春晚"的文化习俗，可以说是中国人通过电视创造的文化事件，"春晚"促成了全民通过电视共度春节的庆祝形式。时至今日，每年的"春晚"依然是全世界中国人在春节期间的一大期待。由此看来，电视开始注意与观众的互动，让人们不再对其感到陌生。电视也逐步融入百姓生活，成为人们的"必需品"。

20 世纪 90 年代开始，随着社会和经济向市场化转型，传媒行业也走上了市场化的道路。中国电视媒介的经营管理理念也随之改变，实行企业化的管理方式，走向了产业化发展之路。此外，电视在农村的普及、从黑白到彩色电视的更换、卫星传输的完善和数字电视的发展也使得电视媒介中的内容形态发生了变化。灌输式的节目传播形态遭遇了日渐觉醒的受众"自我意识"的"抵抗"，促使电视人不再盲目地制作自己要求观众看的内容，而是根据受众的需要来制作节目。电视节目平民化的趋势也随之出现，这意味着电视草根时代的来临。1993 年中央电视台开播了《东方时空》栏目。通过这档栏目讲述老百姓自己的故事；而 1994 年的《焦点访谈》和《世界报道》等节目提升了电视报道的深度，拓宽了报道的广度。电视从"播"故事的方式变成了"说"故事的方式，燃起了电视节目中故事化叙事策略的热潮。20 世纪 90 年代中期，中国电视吸收了国外电视节目的精髓，开始走电视节目娱乐化的路线。从《快乐大本营》《欢乐总动员》《开心辞典》和《幸运 52》等节目中，我们不难发现：电视不再是严肃的信息传输工具，而是大众的休闲消费用品，这也让电视媒介成为消费文化的一部分。因此，电视成为人们的"消费品"。

电视作为消费品使得节目形态的品种迅速增加，娱乐节目和新闻节目各自分化，衍生出了更多的节目类型，包括真人秀节目、综艺节目、生活服务节目、纪实节目、体育节目和访谈节目等。2005 年，湖南卫视的《超级女声》让电视从传播平台变成了表演平台。《新周刊》在其所刊的《2010 中国电视红皮书》一文中指出，"电视上播放的不再是电视，而是表演"，电视成为平民表演的大众舞台。此外，网络的普及让电视从大众渐渐走向了小众。从频道设计专业化、节目地域化与本土化到服务范围社区化，电视的小众化传播已成为当代电视的显著特征。

随着网络媒体成为人们的日用品，电视已失去它当年的光辉。电视机前的观看者越来越少，而电脑屏幕和移动终端前却聚满了参与者。这也促成了"没有网络不成电视"的格局，电视也纷纷建立起属于自己的网络平台，并让受众成为节目的参与者甚至叙述者。电视主持人在当下也不再是主角，他们只是在电视节目中充当控制者，控制着在电视上表演和叙述的参与者。所以，电视也不再真实，而是一种根据真实所塑造的幻觉，是电视节目生产者通过控制参与者在节目中的表现所制造的幻觉。然而，电视受众的变化并不意味着电视完全失去了属于自己的收视群体，电视前依然有守候着新闻节目、电视剧和经典电视节目的老一辈观众。

这使得电视节目成为"后网络时代"的老人用品，年轻人的辅助品。从不同角度去理解形态的构成能够使我们全方位地理解形态的特征和功能，更准确地观察和预测到形态在规定的时间和空间内的变化。

做研究一般都会从多个层面分析一个事物的特征，物理学普遍把物质细分为三个层级——宏观、中观和微观，这三个层面的构成要素虽不太一样，但相互间却有着紧密的关系。如果从这三个层面分析形态，我们可以更清楚地理解笔者在上一节中所梳理的形态、类型、模式和元素的关系。从宏观层面看，电视节目形态是由若干个基本节目形态组成；从中观层面看，电视节目类型和模式的变化和交界组成了形态；从微观层面看，电视节目形态构成的最小单位是元素符号。

"形态"一词在许多字典中的意思是指事物的形状神态或形状姿态，这种解释一般指的是事物的运动和静止状态的综合体。物理学中把运动和静止状态视为所有物质存在的基本状态，运动是物质的根本属性和存在方式，这其中包括该物质的所有变化及其过程，而静止指的是事物的位置或性质未变的状态。所以，运动是绝对的，它包括宏观和微观；静止是相对的，它的判定需要参照物作为参照。把运动和静止的概念纳入电视节目形态的结构中进行分析，我们可以看出节目形态的研究包含对静（形式、形状、样子）和动（状态、态势）的研究，"形"关注的主要是电视的构成元素、相互作用及其意义；而"态"关注的是我们看到的和听到的，即元素的走势（表 3-1）。

表 3-1　电视节目形态的动静之解

形　态	形　式	静的样子
	态　势	动的样子

电视节目形态必须具有相对稳定的内部和外部结构，而它的内部和外部结构在如今对电视节目形态的分析中大多指的是其内容和形式。内容和形式密不可分，

这是因为内容决定形式，而形式服务内容。内容包含着文化、民族、时间和空间的因素，在节目形态创新中所谓的"本土化"创新，一般都是在内容层面的创新。不同文化、民族、时代和地域的受众对内容有着不同的需求，所以内容变化可以迎合不同的受众；形式指的是节目的组成方式、排列方式或者说是程序，它包含着节目的所有固定化元素，而这些固定化元素取决于生产者，它不承载任何先天或节目本质的因素，它是被塑造出来的。形式是跨时空的，所以与内容不同的是，形式可以不断地被套用，而原创的创新方式一般是建立在形式上的。表 3-2 显示的是形态的内外之分。

表 3-2　电视节目形态的内外之分

形　态	内　容	文化、时空
	形　式	方式、方法

黑格尔在逻辑学中提出了正—反—合三段式的辩证法，认为辩证是由正题、反题和合题所组成的。正题必然地派生出它的对立面——反题，并且与反题构成对立，最终两者被扬弃而达到统一的合题。借用黑格尔正反合的规律去辩证形态，它包含着限定性和丰富性的特征，而形态本身中和了两者的特征，形成一种平衡的状态。节目形态的限定性就是指制作者通过自觉地控制对电视节目内容与形式做出比较明确的限定，限定性是电视节目形态的基本要义，没有限定性就谈不上节目形态。形态创新，也就是对限定方式的创新。限定性主要呈现在节目形态的规则和结构上，这种范围的规定，一方面能够使电视大量地分化成不同的形态，使得每个节目设定各自的特征以便相互区别，共同生存；另一方面可以避免节目之间的同质化，通过这些差异，受众能够更迅速地辨识节目，使节目在更大程度上得到市场的认可。限定的目的其实并不是要让电视节目千篇一律；反之，它是为了使节目在保持稳定特征的同时更加丰富多彩。纵观电视的发展史，我们可以发现如今的电视节目正以前所未有的速度和规模在创生、分化和变异着，如真人秀节目就带动了这种强限定下呈现的丰富多彩的面貌。节目的意境、气势和神韵都是变数极大的因素，这些变数就如同人的情绪，它是一种精神、内涵。也正是这些变数，使得真人秀节目当中充满悬念，令人无法预测，也让观众有所期待。电视节目形态的限定性和丰富性虽然看起来是对立的，但限定性保证了丰富性，而丰富性是限定性的修辞，让不同形态之间在保持稳定的同时也存在着差异。

电视节目形态的形成是通过编码和解码的机制所构建的。根据德国姚斯教授在 1967 年提出的接受美学中的观点，他认为所有的艺术作品的核心是从受众出发的，就是说艺术作品完成以后如果没有受众的参与，也只是个半成品。因此，制作者在制作节目时除了要考虑自己要传递的信息外，也要考虑到受众的审美接受机制。这两者在相互建构和生成的过程中会形成一种双向构建的关系，也就是现代主体间性哲学思维强调的"视角融合"和接受美学强调的"期待视野"的综合。从传播学的角度分析，"视角融合"可以被看作是编码的一种参照，它是节目制作方在设计形态时所要考虑的因素，而"期待视野"则是受众解码过程中的一种期待。形态让编码者有一个特定的编码方向，也让解码者根据所设定的形态有一定的解码预案。电视节目作为一种主要由收视率决定其存活的视听载体，它依靠着制作方即电视台和受众而存在，因此双方的长期互动是必然的（表 3-3）。

表 3-3　电视节目形态的信息之分

形　态	视角融合	编　码
	期待视野	解　码

第二节　电视节目形态创新的类型和动力

一、节目创新的类型

节目创新的类型划分标准有很多，这里选择两种主要标准来描述节目创新的类型。

一种是按照节目创新过程中变革强度的不同，节目创新可以分为渐进性创新和根本性创新两种类型。其中，渐进性创新又称为改进型创新，是指对现有节目的改进引起的渐进的、连续的创新。根本性创新是指推出新的节目，或者对现有节目做出全面的、非连续性的改进，其特点是非连续性和重大突破。

另一种是按照电视传媒作为创新主体与外部经济环境的关系来划分，节目创新可以分为自主创新、模仿创新和合作创新三种基本类型。

（一）自主创新

自主创新是指电视传媒依托自身创新能力，独立完成电视节目创新的活动。一个电视媒体如果缺乏自主创新能力，过度依赖节目版权购买的话，不仅在节目改编方面处处受制于人，而且会支付高额的版权费。业内人士预测，随着综艺娱乐节目版权制度的规范，在今后的综艺娱乐节目制作过程中，只有中央台和具备一定实力的省级台才有实力支付高额的版权费用，购买国外的节目格式，大多数城市台和民营制作机构只能将创新的重点转向本土化模式的开发。本土的电视节目要保持竞争力，最终必须依靠自主创新。

（二）模仿创新

模仿创新是指电视机构以市场领先者的创新思路和创新行为为榜样，进一步开发和生成富有竞争力的电视节目，进而参与到市场竞争中的一种"渐进性创新活动"。

在多数人的观念中，模仿似乎不够光明正大，往往背负"抄袭"的恶名，很难与创新画上等号。但事实上，模仿也是一种创新途径，这是对传统"创新"观念的颠覆性理解。伏尔泰曾说过，独到性就是明智而审慎的模仿。我国企业管理界有一句名言——"创新就是率先模仿"，即学习和模仿过程中孕育着创新，要善于学习和模仿世界上最好的东西来实现跨越式的进步。哈佛大学教授西奥多·莱维特也曾提出模仿创新是一种创新战略，他认为创造性模仿的实质是充分利用后发优势。经济学对后发优势有个通俗解释：发展中国家不需要再生一个牛顿，随便哪本物理教科书上都可以找到牛顿定律。包括牛顿定律在内的所有成功探索，都是后起者避免走弯路，降低创新成本，分享首创者创造的效益的机遇宝库。后起者之间的竞争，某种程度上就是学习的竞争，看谁学得更快、更好。

和原创相比，模仿创新的投入产出效益高。任何一种产品的前期开发和市场培育成本都是相对较高的，如果模仿国外相对成熟的节目形态，研发难度和试验成本可以大大降低。在很长一段时间里，我国大陆的娱乐节目基本是通过这样一条途径引进的：北欧原创，经过美国市场检验，然后到日本、中国台湾或香港地区进行东方化，最后在中国大陆落地开花。这里的每一次移植都是一次市场检验，都意味着节目形态和内容的一次完善。作为后起者，对经过市场过滤表现出竞争优势的产品进行模仿创新，投入产出效益更高。

另外，模仿创新的产品经过多个国家和地区的检验，创新风险成本低。随着中国电视竞争的进一步升级，电视节目的制作成本越来越高、人力投入越来越大，一档节目制作费动辄几百万，甚至几千万（如 2006 年东方卫视《加油！好男儿》的制作成本 1000 多万元，为节目宣传与其他媒体置换的广告约 3000 万元），这么大的投入是经不起失败的。

（三）合作创新

合作创新是指传媒间或传媒、研究机构、高等院校之间联合以促成共生经济的创新类型。它通常以合作者之间的共同利益为基础，以资源共享或者优势互补为前提，有明确的合作目标、合作期限和合作规则，各合作方在电视节目创新的全过程或某些环节共同投入、共同参与、共享成果、共担风险。如 2001 年 8 月，由四川电视台、上海有线电视台、北京有线台、湖南经济电视台等20多家广播电视单位和北京维汉文化传播有限公司共同打造的一档大型真人秀节目《走入香格里拉》就是合作创新的成果。《走入香格里拉》由于在全国108家电视台的黄金时段播出，社会影响力远远大于某一电视台制作的节目。

合作创新可以缓解技术创新、资金不足的问题。中小电视传媒之间合作进行节目创新，根据承担的任务、提供的设备、参与研发的人员等，分担相应的技术创新成本。同时，合作创新可以共享创新所需的人力、技术、信息等稀缺资源，克服单个企业无法克服的困难和危机。取得规模经济效益，扩大传媒创新空间，获得研究开发的规模优势，分散或降低风险。

当然，合作创新也存在一定的风险。第一，知识产权风险。当电视传媒独自进行创新时，其创新成果所带来的经济回报完全属于拥有版权的一方。然而，在传媒合作创新时，由于参与的企业、机构不止一家，同时由于技术研发和管理的复杂性和不确定性，合同条款及其他约束难以明确和监督，而合作伙伴的行为准则都是使自身利益最大化，因此，知识产权的分享和合作伙伴的最优化行为的威胁，使得合作企业的知识产权存在潜在风险。第二，组织风险。合作创新需要组织成员的共同合作、努力，有效合作中所需的行为模式与单个组织的正常运作有所不同。而组织风险主要来自合作成员不同的优先权和不同的行为风格。由于不同的优先权和不同企业管理人员的行为风格不同，最终可能导致合作难以有效进行。

二、节目创新的动力

电视节目创新动力是指来自电视传媒机构内外部，促使电视创新主体萌生创新意愿，从而推动节目创新实践的各种影响因素的总和。电视节目在其创新过程中，必然受到政治、经济、文化等多方面因素的影响，这些因素不断激发创作者的活力。推动电视节目的创新。归纳起来，这些动力主要有以下四个方面。

（一）体制与政策

电视节目制作从根本上受到电视传媒管理体制的制约。完善灵活的运行机制能够调动电视工作者的积极性。市场化运作机制、全民参与创作等均是电视节目创新的良好土壤。

我国电视事业具有社会主义性质，由国家进行管理。目前不断推行的制播分离制度等政策，正逐步克服电视管理方面的体制缺陷，给高水准、好创意的节目制作提供了条件。同时，国家对电视节目的宏观调控包括政策支持和播出监管等，能保证电视节目制作环境的稳定和健康发展，有效遏制节目生产中所存在的雷同化等不利于节目创新的现象，催生出内容新颖、形式多样的新节目。

另一方面，奖惩机制的不断完善也是鼓励电视节目创新的有效方式。我国

1987 年创办的中国广播影视大奖·广播电视节目奖（电视文艺"星光奖"）评选活动，是对电视节目创作成果的有效肯定，能不断激励工作人员的创造性。自 2007 年开始，广电总局每年向全国推介创新创优栏目，这一举措能很好地发挥创新节目的示范效果，提供成功经验。

（二）社会与文化

创新动力源于生活，源于群众。社会问题的出现、社会结构的变化、文化思潮的涌入、价值观的改变等，都对电视节目形态样式产生了深刻的影响。例如，中国市场化进程中出现的贪污腐败、道德沦丧等现象，促使《焦点访谈》这类以揭露曝光为特色的节目形态出现。又如随着社会的发展，老百姓的精神诉求逐步增加，于是催生了很多反映百姓生活、服务普通人民的民生新闻、民间选秀、家庭调解等节目样式。

（三）市场

电视节目成功与否最终要受到市场的检验，得到大众的评判。通过节目创新，从而使经济效益最大化，是推动电视节目创新的核心动力。

市场动力包含两个方面：一是市场需求。需求是推动社会进步发展的原动力。观众想看什么内容、喜欢什么方式、有什么诉求，均推动着电视工作者通过改进节目模式、完善相关制作等来满足受众的需求。二是市场竞争。当今传媒界竞争激烈，一方面，电视节目数量众多，未能获得相应的收视率和满意度，便会惨遭淘汰；另一方面，电视媒体受到新媒体的外部压力，受众市场被瓜分，电视业生存面临困境。因此，电视媒体要想占有受众，赢得认可，就要不断推陈出新以获得节目竞争优势，提升核心竞争力。

（四）科技

科技是第一生产力。科技的进步孕育出了更多先进的传播手段和技术，它使得电视节目更具有观赏性和趣味性，能够不断在新形态、新功能中给受众新的感觉，创造良好的视听环境。

电视节目制作前期采集技术的发展以及后期编辑技术的进步，都对电视节目形态产生重要影响，直接决定着电视节目的播出内容和样式。如红外摄影、高速摄影等先进的摄影手段能够呈现人类肉眼无法体验的现象，被纪录片等多种节目应用。

此外，很多新科技产品能够成为电视节目创新的手段。例如，《快乐大本营》利用分贝仪来测现场欢呼声的大小，从而判定人物的人气，增强了节目互动性，展现了节目的新鲜元素；其子栏目《啊啊啊啊科学实验站》更是将科学实验和娱乐有效结合，充分利用科技呈现出新的内容。借助手机客户端应用"呼啦"，进一步实现了电视与手机移动媒体的有效融合。

除上述四个方面以外，电视节目创新的动力也和电视从业人员的素质水平、职业理想等息息相关，加强电视人才的培养是促进节目创新的重要任务。

第三节　电视节目形态创新流程

一、节目创新全流程设计

节目策划过程是一个有着内在联系的不可分割的整体。它是由制作理念的策划（定位、选题、构成）、制作过程的策划（采拍、制作、合成）、传播方式的策划（包装、宣传、时机）、节目播出效果评析等构成的系统工程。传统的节目策划大都偏重节目的前期制作，也就是定位选题、采拍制作、包装合成等，往往将节目的最终播出视为一次传播过程的完结。其实，在节目内容被最终确定后，检验节目策划优劣成败的航路才刚刚开通，紧接着就是收视调查和评估反馈，了解节目被受众接受的程度，能否引起其他媒体共同运作并进行新一轮"炒作"。从这个意义上说，整个节目策划是一个结构紧密、循环往复的整体（图3-1）。

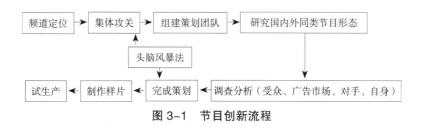

图 3-1　节目创新流程

（一）新节目的前期创意策划阶段

根据频道的整体定位和需要，研发部门和高层决策者确定节目创新方向，然后"有的放矢"地进行项目研发。

1.头脑风暴法

头脑风暴法，又称智力激励法、BS法。它是由美国创造学家 A.F. 奥斯本于1939年首次创立并使用的。其特点在于有组织地集体进行创新思维，利用集体智慧，让人们的思想与思想之间产生碰撞，使得新奇的设想在这种脑力激荡的过程中诞生。一般做法是，让人们围绕某一个确定的待探索或待解决的具体问题，运用语言、文字、符号、图画这些表达和交流思想的工具，按照一定的方式和规则表述各自的思考结果。在反复进行的思考与表述的过程中，每个人每次提出的思考结果即设想，既是在别人的思考结果的启发下形成的，同时又成为刺激别人再思考的因素。实践证明，头脑风暴法所激发的群智力量，其创新成效远远胜过个人的孤思独想，因而头脑风暴法在电视节目策划中得到了较广泛的应用。

头脑风暴法的要点是：①严禁批评；②畅所欲言；③追求数量；④不给结论；⑤人人平等；⑥议题不宜太小或带有限制，但在讨论时要把握问题方向，集中注意力；⑦所有设想都应予以书面记录。这些规则是用来保证会议上每个人的见解和独创性设想都得到尊重，让参与者的思维能力得到充分解放。

2. 集体攻关

由节目研发部门从台里组织专门的精干力量，成立强有力的策划执行团队，进行专业策划，有效征求各方意见后，形成最终策划方案。前期"海选"结束后，按既定的节目方向，节目策划组根据需要聘请专业节目咨询策划公司，再次集中观摩国外同类节目，甚至是某一个重点模仿节目的多期节目，对"海选"出的优秀创意进行二度策划，并借鉴海外节目创新经验，形成节目本土化发展思路。

3. 调查分析

创新，要把握市场脉搏，了解观众需求，前提条件是对市场的深入分析、对观众需求的准确把握。一个节目在播出前，必须妥善地解决三个问题：有没有市场；确立什么样的受众群；怎样吸引这样的群体。因此节目定位之前，必须进行系统、科学的调研工作，由专门的市场研究人员进行研究，分析各电视台同类节目有哪些、什么时间播出、风格如何、收视率如何、广告客户如何，真正做到从定性到定量、从粗放到精确、从宏观到微观地进行分析；然后，与广告客户和观众座谈，与节目制作部门进行各方面信息的反馈及磋商，最后提出大致的节目定位。节目定位只是受众定位的反映。能否找准最大范围的目标观众群，可以说是节目成败的关键。目标观众群有大有小，也并非一成不变，它可能在节目播出过程中有所变化，如少儿节目做得好，可能吸引一部分成人观众；女性节目做得好，也会吸引部分男性观众。但在多频道混合覆盖、观众群越分越细的情况下，很少有适合所有人的电视节目。

第一，受众分析。电视节目竞争到最后其实就是收视率和观众的竞争，只有赢得了观众才能真正赢得市场。要想占有受众，就必须注意他们的心理取向。受众的心理是复杂的、多层次的、富有变化性的，其收视行为是在多重心理的共同作用下产生的。我们应该重视、分析、研究受众心理，开发出更多更好的"色香味俱全"的节目大餐，才能达到最佳传播效果，赢得经济效益和社会效益。

美国CBS（哥伦比亚广播公司）有一个专门的观众调查机构，每天12小时为CBS节目服务。该公司有25000个观众样本，通常以电子邮件手段来做问卷测试，此外还有网站、传统信件等形式。观众测试的费用并不昂贵，不需要对每个调查对象支付额外的费用，不过有时也会通过一些奖励手段来刺激调查对象的积极性。

在新节目推出之前，每天测试的人数将增加到 500 人，通过观众调查对新节目做进一步的改进。

在美国，观众满意度调查是评论一个节目好坏的重要指标，并不亚于节目的收视率数据。比如，美国选秀节目《超级模特》在当地的收视率并不高，但通过观众满意度调查发现该节目的目标观众对节目的好评度很高，吸引了一大批年轻女观众的注意，观众忠诚度很高，因此该节目依旧吸引了一些时尚消费品的广告客户。

第二，广告市场分析。对广告市场的分析必须考虑到广告主的目标消费者、节目所属类型的普遍度、平均的收视率（绝对收视率和有效收视率）和整个广告市场的现状、趋势以及影响因素等，并初步制定出节目的广告价格。节目的收视率与广告的目标消费群有着密切的关系，所以，在分析节目的广告收入时，不能只单纯研究怎样使收视率节节攀高，而应综合考察其中有效点数的多少、观众群与广告主的目标消费群是否契合，等等。

例如，凤凰卫视在开发一个新节目时，会先分析受众及广告商需求，进而拿出节目策划书，然后找目标广告客户洽谈。通过这样的方式，根据市场来做节目，大市场大节目，小市场小节目，没市场就不做节目。这样就明显提增强了节目的生命力，不至于到最后"漂亮女儿嫁不出去"，大投资的节目结果反而赔了钱。因此，凤凰卫视的很多节目在面世之前，其广告时段就已经被广告商买断。

第三，对手分析。谁是我们的主要竞争对手？竞争对手的优势、劣势、战略目标是什么？竞争对手的反应模式是怎样的？我们在竞争中所处的地位如何？谁是市场的领导者、挑战者、追随者、补缺者？我们应该采取什么样的方略参与竞争？这些都是在进行调查分析时要考虑的。

第四，自身分析。在市场竞争激烈的时代，仅仅关注市场机会，依靠独特的市场定位是不够的，还要对本电视台与本频道自身的优势与弱势进行认真、客观、实事求是的分析研究，根据自己的实际情况，确立节目发展战略，不要盲目跟风，贪大求全。对于一些中小型电视台来说，由于自身实力的限制，可以选择一些投入不大、技术难度较小的节目样式进行研发。

以这些调研数据与分析结果作为节目定位的基本依据，然后根据目标观众的需求制作出适合他们的节目。当然，在判断市场的时候，也不能过分依赖数据。

数据能提供一些参考，但最终还是依靠决策者的判断力，就是对观众心理的深层把握和判断。此外应减少不必要的组织层级，尽可能使"决策—执行"扁平化，领导层要对一线充分授权，明确职责，缩减决策时间。

（二）样片制作及制片人的产生阶段

新节目方案确定后，样片制作及制片人的选定有两个方案可以选择。

其一，由台里节目研发部门出面，组织选拔人才进行样片制作，再综合各方面条件，指定新栏目制片人。

其二，面向全台进行制片人公开竞标。对新栏目方案的理解和样片创作方案（包括资源及团队组织）开展公开答辩活动，优选出制作样片的负责人。

（三）节目生产阶段

节目样片制作出来以后，可以从目标观众群体中随机抽取部分观众观看样片，看完后由其完全按照自身感受进行综合评价。如果评价结果好，那么预期收视率看好；如果评价结果差，必须重新策划、创作。也可以将样片在企事业单位或社区的闭路系统内播放几次，然后再随机进行问卷或电话调查，根据调查结果统计预期收视率，作为节目推出与否的依据。

为了保证创新，栏目组可设立特别的课题研究和电视节目跟踪小组，关注国内外最新的电视动态，并对可借鉴的内容进行仔细研究，写出相应的策划方案。这种创新机制不断为节目注入新鲜血液，形成出其不意的节目亮点，从而保证节目具有极强的竞争和生存能力。

此外，还必须配以全新的管理机制。如 2002 年中央电视台建立了节目综合评价体系，并以此为依据推行栏目警示及淘汰制度。如果在一段时间内收视份额连续不达标，栏目将会被警告，直至暂停播出，进行休整改版；重新播出后，仍连续多期不达标，栏目将被停播。被淘汰栏目不允许恢复播出，被淘汰栏目所在部门一年内在该频道不能新增栏目，被淘汰栏目制片人两年内不得以制片人身份开办新栏目。

二、CBS 和中央电视台等媒体的节目研发流程

（一）CBS 节目研发流程

CBS 节目研发有 4 个环节：第一，每年以公开招标的形式，从 CBS 节目部或社会电视制作公司搜集 1000 个左右的节目创意案。第二，CBS 节目部负责人再从 1000 个个案中选出 100 个，要求提案者进一步完成具体文字策划方案以及节目前六集的脚本。第三，CBS 节目研发中心再从这 100 个详尽的节目创意案中挑选出 25 ~ 30 个，提出改进意见，然后交给提案者制作样片。CBS 将给这些提案者提供标准的样片制作费。但是提案者为了使样片做得更精致、质量更高，往往自己掏钱增加样片制作费。第四，CBS 节目研发中心对这些样片进行专门的观众测试，详细搜集观众对样片的反应，最后将观众满意度最高的 8 个节目作为 CBS 年度新节目推出。

新节目的推出同时必定有一些老节目被淘汰。CBS 淘汰节目的标准有两项：一是节目收视率低；二是观众满意度差。

（二）中央电视台节目研发流程

中央电视台的一个新节目，从策划到最后正式播出的流程主要如下：一个新节目，要在中心形成意见，各个中心如广播中心、海外中心把自己的创新节目报到编委会，经过编委会讨论以后，再将意见返回各个中心。各个中心根据台编委会意见组织相关人员进行前期开发工作并且制作成样片，然后将样片以及节目策划书一起报到台编委会，编委会审查通过之后，新节目就可以在某个时段、某个频道正式播出了。这个流程一般需要3个月以上的时间甚至半年，当然也有一些新节目比较快，可能只需要一个月的时间。

（三）湖南卫视新节目出台程序

湖南卫视有自己专门的研发中心。研发中心首先进行集体研究和创作，形成思路后制作出节目策划方案。之后便在全台或整个社会范围内进行公开招标，以此来确定新节目的制片人。通过对新制片人的各方面的考核之后，新节目便正式推出。通过这种方式，湖南卫视在节目创新方面取得了较大发展。

（四）凤凰卫视新节目出台程序

凤凰卫视新节目推出一般由分管节目的副台长提议，经过高层决策之后，由各频道的编辑部制订相应创意策划方案，同时广告部门开始和各广告客户洽谈，进行预售，获得广告赞助费之后便推出新节目。凤凰卫视节目的去留与市场广告效益有极为密切的关系。

三、独立的节目研发机构

我国电视节目创新不足，很大原因是市场上缺乏自主创新力量。在国外，很多节目的模式都是由独立于电视台和节目制作公司之外的节目研发机构研发的，这些独立的节目研发机构在创新动机、创新流程和创新环境方面与电视台、电视节目制作机构有很大差异。

对于独立的研发机构而言，节目创新是它们售卖的商品，没有创新就没有市场，因此它们在节目研发的过程中，有很强烈的标新立异的诉求。以真人秀节目为例，当独立的节目研发机构确立要开发一档真人秀节目之后，它会对市场上现有的真人秀节目进行详细的研究和分析，寻找它们的弱点，发现它们的漏洞，并针对现有节目的缺陷以及观众市场的变化情况，开发出与众不同的新型真人秀节目模式。节目的新颖性和观众反响是节目模式最大的卖点，如果一个节目模式区别于现有节目模式并在多个地区获得成功，那么其开发机构将获得可观的利润。但独立的研发机构的创新是概念上的创新，它们只需要向客户提供自己的节目设计概念和少量的样片，不需要提供节目的成品，因此，它们不必承担太大的风险。

同独立的节目研发机构不同，电视台和节目制作机构在进行创新的时候，只是为了让自己的节目更符合观众市场或节目市场的需要，创新固然是在竞争中制胜的一项法宝，但创新又必须面对风险。创新并非电视台的直接目的，原创节目需要承担的巨大风险往往让电视台更愿意选择已经成功的节目模式进行本土化，而不会选择另起炉灶。

第四节　电视节目形态创新经典案例

一、竞赛化模式——以《中国诗词大会》为例

2017 年的《中国诗词大会 2》是继第一季节目的传承与改革，是一档全民共同参与的大型诗词文化节目，无论是从节目的编排制作还是传播推广，该节目一直坚守着最初的宗旨和传播方向。在赏析中华古典诗词中体会中华优秀文学之美，在学习交流中寻求华夏民族的文化之源，在回溯过往文学经典中学会发现生活之美。节目通过一系列针对中华诗词相关知识的竞赛，并对相关的历史、文学造诣以及美感进行进一步的挖掘与欣赏，并加以分析。让参与节目的选手以及观看节目的观众，在诗词大会的节目中重读经典，唤醒自身知识库中文化基因里的诗词记忆。在节目进行过程中，感受古典诗词的美学造诣，用心去体会中华古典诗词中的奇妙与心灵契合。通过诗词文字背后，读懂古人的心境，领会古人的处世原则，智慧之光，加以提炼，加以吸收，提升自我文学修养，滋养心田，触动心灵深处最原始，最真实的善与美。

（一）节目内容分析

1.节目主题的原创性

《中国诗词大会》主要是以"诗词"为节目主题，以诗会友，同台竞技。相较之前的文化类电视节目的类型，专门以"诗词"为主题的文化类节目尚属首例，中华文化源远流长，经久不息，而诗词在历史的长河中也一直扮演着重要的角色，在不同的历史时期，都有着不可比拟的特殊意义，当下文化类节目虽然层出不穷，但《中国诗词大会》牢牢把握住了文化的脉搏，在如今商业化、娱乐至上的环境背景下，以"诗词"为主体的文化类节目更似一股清流，在快速消费的时代，带给受众不一样的视听感受，无论是牙牙学语的孩童，还是耄耋之年的老者，都能在这档原创性文化类电视节目中找到属于自己的那份文化归属感。在文化表达方面更是在潜移默化中击中观众内心深处的文化自信心和民族自豪感。相比较聒噪浮夸的娱乐节目，《中国诗词大会》在节目主题上的原创性已经唤醒受众对古典诗词的文化记忆，也在新的时代背景下，赋予这些诗词全新的力量。在快节奏的日

常生活中，在快时代的消费观念冲击下，《中国诗词大会》正是以其本土原创的节目主题带给观众优雅而感动的文化魅力。

2. 节目主持人的专业性

节目由中央电视台的董卿担任主持人，其专业扎实的主持功底，加上自身散发的知性优雅的气质与节目的氛围相得益彰，互为衬托，为节目更好地呈现增添了一抹不可或缺的色彩。大家所熟悉的董卿，不仅具有美丽端庄的外貌，还有自身稳重大气的主持风格。对于一档节目而言，主持人就是代表着节目的一个标志符号，而对于一个以诗词为主题的文化类原创节目，节目主持人的作用更是重中之重，不仅要具有丰富的节目主持经验，更要符合节目的文化气质，在任何一个节目中，都有各种各样意想不到的情况发生，这就更要求主持人具有非常灵活的控场能力以及处变不惊的主持能力。董卿作为节目主持人，在节目开播前期，就为这档栏目做足了功课，在《中国诗词大会》中，每期节目董卿的主持词开场白中，都有丰富优美的古典诗词穿插其中，和节目整体所要传达的效果相得益彰，并且在整个节目过程中，主持人董卿和现场的观众以及参赛选手之间的互动也都能体现出主持人作为节目的灵魂人物的作用，能以一个引导者的身份把观众和参赛选手带入一种世外桃源般的文学氛围中，古人诗词集会，饮酒作赋，无不乐哉？不仅如此，主持人董卿对节目中每首诗词背后的背景、历史以及美学特点都仿佛信手拈来，对节目内容专业度的掌握更是令人敬佩，深厚的文学功底以及举手投足间的文化自信，都给节目增色不少，一档好节目能够成就一名优秀的主持人，同样一名专业的主持人更能给一档好节目锦上添花。

3. 节目选手的多领域性

在征集选手的环节，《中国诗词大会》作为一档全国性、全民化的栏目，不局限于某一个地区、某一个行业，而是面向全国甚至海外征集参赛选手。从征选的上千名参与者中，仅仅只挑选了106名参与者作为节目的参赛选手，参与栏目的拍摄与制作。106名参赛选手，他们的知识背景、生活环境、从事的行业迥异。年龄跨度也有很大的差距，参赛选手中最年长的已年近古稀，与最小的选手，年龄差距甚至达到了58岁。节目中不仅仅只有中国选手，而且还有外国友人的参与，这让节目更具有多样性。

参赛选手的差异化、多样化，让节目更具有广泛性、参与性。其中，以诗词为精神寄托的白茹云，她来自农村，生活水平不高，过得很艰难，但她在诗词中寻求心灵的安慰，寻求精神的唯一支撑与寄托。她的出现让节目更有温度，她对中华诗词之美的理解与追求，让观众感动不已。白茹云这样的选手在节目中的展现，让节目具有更为鲜明的差异化和生动的对比。她与董卿、武亦姝这人的风格有很大的差异，又在另一种形式的呈现中与之交相呼应，互为衬托。诗词本身的创作与学习欣赏并非强装风雅，沽名钓誉，它作为人的精神瑰宝、心灵之花、生命之光、精神食粮，每一个人都可以拥有，都可以去体会其中的魅力。

（二）节目形式分析

1.独创的节目赛制

通过总结第一季节目的赛制规则，在第二季节目开播的时候，细心的观众可以发现，还是做了升级赛制的修改。整个比赛总共 10 场竞赛，其中除最后一场为特殊方式进行比赛，其他 9 场都为正常竞赛方式。第十场的竞赛方式特殊在于，将会有攻擂方、守擂方，还会增加挑战者参与到竞赛中来。守擂方的产生规则为：选择整个赛程前九场竞赛中成绩最优异的选手作为最后一场比赛的守擂方，他将与攻擂方，挑战者进行正面较量，最终确定第二季的排名。在"飞花令"规则上，第二季也采用了与第一季不同的规则，节目分为个人追逐赛和擂主争霸赛，每个挑战者一场最多能答 9 道题，以挑战者的身份和百人团的参赛选手同时答题，这些百人团的选手组成，也是透过层层不同的考验和选拔，才走上了诗词大会的舞台。每场答题中作为比赛挑战者的 4 位选手中得分最高者，以及百人团中用时最少、错误率最低的参赛选手作为本场比赛的攻擂方，这样两者一同对最后的擂主席位发起挑战和比拼。

此种形式的赛制，在选手中形成了一种叫作内部循环的模式，这种模式重在检验参赛选手的文学积累水平，形成自我知识的展现，而非造成双方博弈的境地，从而弱化了竞赛双方之间的博弈关系。此种关系的弱化，会让观众从关注选手排名、竞技博弈中跳出来，将关注点放在诗词本身，让观众能在节目中，感受诗词的意境和美感，体会古典文学的趣味与纯粹。

2.独特的舞美布景

《中国诗词大会》最主要的主题思想就是传播中华传统文化，本土原创的节目内容加上独特的舞美设计，加在一起无疑是锦上添花，舞台的背景造型是一幅长长的书卷，仿佛在传递着，在中国文化的历史长河中，诗词一直贯穿其中，源远流长。舞台背景和节目主题内容完美吻合，低调而不失内涵，整个舞台以"LED大宽屏"作为主要的背景，下面则充满寓意的"梯田"象征着诗和田野，中华文化孕育于大地，植根于大地，也深深地扎根在人们的心中，其次在舞美设计上、在材料的选择上也是做到了极致的单纯化，以简单的诗书文字进行点缀装饰，并且 LED 星星灯作为渐变闪烁背景，仿佛就是置身于真正的星空之下，百人观察团的位置设置也是舞美构成的一部分，他们既是观众也是演员。和整个设置融为一体，浑然天成。节目的舞台气氛也并不是固定不变，而是会随着节目剧情的发展而变化，当然与生活气氛不同，它不是自发的产物，而是艺术创作的结果，舞台上创造出正确的节目氛围，有助于加强节目的整体真实感和艺术效果，同时舞台气氛能够鲜明有力地展示出诗词内容中任务的思想情感，用以延伸场景的情调、意境，并能明确地展示人物间特有的关系，绚丽的灯光特效更容易引人入胜，仿佛人们向往的诗和远方的田野，就在这个舞台上，也就在每一个人的心中，用于烘托整体的节目效果和节目氛围，起到了至关重要的作用。

3.独有的表达方式

《中国诗词大会》的开播，在当下快节奏的生活中，在人们追求娱乐至上的综艺环境中，在快时代的消费观念下，以其优雅不失震撼、快乐而不吵闹的形式呈现给观众，能够唤醒观众内心深处对于中国传统文化的向往。节目中还加入了诗歌的集体朗诵，由节目的百人团参与选手进行诵读，他们时而高亢、时而低吟的朗诵，配以声电、舞台设计，让观众沉浸其中，重温古典诗词之美，仿佛一泓清泉，直抵观众的内心，在琅琅的诗词诵读声中感受思维和文字交流碰撞产生的独特魅力，节目以润物细无声的形式在观众心中种下优雅的种子，滋养快节奏中生活中不断空虚的内心。《中国诗词大会》在众多电视节目中独树一帜，也是在主流媒体平台上，传播中华文化不断创新的成功实践，同时也为中华优秀文化的传播形式形成了一个有效途径和方式，用观众喜闻乐见的竞赛方式来展现在中华文化之美，并且以其独特的表达方式，无论是在难度设计还是在竞赛方式上，能兼顾到全社会不同年龄、不同背景的观众，让节目更具参与性，达到全民互动、全民参与的效果。特别是扣人心弦的答题设置，很容易让电视机前的观众有很强的带入感和参与性，也正是用独特的表达方式成功打造这样的一个文化类节目，让其成为电视荧屏上不可多得的好节目，获得无数赞赏，节目也成了传播中华优秀传统文化创新实践的特有的成功典范，在主流媒体求新求变大潮中独树一帜。

（三）节目创意分析

1.标杆人物的形象塑造

纵览整个栏目，对于标杆人物形象的塑造与宣传贯穿整个比赛。在栏目大背景的环境下，塑造一批积极向上、才华横溢的偶像至关重要。例如，参赛选手武亦姝的才女形象，以及主持人董卿的知性优雅的形象，都在节目中得到了很好的塑造与宣传。丰满的人物性格，生动直观的人物形象，会更加立体地让观众看到腹有诗书气自华的具体体现。这些直观的人物也将在潜移默化中成为观众心中的标杆与目标，起到榜样的作用。使观众能够在不自觉的情况下，发挥主观能动性，学习继承发扬传统文化，并能积累文学修养。最终在比赛中夺得桂冠的武亦姝，观众不仅仅被她的才华横溢所折服，更被她扎实的古典文学积累及其处事不惊、淡然优雅的气质所征服。

这种人物形象的塑造，将在观众心中存留很长一段时间，在观众心中成为一个标杆，成为一个榜样，对于其自身诗词文学修养有着很大的正面引导作用。不仅如此，古代诗词内容中的任务情节，也在潜移默化地影响着整个大环境的文化氛围。标杆这样的存在，具体到人物身上就更加直观立体，受众更加容易接受。因为标杆人物就是生活中实实在在的人，她作为优秀文化传播的实际载体人物，对引导受众积极学习提升文学修养有着不可或缺的功能。每天坚持抽出时间阅读的董卿，随身携带古诗词，随时翻阅的武亦姝，他们的这些习惯自然而然地成了受众心中的标杆、行动的参照。

2. 线下传播渠道的推广

《中国诗词大会》的首播平台是在中央电视台，如果仅仅在这样的传统媒体平台对节目进行宣传推广是远远不够的，观众收看方式的多元化以及各种网络视频客户端的多种选择，往往会让节目成为被观众选择收看的对象，《中国诗词大会》的主创团队们在前期节目选手的招募中，就开始深入最基层，一点一滴地寻找感人的人物典型，正是在这样的调研走访，大到北上广深，小到社区街道，在不知不觉中已经收获了一批潜在的受众人群。不光如此，在节目筹备前期，广告宣传造势，学校宣讲推广都大大地助力了节目的开播，节目一经播出，便引发了观众的广泛热议，特别是节目中出现过的诗词，竟然也都成为人们茶余饭后热议的焦点，就在节目不知不觉持续发酵的过程中，《中国诗词大会》栏目组也适时地推出节目衍生程序"为我定专制的专属诗"这种方便快捷易操作的 H5 小程序让人耳目一新，使更多的受众参与进来，进一步的宣传推广该节目。包括人们在日常生活中，也在经常使用微信微博这些社交软件传播媒介，大量地转发有关该节目的一篇篇公众号文章，从台前到幕后，从线上到线下，在一定程度上将现实的精神物质文化通过各种载体进行生动的再现与构建，将学术专业与大众流行媒介载体进行有机的结合，更加有效地促进了节目的宣传推广。

二、情感化模式——以《朗读者》为例

《朗读者》节目是一档主要以朗读为主要形式，以文化情感为主题，由中央电视台隆重推出的节目，董卿兼顾主持人和制作人的两种身份，《朗读者》主要的节目内容是每期会邀请不同领域、不同年龄、不同职业的嘉宾，有的嘉宾是家喻户晓的明星，也有平凡普通的素人嘉宾，每位嘉宾都会带来属于自己的朗读故事，每期节目也会有不同的主题，有关不同的成长故事，丰富的情感经历还有感人至深的传世佳作，不同主题相互结合的方式，用最真挚的内心感受文字背后触摸不到的深层内涵和价值，用最真实的语言，这样一种看似普通但是最直接的表达方式，朗读出来的平实文字，其中蕴含的真情实感直抵观众的内心，给观众以不同的精神鼓舞。该节目还获得"2017 中国综艺峰会匠心盛典"年度匠心制片人奖和盛典作品奖，《朗读者》对于董卿来说，也是她在主持生涯中一次不同的飞跃，因

为首次担纲制作人的重担，从台前到幕后，董卿对于节目也付出了不同于其他节目更多的心血，节目的朗读材料，从节目初期的故事选择，到朗读专家文学顾问团的精心挑选，再到嘉宾台前富有感染力和真情实感的流露，各个方面的筹备和配合，最终展现出来的就是饱含生命之美、文学之美和情感之美的诚意之作。《朗读者》节目，朗读是外在形式，最主要的还是朗读的内容和朗读的人，通过言语表达出来的最直接的真情实感，才能让观众真切地感动，发现不一样的美。

（一）节目内容分析

1.节目主题的真挚性

《朗读者》节目在朗读文本内容的选择上十分用心，《朗读者》一共由 11 期节目组成，在这 11 期节目中，有 10 期不同的主题词，每一个词语都能直击观众的内心，"遇见""陪伴""眼泪""第一次"等的主题词，使人一看到便会在脑海中浮现出各种不同的故事，每一个词语都好像与你似曾相识，但每一个词好像又都是在你记忆深处搁置已久，无论是亲情、友情还是爱情，总有一种情感能够让你感同身受，这也是《朗读者》节目主题的真挚性所在，不仅有像 J.K. 罗琳、堂吉诃德、泰戈尔等这些国外作家的作品节选；也有鲁迅、三毛、老舍等这些国内作家的文章片段，从节目初期的故事选择，到台上富有感染力和真情流露的朗读，各个方面的筹备和配合，最终都是凸显节目主题的真挚性。

2.节目主持人的感染性

很多情况下，从主持人在一个电视节目中的定位而言，有时不仅仅是一个简单的节目符号，同样也是节目最直接的传播者，特别是综艺类的电视节目，对主持人的整体要求也是同样高，不仅要具有观众缘的外貌，还必须具备一定的个人特质，这样才能在明星众多的节目中脱颖而出，让观众印象深刻。

在《朗读者》节目中，主持人融进了个人的主观感受，使信息传递有了对象感、交流感，董卿和嘉宾们简短的像是谈心一样的访谈，主持人在第二现场与嘉宾亲切的对话互动，畅谈朗读背后的鲜为人知的故事，使得读者在对所在的时代呈现的人和事有了更为深刻的理解。如此一来，经过前期的沟通和交流，也能帮助嘉宾放松，为接下来嘉宾走到台前朗读也做了很好的铺垫。像董卿这样经验丰富的主持人，在央视工作多年，大大小小的晚会无数，在主持《中国诗词大会》的时候就已经能看出具有一定的文学素养，诗词歌赋，出口成章，独有的文学气质也给节目增色不少，身兼主持人和制作人，关于《朗读者》台前幕后的所有细节，也是全程参与，这样一来，主持人在参与这些的同时无形之中就和节目之间有了更深的默契，在主持《朗读者》节目时也显得特别具有真实情感，其中有一期节目主题是"亲情"，著名演员斯琴高娃老师是朗读嘉宾，朗读的文章是贾平凹的《写给母亲》，当朗读结束之后，她沉浸其中，久久不能平静，观众更是被她情真意挚的朗读所深深打动，也纷纷潸然泪下，主持人董卿更是掩面哭泣无法自拔，此情此景，不需要任何的语言，董卿一个深深的拥抱并轻轻地说了一句"让您难过了"这样的举动胜过千言万语，也让人感觉非常贴心和关怀备至。

3.节目嘉宾的多层次性

《朗读者》节目在嘉宾的选取上也十分用心，有蒋雯丽、王千源、徐静蕾这些演艺圈的明星艺人，有李宁、惠若琪、邹市明这些体育界人士，有张小娴、麦家、郑渊洁这些文学作者，也有救死扶伤的战地女医生蒋励、环游世界的航海艺术家翟墨、无私奉献的张鲁新老师和他的学生们，更邀请了在你我身边的普通人，他们中间有人积极地应对病痛的折磨，有人遭受着和正常家庭不一样的苦难，各种来自不同领域和生活环境的人，来到这个神奇的舞台上，都能让人卸下俗世的纷扰，单纯的朗读与聆听，缩小观众与节目的距离感，直抵观众心中最柔软的那片地方。不局限于职业，去寻找更具精神力量的代表人物。进一步而言，多层次的嘉宾设置，能更好地和朗读的故事本身相贴合。多元的文化选择，古今中外，诗歌散文小说，各种不同题材的作品也能更好地和不同领域的嘉宾相配合。正是这些嘉宾不同的经历和感受再加上发自内心的朗读和表达，牢牢地抓住了观众群体的心理。

（二）节目形式分析

1.复合的节目板块

首先是节目一开始的访谈环节，一般只有访谈类型的节目才会有采访嘉宾，主持人和嘉宾对话这样一个环节，《朗读者》不是一个单纯采访性的节目，但是节目的开始第一部分增加这样的一个环节也是该节目的出彩之处，采访的现场是设置在一个比较小的演播室内，演播室内的设置非常简单，几张对面摆着的沙发、电视和茶几，茶几上面有一些简单的茶具和装饰画，猛然一看，你会觉得这很像普通人家的客厅摆设，比较舒适和温馨，这样的布局也是为了能够让嘉宾感觉亲切和自然，像在自己的家一样，和主持人像朋友一样简单谈谈心，整体光线也是偏黄光的暖色调，淡化嘉宾内心做节目的仪式感和紧张感。这样有特色的传播采访环境，也更容易让嘉宾袒露自己的内心，畅谈真实之感。

第二部分的朗读环节无疑是整个节目的核心部分，相对于采访嘉宾时的演播厅相比，朗读环节的演播厅看起来更开阔些，弧形的舞台设计，和观众之间的距离，像是在图书馆的汇报大厅，也像是小剧场的舞台，这样的设计最主要的目的是让嘉宾在作为朗读者时更具有表达的欲望，也更适合抒发自己关于朗读故事的特殊情怀和内心。特别是从第二现场的小演播室走出来开始准备朗读的时候，也会让朗读者深切体会到不同环节的设计感，舞台虽然是固定的，但在不同的嘉宾的身份以及选择不同的朗读故事时，舞台也会随之做出相应的调整。这样一来，嘉宾在朗读将舞台作为朗读背景时,整体看起来也不会那么单调,有时一个昏暗的路灯,一把破旧的藤椅,一束盛开的鲜花,搭配不同的道具,也会使平淡无奇的舞台看起来更具有生机和活力,让整个画面看起来更加祥和与美好。作为央视主推的一档大型文化类电视综艺节目,该节目在传播过程中,能够唤起人们心中对文字的热爱,对阅读的热爱,能够通过自己表达的内容,正确地去引导受众,享受文化的视听盛宴,在这样一个娱乐化以及快节奏的时代,发挥了非常积极的正能量作用。

2.专业的灯光和舞台

灯光设计者根据节目的视觉呈现和功能的需求,依据舞美空间合理巧妙地设计灯光结构,在舞台上方使用桁架搭建出几何结构灯位,与舞台造型遥相呼应,整体效果契合点、线、面的设计思路。按照节目内容要求舞台空间分为两个区域:中心舞台与采访间。两个区域在节目内容上相互关联、里外呼应,在舞美灯光方面也是造型和颜色相近,起到呼应的效果。根据节目需求,灯光设计对人物形象塑造、舞台空间气氛营造、光效对比中图像的表现力三个方面进行了着重设计。因为中心舞台区承载着节目中主要的内容形态,所以人物形象的塑造则成为布光的重中之重,灯光设计根据不同节目内容安排采用了不同灯位的灯型组合,保证了每一个人物形象在不同情境下的塑造。如为了在诗情画意的场景中突出朗读者,灯光使用了淡蓝色的光晕渲染整个舞台,并用追光打在朗读者身上,形成一个极小的光区,以光色来凸显朗读者的真实情感。淡蓝色的光色在此的使用具有使人信服的力量,因为在自然界中,淡蓝色是深沉的、忧郁的,设计者以敏锐的眼光捕捉到了人们观察的瞬间。通过这样的处理,灯光不仅融入了朗读的氛围,推动了情感发展,更是塑造了人物的性格,调动人们的情感。舞台空间氛围的塑造与渲染方面,因为舞美风格庄重典雅、线条明显,为使灯光空间呈现出多样的风采,将表演者的情绪与情感通过设计者的构思转化为艺术的语言,似乎也是向大家娓娓道来精彩的故事。

《朗读者》的舞美设计采用了剧场式的造型设计,在舞美方面的追求充满了仪式感。从整体上看,舞台架构采用了欧式建筑元素作为整体架构,而且舞台表演区和观众席通过建筑结构元素进行了无缝衔接,保证了舞美效果的整体性和一致性。设计者将舞台中心背景设计为三层高达10米的半圆形图书馆,并搭配伸出式环形舞台,给人一种瞻仰知识殿堂的空间即视感。图书馆两侧造型则使用了发散式的设计,将波光粼粼的仿水晶缀帘幕作为装饰,避免了"剧场式"舞台台口相对死板的感觉,使延展后的舞台更具视觉冲击力。

3.柔和的表达方式

朗读仅仅是《朗读者》节目的开始,与朗读相连接的是一个个朗读者现实中所发生的人生故事，可能是平凡普通的小事，也可能是意义重大的大事，每一个故事都有其独特的魅力所在，人性背后的光辉与感动，最后归根结底都回到以人为本，这样才能让你我动容。人世间有很多的情感都是共通的，太多乐于助人、无私奉献、默默耕耘这样的真实写照。正是这些故事背后共通的情感，会更好地帮助观众去理解和体会朗读背后无穷的文字力量，人生的深度和广度、浓度和厚度成为搭建直达观众内心的桥梁。在互联网高速发展日新月异的今天，地球村的概念也越来越深入人心，时间和空间的局限也已经被越来越便捷的收视所打破，观众就有自己选择看什么节目，观众不同的收视需求也促使更多、更丰富更优质的电视内容应运而生，尤其是文化类节目之中的人与人之间的距离的拉近，走情感路线，触碰到受众心里最柔软的地方，能和观众产生共鸣。这些故事分享中，有人与人之间的情感，也有生活中的琐事，看似平淡的日常，却打动了观众的心。

《朗读者》不是朗诵节目，不是语言节目，而是人生节目和情感节目。相比于文字，《朗读者》更注重"人"。

（三）节目创意分析

1.《朗读者》系列丛书热销

《朗读者》系列丛书是和《朗读者》节目同名的图书，该系列丛书共分为三辑，以节目为基础，一共收录了70位朗读者的访谈内容，一共有94篇文本，154张照片。其中的访谈部分，是补充了因为节目时长限制而被删减的精彩片段，并且增加了朗读者小传和名家文本点评。并且在书中还是用了最新的AR技术，将聆听朗读与阅读文本完美结合，为读者带来全新的阅读体验。这种以同名图书的文化类及电视节目衍生的产品形式，尚属首次。并且在推广和宣传上取得了显著的二次传播的效果。

2.线下朗读亭的渠道推广

《朗读者》的开播平台起点很高，加上互联网平台和多家视频网站客户端的线上播出，是其节目本身成功的很大的因素，另一个重要的原因就是在节目后期，在用户基数庞大的微信和微博这些宣传自媒体上进行平台推广。"根据数据统计，自节目播出以来，在各种不同的视频、音频客户端的播放总量高达10亿多次，并且在微博热搜榜上的话题阅读量也是超过十几亿。"在朋友圈的转发量也是将近有300多篇软文都破了10万，可见火爆程度绝非一般。

不仅仅是线上的传播宣传效果非常好，线下推出的"朗读亭"也是备受观众的喜爱，朗读亭的推广走进了许许多多的城市，很多线下的观众通过这样的方式，也身临其境地感受了一次用朗读者的身份去感受文字的魅力，有的人在朗读亭里放声大哭，有的人在朗读亭里真情告白，有的人在朗读亭里表达对逝者的怀念与哀思。这样的线下模式与线上节目相呼应的文化类综艺节目还是第一次，人们看到朗读亭，也会不自觉地在匆忙的日子里稍作休息，按下暂停键，用最简单和直接的方式朗读文章片段，以此来感受文字带来的力量，朗读和自己相关的人生经历和梦想，表达内心深处最想表达的情感，朗读亭的地推模式也很好地对节目本身有了全新的二次传播，营造舒适的阅读环境，也有助于提升全民阅读的积极性，让人们的生活节奏慢下来，爱上阅读，爱上慢生活。

三、表演化模式——以《国家宝藏》为例

《国家宝藏》在本质上是一档文博探索类节目。该节目主要是通过中央电视台以及央视纪录传媒公司共同录制的，该节目的讲解人员是我国著名的演员张国立老师和国内著名影星李晨、梁家辉以及刘涛等人。在节目中主要运用了两种创作手法。其中一种是应用纪录片的方式方法，第二种是综艺的方式方法。该节目的核心是文化传承，该节目的包装外壳是综艺的形式。该节目塑造的气质是纪录片的气质。该节目向大众传播了一种新型的表达方式。节目于 2017 年 12 月 3 日起每周日晚 7：30 会准时在中央电视台的综艺频道进行现场录制，计划该节目会在 2018 年的 2 月 11 日收官。电视台播出的《国家宝藏》这个节目主要是由央视承办，联合故宫、上海、南京等各个地方的博物馆（院）一起合作播出的，该节目对文博领域进行了深入的挖掘。故宫 600 周年的时候，《国家宝藏》节目组联合故宫博物院以及另外其他 8 家重点级别的博物馆特地举办了一场展览会。这场展览会要求每一个国家级重点博物馆都要选出各自博物馆的一件藏品进行展览。在进行选拔的过程中，要按照一定的程序来进行。首先博物馆各自推出三件宝物，然后最终的决定选择权是交给大众的。由大众进行投票选择。在展览会上的每一件藏品都将会拥有自己独特的守护使者。在展览会进行期间相应的国宝守护人就会向群众解说此国宝的前世今生，展现我们中国特色的传统文化。

（一）节目内容分析

1.节目主题的独特性

在该档节目之中，一共有 27 位国宝的守护人。针对这类栏目，如果我们深入去看问题的核心，我们就会发现《国家宝藏》是现代社会尝试拉近历史文物和现代人之间的某种联系。通过综艺节目这种大众喜闻乐见的方式，将我国的传统文化向大众播撒，让每一位中国人都受到我国传统文化的熏陶。该节目是建立在我国丰富的文化宝库基础之上的，在节目的进程之中，国宝守护者将藏品的发展历史进行梳理，最后做出总结与归纳，向人们传达的是文物背后的传统文化与中国历史。同时这让更多的人能够近距离地接触历史。该节目的播出势必会引导更多的人进入博物馆，教会他们欣赏历史文物的方法，了解文物所记载的中国历史以及深厚的文化底蕴。从而延续中华民族的传统文化以及民族精神。经过这档节目

的播出，必然能够唤起人民群众对于文物保护的欲望，对历史文明更加重视。另外，该节目邀请了国内许多著名的、对人民大众极具影响力的影星，选择他们作为国宝的守护者，不仅可以吸引更多的观众，让更多的人来关注文物的保护，而且国宝守护者对于文物历史的讲述使得文物还"活"了起来。他们生动的讲述让大众觉得这不仅仅是一件藏品，一件静止不动毫无生机的展品，而恰恰是活灵活现的历史生命。使用综艺节目的形式，去演绎传统的博物馆藏品，使用镜头画面以及影视演员的故事叙述，吸引群众的眼球，带领人民群众走进历史的博物馆，了解藏品的传统历史文化。让大众自己去感悟历史鲜活的生命脉动，让大众去亲身体味传统文化的底蕴与美好。

2. 节目讲解员的独创性

《国家宝藏》是一档文博探索类节目，该节目的讲解员是我国著名的演员张国立，在该节目中张国立的讲解员身份就相当于是一个节目主持人的作用，但却没有明确用主持人这样的字眼去定义，这也是在以往的节目中少有的，张国立的主要身份是一名演员，有很多的代表作品大家也都是耳熟能详的。该节目之所以选择张国立作为讲解员的主要是他本身的气质与该节目所塑造的气质比较相符，这也是该节目讲解员方面的独创之处，张国立本身具有沉稳睿智的形象，再加上在演员身份下塑造的很多角色也都是有文化的智者形象，由此来看，该节目在张国立作为讲解员的情况下，能以一种比较轻松自然的状态下，对受众起到一个节目引导的作用。在节目中，无论是文物展示还是解读透析，都在无形之中体现着中华文化的强盛富饶，散发着强烈的民族自豪感。这种对年轻人的价值导向的树立，也是该节目的价值所在，以一种全新的综艺形态，向新一代的"90后""95后""00后"解释了文物所承载的文化基因，填补了年青一代的精神空白，满足了他们对中华传统文化的渴求。当然，仅仅停留在文化自觉的阶段是远远不够的，守护和传承才是新时代强化文化自信的关键所在，才能唤起大众对文物的守护之心和传承之力，引导更多的年轻人加入保护文物、传承文明的行列之中，激活传统文化生机，实现中华文明的传承与延续。

3. 节目嘉宾的多元性

由于互联网的快速发展，各种各样的真人节目层出不穷，综艺节目也是鱼龙混杂，无不利用综艺节目的形式博人眼球。在这其中，文化综艺在整个综艺节目中一直被人们看作是一股清流。但是由央视播出的《国家宝藏》这档节目不是一股细流，相比之下更像是滔滔江水。该档节目选取了许多影视演员来当作国宝守护人，在一定程度上吸引了大众的目光，提高了节目的收视率，符合人民群众的娱乐性需求，给大众制造了更好的文化谈资。但是整档节目并没有因为里面添加了许多现代化的元素而遮盖了传统历史文化的光芒，反而更加有利于民众对于传统文化的理解与吸收。"万变不离其宗"，实质上明星的光芒并没有盖过国宝，节目中需要各位明星国宝守护人走进博物馆，进行和馆长的直接对话。对相应的藏品的历史文化资料进行深刻解读。最后将通过自身的表演更好地将文物所蕴含的历史文化生动形象地展示给大众，以求大众能够通过这种新颖的方式对历史文化有一个更加深入的了解。同时也是让影视巨星作为一个表率，带领自己的粉丝一起走进传统文化领域。

（二）节目形式分析

1.表演化的节目表达

央视举办《国家宝藏》这档节目的考虑在于什么？其实就是为了能够唤起人民群众对于国家以及历史文物的保护欲望，使人民能够发自内心地想要了解文物，了解中国的传统历史文化，自觉传承中华文明以及民族精神。因为节目的时间有限，而平摊到每一个历史文物上的时间更是非常短暂，因此在短短的8分钟之内演员就要将这件藏品的前世今生演绎出来，是具有相当大的难度的。演员不仅要根据其固有的历史进行讲述，同时还要添加戏剧性的表演。这不管是对于演员还是对于导演来讲都是莫大的考验。珠峰之作为这次文物故事讲述的导演，他本人曾经与央视进行过多次的项目合作。深谙舞台剧、综艺节目等活动的道理。他提出，不管是娱乐界也好，媒体界也罢，娱乐仅仅是作为一个表象而存在，对大众并不会造成多大的影响，真正影响到大众的思想与生活的其实是幕后的文化意识。这档节目作为一个文化类的综艺节目来讲，娱乐仅仅只是它的一个基础而已，除了保证节目的娱乐性之外，我们更多是要刺激大众潜在的保护文物、传承文明的意识。这档节目采用的手法也非常具有创意，主要目的就是通过这种新颖的方式吸引大众的目光，激起大众心中对于文化保护的欲望。很多年轻人看完节目后，感觉艺术性、学术性和娱乐性兼具，从而热烈讨论国宝本身，激发自身的自豪感，这就已经达到了制作播出这档节目的目的。

2.年轻化的宣传推广

《国家宝藏》虽然聚焦于追寻历史与传统文化等严肃厚重的话题，但却采用了年轻化的宣传推广方式，冷幽默式科普的表达方式，将受众目标锁定为年青一代，力求实现博物馆文化逐渐年轻化的状态。明星加盟，引入粉丝流量。借势明星效应保证节目的高关注率、高收视率，近年来被真人秀等综艺节目奉为圭臬。《国家宝藏》也沿袭这一手法，不仅选取了李晨、易烊千玺等27位备受年轻人喜爱的明星担任国宝守护人，还邀请了奚牧凉等重要人物加入顾问专家团，利用他们本身所带来的注意力效应，扩大节目的知名度与影响力。值得一提的是，明星阵容的加盟并未喧宾夺主，反而锦上添花，有效带动了更多的年轻粉丝加入探讨文物、传承文化的行列之中。

语言诙谐幽默，符合年轻群体用语习惯。"当代青年积极、乐观的人生哲学和人生态度，赋予了他们语言幽默风趣的特征。"为了迎合年轻受众的品位与习性，《国家宝藏》也跳出了固化的圈子，在节目用语中不断穿插吐槽、段子、网络用词等，譬如节目第一期对乾隆农家乐审美的揶揄、第二期对越王勾践剑太短的吐槽这些看似不经意的调侃，实则是节目制作为年轻群体埋下的"梗"，它们一经微博话题、网站弹幕挖掘，就能轻而易举地收获话题度与关注度，实现年轻群体间的二次传播。简言之，标榜首创"记录式综艺"的《国家宝藏》，糅合了真人秀、舞台剧、纪录片等多种年轻群体喜爱的艺术形态，"将电视节目模式、文化传播和情感交流的需求相结合"，成功拉近"大国重器"与社会大众之间的时空距离，彻底激活了长期蕴含在国民内心深处的文化自信。

3.互动化的参与方式

甄选文物参加故宫600周年特展，就是《国家宝藏》在开播之初就为27件"大国重器"设置的出场背景。为此，节目组在双微平台发起了"我最喜爱的宝藏"投票活动，承诺将最终根据观众的喜爱程度甄选9件文物参加同主题展览。相比较以往节目对文物文化价值苍白宣讲的单向传播，节目组这种借助双微平台发起投票的方式，更能够吸引各个维度的受众参与到节目中来，有效实现节目与受众、文化与大众文化需求之间的双向互动，营造一种"参与式文化"的氛围，在体验与交互中，加强受众与文物之间的关联，提高受众对文物所传达的精神价值的认同，从而拓宽文物历史、文化精神等知识性的普及度，强化整个民族的文化认同与文化自信。一个国家的博物馆就像是一段浓缩的传统历史，它涵盖了中华民族悠久的灿烂文化。该档节目采用全新的手法、整体新颖的设计以及创新的技术来向大众传达传统文物、传承文明的初衷。这档节目实现了思想以及艺术之上的担当，同时也在群英荟萃的综艺节目中脱颖而出。这档节目不管是对题材的选择还是内容方面都具有创新性。

（三）节目创意分析

这档节目是史无仅有的一次大型节目，该节目一次性聚集了九大国家重点级别的博物馆馆长，同时登台为大家讲述历史文物的传统文化。《国家宝藏》节目的艺术顾问单霁翔这样评价："我们举办这个综艺节目，目的非常简单，就是为了向群众传达一个思想。博物馆并不是类似于旅游景点，博物馆是一个全新的世界，每一次踏足博物馆，对于有心的人都会收获不一样的东西。"《国家宝藏》这个节目是非常大胆的，开了综艺节目又一历史的先河。在此之前，即使是播出经验丰富的央视都从未在文物这个题材之上将大众娱乐和综艺节目进行结合。因此，这档节目一问世便不同凡响，吸引了一批又一批的群众目光。该栏目大胆地将历史文物的前世与今生相结合，运用综艺、纪录片以及戏剧的形式表达着中华民族传统文化的博大精深，将每一件历史文物的由来经历做了全面生动的解释。为了能够使节目更具权威性，节目组还专门邀请了许多专家莅临考察，坐诊文物的鉴赏。比如北大考古的文博学院院长、各大博物馆的馆长、国家话剧院的副院长、国家作协副主席等。在进行节目的策划工作时，除以上各位专家的到场之外，很多知乎的重要人物也出席了。国内重量级的博物馆最初想陈列更加名贵、名号更加响亮的藏品，但节目组和专家团对此达成了一致，认为出席该档节目的文物要具备中华文明独特的特色，并且是为民族进步与发展做出过巨大贡献的，因为它们代表的是中国的文脉不断。

第四章 跨文化传播视野下电视节目编导与文案创新

第一节 电视节目的构思创新

电视节目的创作涉及栏目策划、节目总体设计（构思）、主题的确立、材料的选择，到文案撰写、节目拍摄、后期制作合成等多项工作，其中电视文案是直接影响电视节目成败的关键，电视文案为节目拍摄和后期制作提供了工作蓝图。电视编导的工作从电视文案的撰写开始，直到电视节目制作完成。电视编导是电视节目创作的核心，他所具备的素养、意识、理念直接决定着电视节目质量的优劣。电视编导在撰写电视文案时既可以使用纪实的语言形态，也可以使用艺术的语言形态，还可以是两者的结合，在提倡风格多样化的同时，要善于把题材内容和表现形式有机地融为一体，不断创新，创作出紧扣时代脉搏、深受观众欢迎的电视节目。

电视节目创作的第一个阶段是构思，即进行节目的总体设计，并形成节目制作的宏观理念和具体运作过程，这是电视节目创作成功的关键。

一、编导阐述

编导阐述是编导对未来电视节目创作意图和完整构思的文字说明和全面解释，也是编导对摄制组全体人员的创作要求，是未来电视节目的创作大纲。一般来说，编导构思的重点包括两个大的方面，其一明确"说什么"，即为电视节目获得具体的思想、情节、人物和细节，这是节目的灵魂、躯体和血肉；其二是明确"怎么说"，包括两个层次：一个层次是从总体上把握电视节目的叙述角度、层次构成和风格样式等，另一个层次是具体确立编导思维手段和电视节目视听形象的塑造方法。作为编导构思直接体现的编导阐述主要包括以下几个方面：总体说明通常有选题总述，即编导对选题依据的说明和对选题预期目标的设想；节目名称，即电视节目的标题；类型，即电视节目形态的定位；时长，即节目的预计长度；周期，即节目的预期制作时间和工作进度；创作人员构成，即节目的摄制组构成，包括编导、撰稿、摄像、编辑、音乐、音响和剧务等人员安排。

主题阐述对节目主题思想及其意义的概括，即电视节目所要表达的中心思想，用以揭示电视节目需要说明的中心问题，这是整个创作所应遵循的基本出发点。只有主题明确，才能保持创作思路的连贯，才能突出主题内容。

内容选择根据主题要求，决定选用哪些内容、素材来表现它。这些素材要具有广泛的代表性和较大的说服力，能够有力地说明、烘托和突出主题。如何突出主要人物、表现人物性格特征、介绍人物关系、反映矛盾冲突和营造环境气氛等，都需要通过形象化素材的选择予以传达。

结构方式对节目内容的基本布局，即按照主题的要求对节目材料的编排顺序、过渡与转换技巧等方面的组织和安排，这是一个明确叙述思路、形成节目框架的过程，最终形成一个严谨的整体。结构对节目的总体风格、节奏把握、场景划分、情节安排和细节设置等起到宏观的制约作用。

风格样式电视节目表达的类型特征，是给予观众形式感受的表现。通常有纪实与表现方法的不同运用；新闻性与文学性的不同侧重；情与事或理的不同传达等。风格样式直接关系到电视语言的运用，关系到编导的创作追求，同时也决定了内容性质和结构方式的选择。

表现手段突出主题、表现内容、形成风格的电视化表现手法，即电视节目中视听语言的综合调度和运用，包括画面与画面、画面与声音、声音与声音的组合形式与技巧等。

不同类型的电视节目，编导阐述的侧重点各不相同，作为摄制组全体成员进行节目创作遵循的依据，编导阐述应力求简明扼要，既要在把握统一基调的前提下协同创作，又能激发摄制组全体成员各自的创造性。

二、电视节目的选材

电视节目的选材就是创作者从客观现实或历史资料中选择组成电视作品的材料，通过主要事件和生活现象反映主题思想。电视节目编导如何选择题材呢？一是应选择那些自己体会最深、了解最透彻的题材，尤其是自身经历体验过的题材，这样才能做到有感而发，而不是矫揉造作、无病呻吟；二是选择的题材必须有价值、有意义，能够揭示事物的本质特征，具有广泛的代表性和说服力，不能仅仅是创作者的孤芳自赏；三是选择最适合自己创作风格的素材，这些素材必须经过深入开掘，发现本质，揭示出具有永恒性的东西；四是选材要视野开阔，题材多种多样，大到政治、经济、军事、文化，小到一山一水、一人一事，均可纳入电视节目的题材中；五是选择的题材要有个性，并且要注意故事性。

总之，题材的选择是一个去粗取精、去伪存真的过程，也是对素材进行综合分析、比较和研究的过程，电视编导要善于将材料的选择纳入主题需要的范畴，选择典型的、生活化的、富有电视特点的素材。例如，张艺谋在北京 2008 申奥片《新北京·新奥运》中，完全通过镜头语言来构建中国人乐观向上的精神风貌和迎接奥运的热烈情绪，其中，有一段关于现代北京人温馨、和睦的生活写照给人留下了深刻的印象。

（1）（中景）荡秋千的母子，盈盈地笑（慢）

（2）（中景）恋人热情拥抱，奔放地笑（慢）

（3）（近景）学生开心地笑（慢）

（4）（近景）两位老者开怀地笑（慢）

（5）（中景）跳绳女孩快乐地笑（慢）

（6）（大全景）阳光下的树林，骑着自行车的恋人充满活力（慢）

（7）（近景—小全景）外国人举行中式婚礼，分吃苹果（慢）

（8）（中景）老师给孩子讲故事（慢）

（9）（中景）时髦女子和斑点狗握手（慢）

（10）（中景）外国人举行中式婚礼，掀盖头（慢）

（11）（中景）护城河旁边的父子（慢）

（12）（近景）母亲背上婴儿天真地笑

（13）（近景）女孩的笑声

（14）（近景）乡村男孩调皮的笑声（笑声渐起）

（15）（特写）婴儿脚丫（笑声）

（16）（特写）婴儿欢快地笑（笑声）

这段 25 秒的段落中，有 16 个镜头，几乎每个镜头反映的都是中国人各种各样的笑容，运用积累式的剪辑。尽管每个镜头平均才 1.5 秒，但是，整个段落通过这些镜头在内容、景别、连接方式、切换速度等方面的相似性，积累了笑容的感染力，造就了整体的和谐。因为这一段是表现普通中国人洋溢着欢笑的生活，如果其中插入表现普通中国人在工作、现代化的街景等镜头，显然不合适，因为它不是主题的外延，"微笑的生活"的主题就会被削弱。

三、电视节目的主题

主题就是电视节目的中心思想，它是编导对生活、对历史和现实的认识、评价和理想的表现，是电视节目创作过程中的指导思想。同样是一堆素材、一些事件、一群人物、许多故事，但如果编导确立的主题不同，就会有不同的选择和取舍。因而可以说，主题对于作品而言，就如同灵魂对于一个人，主题是作品的灵魂，对作品中人物、事件、细节、结构都具有统率作用。主题的确立和提炼绝不是说出来的，而是从行动中自然而然引出来的，电视编导要善于站在全局的角度，挖掘出最有思想意义、最具时代性和现实意义的主题。主题一旦确定，又对题材选择起着制约作用，所有题材应紧紧围绕主题，为主题服务。在主题提炼中，编导应做到主题的深刻、新颖和集中。深刻就是不能停留在表面做肤浅的现象罗列，而要做深度的开掘，寻找出事物的本质和规律；新颖就是要"见人所未见，发人所未发"，用独特的视觉观察世界、搜集素材、提炼思想，使作品以完全崭新的面貌出现；集中是指一部作品的所有思想、所有构成因素都必须以主题为中心，为主题服务，不能过于枝蔓。例如，高国栋导演主导的纪录片《沙与海》主要讲述了一户牧民和一户渔民的生活，展示的是普通人的生存状态，内容很简单，导演通过对这两户家庭的描述，向我们揭示了自然界的一种规律：人生活在世界上，不管是在哪里，都受到自然条件的限制，必须要和自然做顽强的斗争并勇敢地生存；《半个世纪的爱》记录了十多对金婚夫妇，都是围绕一个主题：尽管时光浪漫，真挚的爱情却历久弥深。主题的确立有两种方法：一种是"意在笔先"，即在创作之初先设定主题，然后根据这个主题来选择材料和结构；另一种是主题在创作中不断丰满、逐渐成形，有时到剪辑台上才最终形成。

四、电视节目的结构

电视节目的结构是编导根据对生活、对历史的认识，按照表达主题思想的需要，运用电视思维把一系列生活材料、人物、事件等，区分轻重主次，合理而均匀地加以组织和安排，使其符合生活规律，达到艺术上的完整、统一、和谐。简言之，结构就是对具体材料的组织和安排。电视作品的结构有两个层次，一是整体布局，即电视节目系统构成对整体形式的把握，使作品层次分明，结构完整；二是内部构造，即对电视节目系统内部各局部、各要素的构成和转换的把握，使作品上下连贯，过渡自然。对于任何一档电视节目来说，都没有固定的结构模式和层次安排方式，均是依据创作构思，灵活应用。

（一）电视节目结构的内容

电视节目的结构虽无固定模式，但在具体内容的表现上，仍有其内在的规律可循。一档电视节目都有开头部分、中间展开部分和结尾部分，这三部分构成了作品结构的具体内容，要求做到"凤头、猪肚、豹尾"。

开头的方法很多，但概括起来不外乎两种：一是"开门见山"，直接进入正题；另一种是"先声夺人"。不论采取哪种方法、哪种风格，都要注意观众心理，力求新颖、准确、独具一格，尽量漂漂亮亮，以强有力的视觉和听觉效果，一下子感动观众的眼睛和耳朵，从而感动其心灵。

中间展开部分是开头的延伸与深入，是结尾的依据，需要浓墨重彩，尽情抒写，因作品风格不同，这一部分结构会千差万别，比如以叙事为主的节目，可能沿着事件发生、发展、高潮、结局的顺序来结构；政论性节目，则可能围绕一个主题、一种论点，层层论述，步步推进；创意性作品，则可能按照创作者的主观情感、心理来安排结构，不管哪种风格，在这一部分里，应将人物性格、事件脉络或某种观点形象而充分地展示出来。

结尾作为节目的结束，方法也数不胜数，概括起来大致有：其一，总结全篇，深化主题；其二，饱含哲理，发人深思，委婉含蓄，余味无穷；其三，自然地收尾，按事件发展，该结束或到了一定段落，不作任何评判。结构必须有机一致，完整和谐，场与场之间、段落与段落之间、情节与情节之间都必须注意连贯性、顺序性以及逻辑的合理性。

（二）电视节目结构的类型

结构一般都有哪些样式呢？各种风格流派都有自己的主张与说法。从结构手法来分有开放式（开放式结构的特点是从头写起，故事情节生动曲折，事件发生后看主人公如何做出反应与行动的，其间悲欢离合、喜怒哀乐直至高潮逆转而结局）、回顾式（从戏剧危机开始，一下子就进入抓住揪心的紧张局面，然后在人物动作的进行中再一层一层像剥笋似的交代过去的恩怨情仇以及其人物关系的纠葛缘由）和人物展览式（特点是散点透视，形散神不散）；从叙述的时间、空间结构入手，有时间结构、空间结构和时空交错结构；从审美特征分有戏剧式、散文式、纪实式、政论式和表现式。尽管标准不同、种类繁多，但通常最常见的结构主要有顺序式结构、交叉式结构和板块式结构。

顺序式结构是依据事件进程的自然顺序或认识事物的逻辑顺序来组织情节结构，安排作品层次，这种结构方式具有明显的发展线索，一般呈线性态，注重起承转合的有机连贯，层次清晰，循序渐进，顺序式结构又称为"单线结构"，一般有依据时间的顺序安排层次（以时间为轴线，按照事件发展的先后顺序组织安排材料，把事实内容逐渐介绍给观众，可以使观众很清楚地抓住事情发展变化的脉络）和依据认识事物的顺序安排层次（以内容的深入程度为顺序，内容意义由浅入深、由表及里、由具体到抽象，反映作者对事物的认识逐渐由表面到本质的过程，如层层剥笋，不断深化主题，使作品的力度不断加强）两种。

交叉式结构是将不同时空中的两条或两条以上有着内在联系的线索，按照一定的艺术构思交叉来组合安排，并以此组织情节，推动事件发展，这种结构方式完全打破了生活的正常时间和空间的连续性、顺序性，形成具有一定深度和广度的网状结构，往往以某种情绪、某种思想、事物之间的某种内在的联系和一定的观点来贯穿。

板块式结构是用几块相对独立的内容并列地组织在一起，每块有自己的一条线索，但都从一个基点出发，综合地表现一个总主题，它类似于散文的"形散而神不散"，具有集纳的整合效应，与交叉式结构相比，每个板块中的主题往往是不同的，它虽然也有两条或者两条以上的线索，然而不是交叉安排的，而是在总主题的支配下，相对独立地发展，每一块内容都以自己的线索组织发展。电视专题片《半个世纪的爱》共介绍了15对金婚夫妇的具体生活情景，他们中有老将军、老知识分子、老艺术家，还有老农民，内容上的安排并无时间线上的前后限制，而是空间点上的延伸，每一对夫妇有自己的个性，又形成一个整体的综合印象，老年人对待生活、对待爱情、对待人生的态度和信念留给观众自己去体味和品味。

有时，根据不同的电视节目主题和内容要求，同一个节目中可以是几种结构方式的综合应用，如文献纪录片《邓小平》。当然，电视作品的结构不仅仅体现在镜头的编排上，也是一种整体意义的把握、设计和构思，是节目全部灵魂的实现形式。

五、电视节目的细节

如果说结构是节目的骨骼，细节便是血肉，二者都是不可缺少的最基本因素。所谓细节，是指在电视银屏上构成人物性格、事件发展、社会情境、自然景观的最小组成单位，对表现对象的局部或细微变化的展示。细节在表现主题、揭示人物性格和情感、交代环境、推动情节发展等方面具有不可替代的作用，人们往往因一个动情的细节而潸然泪下，或一个滑稽的细节而捧腹大笑。一部专题片、影视故事片更是这样，给人们印象最深刻的大多是一些动人的细节，提到某部作品，脑海中浮现的首先是那些生动的细节，这就要求电视编导要充分重视细节，发现并开掘细节。细节大致可分为动作细节、神态细节、物件细节和环境细节等。细节一般通过画面、解说、叙说、画面与解说相结合的形式来表现。

第二节　电视文案写作创新

电视编导的创意、构思以及电视节目形象的设计最后都要落实到以文字为主体的电视文案上，电视文案为节目的拍摄和后期制作提供了工作蓝图。用电视的思维方式撰写文案，是电视节目制作的必然要求，也是电视文案区别于其他文字创作的本质特征。

一、电视文案格式

（一）拍摄提纲

电视节目拍摄不一定全部写出文学剧本和分镜头剧本，但一般都需要写出拍摄提纲或者拍摄方案。《望长城》《让历史告诉未来》等大型电视系列片都是在前期创作阶段以拍摄提纲的方式进行采访和录制。一方面，拍摄提纲能给予摄像师和其他剧组成员一个创作方向的指引；另一方面，拍摄提纲的简要性又给摄像师和后期编辑提供了许多创作的空间，他们可以充分调度各种造型元素，集中表现创作对象的视听形象。拍摄提纲是在电视节目制作中实际运用最为广泛的一种文案，它是对未来电视节目内容的大致安排，是构思付诸文字的表达形式。拍摄提纲的作用在于对节目拍摄地点、拍摄内容和主题构成做预先的设计，既要对节目内容进行选择，也要形成节目的大体段落层次和框架。拍摄提纲包括画面内容、采访和说明三个部分。画面内容主要指明电视节目的拍摄对象，有时也简要地注明某些特定的拍摄要求；采访注明采访对象以及采访的主要内容；说明则是指本段节目将要表达的内容。根据内容中可预知因素的多少，拍摄提纲的写作或详或略，没有严格的规定。有些创作者喜欢采用拍摄方案的办法，特别是纪录片的制作，相比于拍摄提纲，拍摄方案更加详尽，不仅有主要内容构成的说明，也有创作思想的阐述。拍摄方案类似于编导阐述，主要包括主题、主要内容、层次（结构形式）、拍摄地点和拍摄时间、拍摄方法和风格样式等。

（二）电视文学剧本

撰写电视文学剧本是电视文案创作最重要的步骤之一，它用文字讲述未来电视节目的基本内容。好的电视文学剧本可以准确地提供电视节目所需要的视觉形象与环境气氛、对话场景及行为动作等，为节目的成功奠定基础。电视文学剧本由画面内容和文字说明两部分组成，画面内容只是一个大致的提示，也可以具体描述拍摄对象；文字说明则是画面内容的说明、补充或延伸，除采访语言外，有时直接写成解说词。电视文学剧本常见的写法有以下两种。

（1）对应式。对应式剧本一般采用画面和文字（或解说）左右分开的格式，即在左边写画面内容，右边写解说词，中间用竖线分开，一般来说，画面内容不要求写出每个镜头的详细内容，但每一段画面与解说词要相互对应，然后用一横线或空一行隔开再写另一段内容。对应式文学剧本的格式如表4-1所示。

表4-1　对应式文学剧本格式

画　　面	解说词
护旗兵敬礼、飘扬的国旗、巍峨的长城、壮阔的长江	五星红旗，请接受这崇高的敬礼吧，她代表万里长城的每一块砖石，她代表滚滚长江的每一朵浪花。

（2）穿插式。穿插式剧本把画面内容和解说词穿插在一起写，即写一段画面，接着写一段解说，如此反复。电视文学剧本的写作实际上就是一个完善构思、表述内容的过程。因此，在节目的层次转换和结构的基础上，尤其要加强视觉造型性，即善于开掘画面的造型功能和叙事功能，运用能够表现在屏幕上的形象，用电视思维来创作剧本。正如普多夫金所说："他（电影编剧）必须锻炼自己的想象力，必须养成这样一个习惯，使他所想到的任何东西，都能像表现在屏幕上的那一系列形象那样地浮现在他的脑海。"电视文学剧本必须以视觉造型为基础，充分调动屏幕美学原则，综合运用声音和画面元素，合理调度和利用蒙太奇艺术技巧，对现实生活和素材进行提炼、加工，并处理成形象化的文字语言，尤其是画面内容的撰写更应注重视觉化形象的客观描述。纪实的段落要直观可视，写意的段落要有意境，在简明扼要的文字中反映出未来作品的雏形。

（三）分镜头剧本

分镜头剧本是在文学剧本的基础上，将文学剧本的内容分切成一系列可以摄制的镜头，并将这些镜头依据一定的逻辑关系组成一个个段落。通过对每个镜头的精心设计和段落之间的衔接，表现出导演对节目内容的整体布局、叙述方法、刻画人物性格和表现事物的手段，细节的处理以及蒙太奇的表现技法。分镜头剧本是摄像师进行具体拍摄和剪辑师进行后期编辑的依据和蓝图，也是演员和所有创作人员领会导演意图、理解剧本内容、进行再创作的依据，它对一部电视片的质量起着决定性的作用。因为"导演设计某个情节时事先就应该考虑如何剪辑这一场戏的各个镜头，应当设法估计未来的剪辑形式，应当使镜头服从于未来的剪辑"。一部电视片通常是由若干个段落构成的，段落由若干个场面或句子构成，每个场面或句子又由若干个镜头组成。分镜头剧本的格式如表4-2所示。

表4-2　分镜头剧本格式

作品名称_____　导演_____　　　　　　　　　　　　　　年　　月　　日

镜号	机号	景别	技巧	画面	解说	音乐	效果	时间	备注

下面对各栏内容作简要说明：

① 镜号。镜头顺序号。一部电视节目由几十个甚至几百个、上千个镜头组成，为方便拍摄和后期编辑，将一个个具体形象的、可供拍摄的镜头按顺序编号。

② 机号。设置现场所用摄像机的编号。在多机现场摄制的情况下，将各台摄像机所摄制的信号依次输入特技效果发生器，并根据分镜头剧本的机号切换。在单机摄制情况下，机号没有具体意义。

③ 景别。根据视距的远近（被摄对象和摄像机之间的距离或所用摄像机焦距的不同），可将镜头分为各种景别。景别的确定既要考虑对主体表现情况的需要，又要符合人的视觉规律。常用的景别有大远景、远景、全景、中景、近景、特写和大特写。在一个镜头内如果景别发生变化应加以注明。

④ 技巧。包括拍摄技巧和组接技巧。拍摄技巧有拍摄角度和镜头运动等。常用的拍摄角度有平、仰、俯等；镜头运动方式有推、拉、摇、移、跟、甩、升降等。组接技巧的基本方式有切、淡、化、划、叠印、键等。由于切是常用的组接技巧，在"技巧"栏中一般不再注出。

⑤ 画面。每一个镜头的画面内容。画面一般包括镜头场景、主体及其活动，人物的动作和对话也应列入该栏。画面内容可以用文字描述，也可以用图表来表示。

⑥ 解说。电视节目的解说。对应一组镜头的解说词，也包括人物之间的对白，必须与画面密切配合。

⑦ 音乐。音乐选择及运用的具体要求。充分发挥音乐渲染气氛、烘托环境、深化情绪、表达节奏的作用，恰当地选择富有表现力的音乐，并设计强弱和起伏变化，注明音乐的内容及起止位置。

⑧ 效果。效果声，在相应的镜头段落处标明所用的效果声。如自然音响、特殊音响和机器音响等。它能加强画面真实感，使人身临其境。

⑨ 时间。镜头的长度，以分、秒、帧为单位计算。镜头的长度以确切交代内容、合理展开情节为标准。电视节目的解说词一般控制在 2 ~ 3 字 / 秒，在一些要求声画对应的段落中，镜头的长度通常需要参考解说词而定。

⑩ 备注。编导的记事栏。可以把拍摄地点、特殊要求、注意事项等在此标明。

二、电视解说词写作

解说词是电视台各种栏目的节目、广告、晚会等的重要组成部分。画面提供了具体的直观形象，但它缺乏抽象概括的能力，难以精确地说明事物的属性，难以表现观念性的思想概念、复杂的内心世界；而解说词的语言，从本质上说，它是基于具体形象的抽象和概括。影视作品中画面与声音的关系就是功能互补的关系，画面与声音相结合，语言符号与非语言的图像符号相结合，共同完成表达内容、传递信息的任务。可见，作为电视编导，能够担任解说词的写作也是相当重要的，下面主要介绍解说词的写作要求。

（一）为看而写

解说词"为看而写"，就是说解说词应以画面为基础，用解说词的有声语言去补充、概括、强化画面，根据画面的特点，解释画面的内在含义，开掘画面表现内容的深度和广度，起到加强"看"的效果的作用。"为看而写"，要求做到以下几点。

（1）有画面感，语言具体、形象解说词在补充说明画面无法表现的内容时，应当具体、形象，才能把一般性的意思和抽象的道理说得实实在在、栩栩如生，使人产生明晰的印象，便于理解和接受。形象常和具体连在一起，形象化的语言是让观众更好理解和接受内容的重要方法，解说词既具体又形象，才能产生一种身临其境、如见其人、如闻其声的效果，也可以弥补电视传播稍纵即逝的缺陷，加深人们对节目的印象。要使解说词写得具体形象，必须采用一些修辞手段，如比喻、拟人、象征、排比、对偶等手法。例如，如果说"无线电波传播的速度非常快"，这个说法就比较笼统，但如果说"无线电波传播的速度每秒钟可以绕地球七圈半"，通过这样的比喻，就使"快"有了具体明确的概念。

（2）精练，简明。解说词既要求具体、形象，又要少而精，简明扼要，这两个要求是不矛盾的，具体形象的描述完全可以做到，使用最精练的语言，使问题表述得十分明确。因此要对解说词反复推敲，使它更精练、更简明。正如我国电影艺术家夏衍所指出的："解说词的最大毛病是讲得太多，拖沓，不够简洁……讲得太多，这是通病。"使解说词写得精练又简明，应当确立以下两个观念：一是在剧本中解说词要尽量与"画面"一栏的字数相当，甚至要少于"画面"内容叙述的字数，那种"画面不够，解说词凑"，以解说词代替"画面"表现的做法是不可取的；另一个是按解说词每秒钟 2～3 字的数字来加以控制，镜头的时间只有 10 秒钟的长度，解说词一般只能写 20～30 字，如果写成 50 字，那就一定要精简。

（3）科学，准确。解说词的语言用什么样的词语和语句阐述节目内容，概括画面形象，要慎重选择，认真推敲，表达一定要准确，不要出现科学性和思想性的错误。"准确"还包含着解说词与画面形象准确吻合的要求，解说词源于画面，不重复画面；解说词概括画面，不脱离画面。不管是声画同步也好，声画分立也好，解说词出现的时机一定要紧密配合画面，以加强"看"的效果。

（二）为听而写

解说词最终是要以有声的语言出现的，因此解说词必须充分地考虑到"可听性"，要符合说和听的习惯，通俗易懂，朗朗上口，具体来说应注意以下几个方面。

（1）注意用词词汇的选用，应注意使用观众熟悉的字眼，少用冷僻的生词，多选用现代词、口语词，控制使用文言词。现代汉语词汇中，多数词语在口头和书面中都可以通用，但有部分词语只适用于书面，如缄默、适逢、涉足、心悸等，就不宜在口头语中使用，应多选用口语词以提高可听性，尽量避免使用生僻的字词。此外，一些方言土语，社会上不通用的简称，人们不熟悉的行话等也应慎重对待，非用不可时，应加以解释。

（2）注意语音效果词汇的选用，还要充分考虑播出的音响效果，做到语音清晰、响亮，避免近音相混，造成误听误解。一是选用响亮字。字音的响亮与否主要取决于元音开口度的大小，说话时嘴张得大的字，声音比较响亮；反之，就不够响亮。二是多用平声字。汉字四声中，平声字声音可以拉长，送得远，音感强烈，比较洪亮，如高山、蓝天、中华等等，仄声字声音短促，一发即停，如意志、肯定、水利、最近等；恰当地使用平声字，能提高语言的清晰度，便于观众辨别词意，要使声音响亮，除了注意单独字音外，还应注意音节之间的音差，讲究音节的对比度。同音或近音相连，音差小，即使是响音的字相连，听起来也不清晰，如"只知自己""聚居区"等，这一点在遣词造句时也必须引起注意，才能获得清晰、明朗的听觉效果。三是处理好同音、近音词。汉语中有许多同音、近音词，它们的声韵、声调完全相同（或相近），但词义却截然不同。例如，长—常、终—中—钟……致癌—治癌、受奖—授奖……同音、近音词在书面上不会产生误解，口语播出则容易引起歧义。

3. 讲究语句的运用语句的运用，应该采用口语句式，力求简洁明了。

① 多用短句、简单句，少用长句、复杂句。短句字数（音节）少，结构简单，说起来上口，听起来易懂，适用于口语；长句字数较多，修辞语用得多，往往句子叠句子，结构复杂，只适用于书面。

② 应用对偶句。所谓对偶句是用字数相等、结构对称、音节协调的一对句子或词组，表达两个相近或相对的意思，如"当人们赞美荷花，欣赏荷花，甚至忘记它的存在时，它从不计较什么，静静地陪衬，默默地工作，上催芙蓉开，下助玉藕白，甘居陪衬地位，把阵阵清香送来"。这段话用相关、相近的意思、比较整齐的句式、和谐的语言来突出荷花的特点，节奏明快，好听好记，可以加深观众的印象。汉语传统的对偶句式限制较多，解说词所运用的对偶句式，可不太强求工整，只要求结构大体相同、形式比较整齐、音调比较和谐，至于词性相对、平仄相对、字面不重复等方面可以不讲究。

③ 运用排比句。排比句式是对偶句式的扩展，它把结构相似、语气一致的一连串句子排列起来，表达相似或相关的意思，例如："整整35年了，整整35个春秋了，你和我们一起度过了一个又一个欢快的节日，你和我们一起参加了一次又

一次庄严的仪式，你和我们一起迎送了一批又一批来访的贵宾……"排比句式和对偶句式很相似，但有区别，排比也要求结构整齐，但不如对偶严格，各句字数也不一定相等，对偶限于两句，排比三句以上，对偶要求避免字面相同，而排比往往使用相同的词语起强调作用，电视解说词运用排比句式，能使论述流畅，文气贯通，语势加强，能增强语言的节奏感。

④ 善用提问句，少用倒装句。解说词应用提问句式可以加强语势，引人深思，或引出下文，增强节奏感。例如解说词："俗话说'河有头，江有源'，那么长江的源头究竟在哪儿呢？"又如："在这样的冰雪世界里，这些动物为什么能够生存，而且还有这样的能耐呢？"这两段话都是用设问句提出观众急于想弄明白的问题，紧紧抓住了听众的思路，语气活泼，犹如亲切的交谈，为了表达的需要，书面上有时采用倒装句式，如："你的试验一定能成功，假如你坚持下去的话。"这样的语句结构并不合乎说话的习惯，在口语中应改成"假如你坚持下去的话，你的试验一定能成功"。

⑤ 少用关联词、代词来连接上下句，在书面语中经常使用"因为……所以""虽然……但是""不但……而且"等连词和介词来连接上下句，但在口语中则较少使用关联词。例如，某篇文章中有这么一段："由于这座水库位置高，而且沟通官厅、密云两大水库，所以不仅有防洪、拦沙、灌溉、养鱼、旅游等多种作用，并且还是合理调配首都水资源的重要枢纽。"口头表达的说法是："这座水库位置比较高，它沟通了官厅、密云两大水库，能够防洪、拦沙……还可以发展旅游事业，这座水库是调配首都水资源的重要枢纽。"为了使文章简洁，避免重复，书面中常常使用代词或包含代词的词组代替上面已经出现过的词语；但在口头表达时应尽量避免使用"以上""以下""前者""后者"等，对于人名、地名也一样，常把人名、地名重复说出。

增强语言色彩在准确表达内容的前提下，应注意充分发挥汉语的语音优势，加强语言的形象性和感染力，造成语言的韵律美。以下列举几种。

① 摹拟。摹拟是用语言把事物的形、色、声、味等逼真地描摹出来，绘声绘色，给人以真实、具体的感受。例如"轰隆隆打过一阵闷雷，哗哗哗就下起了大雨……"笔"唰唰"地写着，闹钟"嘀嘀嗒嗒"地走着；"稀里哗啦"是打碎物品的声音，"叽叽喳喳"是杂乱的说话声等，都能起到传声达情、让观众借声联想的作用。

② 音节整齐均匀。音节整齐均匀，念起来就朗朗上口，听起来就悦耳动听。

③ 声调平仄相间。声调的变化（语音高低、升降、长短的变化）也是汉语语音的一个重要特点，口语表达可以不必像写诗词那样讲究平仄的运用，但适当注意平仄变化，使声感优美还是必要的，现代汉语普通话的语音中，阴天平、阳平合称平声，上声、去声合称仄声，平声字读起来音调高昂，声音能拉长，音感强

烈，容易感知，但缺乏起伏，仄声字，字音短、拉不长、送不远，声音不明朗，但有动感，平仄相间能使语句抑扬顿挫，相得益彰。

三、分镜头剧本写作

从录制过程来看，在剧本阶段，完成了选题、选材、结构，并写出了文学剧本之后的工作，就是由导演编写出分镜头剧本，这也是导演工作的开始，分镜头剧本对今后的摄制、编辑工作起着指导性、决定性的作用。编写分镜头剧本就是将文学剧本中写出的画面意义，分成若干个可供拍摄的镜头，并按照创作意图，将镜头的内容、艺术特点和摄制要求，在专用的剧本上用文字或图形体现出来，由它们组成镜头组去表现文学剧本的内容含义。

（一）熟悉拍摄题材

① 导演与编稿人员研究落实文学剧本上写的画面题材。写在文学剧本上的画面内容都应该是有出处的，基本上是可供拍摄的，应与编稿人员商量落实，做到心中有数。

② 导演构思的新题材也要落实。导演在构思分镜头剧本时，原来文学剧本上的题材，可能由于拍摄条件和制作技术上的原因，而不能使用，必须补充新的题材；其次根据构思可能要再增加一些新题材，这两方面的题材导演都应与编稿人员商量，是否合适，并逐一落实。

③ 熟悉现有的视听资料，了解有用的部分有哪些以及如何采用。

④ 对外景题材也应做实地调查。

⑤ 对需要的电视动画特技，最好设计出初步方案，并试验，证明可行。

在熟悉了题材之后，动手写分镜头剧本时，不仅要写得具体、形象，而且要切实可行；否则写出的剧本就会空洞，拍摄时现场再修改或补充，既浪费时间，又影响制作质量。

（二）构思分镜头

选择题材之后，接下来的工作就是将这些题材进行加工组织，这一工作过程的实质就是构思分镜头，构思分镜头要抓住以下几个关键。

（1）从整体到镜头，逐一构思。"画面"栏中写到的，应是可以用视觉形象表现出来的。写"画面形象"最简单的办法就是动笔之前先在脑子里过一遍"电影"（过一遍"画面"），待想好一幅幅具有具体的视觉形象的画面之后，再考虑如何用文字把脑子里浮现的画面如实地写出来。

① 构思整体结构，调整段落。写分镜头剧本时，不一定完全按文学剧本的顺序，将画面内容简单地分成"镜头"即可，根据电视手法的表现方式，可以对整体结构和段落做适当的调整。

② 构思段落中的镜头组。参照文学剧本逐一考虑每一段落应该采用的镜头组，以及镜头组之间的联系，通过一个个镜头组去构成一个段落，说明某一问题或表达某一个意义。

③ 在脑海中分镜头，镜头组确定后，就要在脑海中考虑如何将镜头组分成一个个的分镜头，以及如何将这些镜头组接起来，说明某一个问题或表达某一个意义。

（2）在表现手法上下功夫。分述如下：① 要有意识地运用构图手法描述画面内容。包括主体和陪体的安排，画面内景物上、下、左、右、前、后位置的安排，视野范围（通过景别表现）和镜头变化（通过拍摄技巧表现）的处理等，甚至可以直接用画图来取代画面文字内容。② 景别要注意变化，不要在景别一栏中总是出现一连串的中景。景别没有变化，长时间让观众看到相似的空间范围，感觉就"平"，没有起伏，节奏就慢，这种情形，电影行话称为"二半吊子镜头""拉洋片"。景别的变化要注意逐渐变化，由近景逐渐到远景，或由远景逐渐到近景、特写。前者称为后退式景别变化，后者称为前进式景别变化，这些形式上惯用的表现手法要纳入剧本，为主题内容所用，才能加强艺术效果。③ 在技巧的使用上要灵活使用推、拉、摇、移、跟等。一般从艺术角度上讲，如果画面内容是一些静止不动的景物，可多考虑使用镜头运动变化的技巧；如果画面内容是一些本身运动变化着的事物或较细微的对象，可多考虑使用固定镜头，这也是一种表现手法上的对比作用。④ 编写时要考虑镜头组接的手法。构思分镜头时，要依据镜头组接的原则和蒙太奇技巧，同时要适当选用组接的"化、淡、划、甩"等技巧，并注意寻找和构思镜头内容过渡的衔接因素，并在画面内容的文字描述中注明，以引起拍摄和剪辑（编辑）人员的注意。⑤ 编写时要考虑节奏。利用镜头的内容变化、景别变化、拍摄运动的快慢变化和长短组接，并利用音乐、音响等诸多因素，造就片子强烈的节奏，或形成片子舒缓的韵律，使片子表述的内容一环扣一环，不松弛，不断线，有起伏。这种镜头的长、短、快、慢的变化，以及引起的节奏变化，是导演借以引导或强制观众集中注意力、接受片子所传输的内容的一种有效的艺术表现手法。节奏，在文学剧本中是较难体现的，但是到了导演手里，在分镜头剧本中，却要明显地、具体地体现出来，这是导演应具备的艺术造诣之一。

（3）在艺术处理上做文章。在艺术形式上，分镜头剧本的编写要从"形、声、光、色、美、乐"六个方面着手，下功夫去加强电视片的艺术效果。① 形，指画面内容的形象。形象要生动、新颖、动态谐调、造型优美、立体感强、质感强。② 声，指解说和音响效果。解说要精练、流畅，用词准确、优美，并且易于上口，娓娓动听。③ 光，指光线及光的各种效果。光是电视和电影这类摄影艺术形式中特有的组成部分。逆光、光晕、光环、光的造型、光的变化、光的影调和光的透视都能给观众以极其动人的艺术享受，导演在构思时要把光的效果考虑进去。④ 色，指色彩。色彩不仅在色相上能准确地表现出对象的属性，还能在色调、色度和色性上造成迷人的艺术效果。在编写分镜头剧本时要注意色彩的运用。⑤ 美，指美术。美术的含义本来很广，从电视和电影角度来看，主要强调的是化装、布景和动画。导演在美术方面要提出明确的、内行的要求，并把握和估计最后的美术效果，尽量注意美术效果与真实效果的统一。⑥ 乐，指音乐。导演在编写分镜头剧本时要从主题、内容和形式上考虑音乐的使用。用或不用，怎样用，用什么音乐，都要从整体艺术效果上全盘考虑。音乐选配适当可以大大加强片子的艺术感染力，导演也必须在这方面充分注意。

（三）画面的写作

写分镜头剧本难在写画面，我们引用苏联电影大师普多夫金的一段论述："编剧必须经常记住这一事实，即他们所写的每一句话将来都要以某种视觉的造型的形式出现在银幕上。因此，他们所写的字句并不重要，重要的是他的这些描写必须能在外表上表现出来，成为造型的形象。"那么，如何写好画面呢？应当注意以下几个问题。

（1）对"画面形象"的叙述要具体。要让观众看什么，就要如实地具体地写出来，避免过于抽象和简单。例如"丰富多彩的自然景象"就不具体，到底是拍什么样的自然景象——高山？大海？田园？下面的例子对"画面形象"的描述就很具体、很明确。

画面：一位实验人员从实验台一旁的一盆鸭跖草上用镊子摘下一朵花放入培养皿内，走到显微镜前坐下，用镊子摘取花丝上的小毛放在载玻片上，盖上盖片，放在物镜下观察，调焦，可见排列成单行的植物细胞。

（2）画面形象准确，具有典型性，就是要精心设计画面。每一个概念都可以有几种造型方案，要从若干种表现方法中选择最明确、最生动、最富有表现力的画面形象，唯有这个画面才是最好的、最精当的。例如要表现我国幅员辽阔、南北气候相差悬殊的特点，选用哈尔滨市的冰灯展览和广州市的花市盛况作对比的画面，就比用温度计来表示要生动得多。

（3）画面形象的设计要注意。具有可摄性画面形象设计时，要把典型化与可拍摄性结合起来。有的镜头需要用航拍的技术，有些高山雪岭上的植物、沙漠里的植物、热带植物、深海中的动植物等，缺乏技术条件，也不具备到现场拍摄的条件，因此在设计画面时，要注意它的可摄性，不具备拍摄条件的，可以而且应当选择并设法用其他可能拍摄到的视觉形象或现成的影视资料来替代。

（4）按格式填写。为了方便阅读，分镜头剧本要按照前面介绍的统一格式填写，这里介绍一些写的方法与要求。

画面的写法分镜头剧本的前几栏是写画面的，下面介绍一些特殊情况及处理方法。

① 景别栏。填写该镜头的景别，但采用运动镜头时，景别会产生变化。如推镜头，景别栏中可写"全—特"或"近—远"。

② 技巧栏。一般是写该镜头与上一镜头的组接技巧：切、淡、划、化、键。有时导演对"切"这一技巧组接方式没有写上去，而是将镜头的运动技巧，推、拉、摇、移、跟填入该栏，也可以。

③ 时间栏。该镜头的时间长度，与解说词的多少有关。

④ 画面内容栏。这是写清画面最重要的一栏，该栏要写得具体形象，有时为了将拍摄的画面讲清楚，在这一栏将拍摄的技巧也写出来。

声音的写法一般来说，它们都不是对应某一个镜头而写的，解说词通常是对应一个镜头组，音响效果也是在镜头或镜头组相应的位置标出；音乐则是在对应镜头位置标明"音乐起"或"音乐止"，同时可写明对音乐的要求，如"轻快""活泼""快节奏""慢节奏""抒情优美"等。

作为导演，写好分镜头剧本是工作的一项重要职责，应该给予充分重视，并要掌握写好分镜头剧本的本领。要多学习一些影视艺术的理论与技巧，提高艺术修养和写作能力，多看一些国内外的影视资料，在电视节目编制中，不断提高写作分镜头剧本的能力和水平。

第三节　蒙太奇思维

蒙太奇是"影片的神经系统"，是影视艺术的基础，是电视节目制作的独特思维方法和结构技巧。镜头是构成电视节目的最基本单位，它记录的是客观事物某个过程的运动形象，具有一定的分散性、独立性，如果把它们随意组织在一起，很难完整地表达意义，按照蒙太奇的思维规律组织起来，就能表情达意。苏联的库里肖夫做了一个实验：毫无表情的脸与一盆汤的镜头组接产生了"饥渴"；一个小孩的脸与一副棺材的镜头组接产生了"悲伤"。事实上演员并没有做任何专门的表演，只是由于镜头的连接，构成了一定的情节，使观众心理上产生某种联想，从而概括出新的含义。正如爱森斯坦所说把无论两个什么镜头对列在一起，它们必然会联结成一种从这个对列中作为新质而产生的新的表象。……两个蒙太奇镜头的对列不是两个数之和，而更像两个数之积。这一事实，以前是正确的，今天看来仍是正确的。

随着影视艺术的发展，蒙太奇已经发展成为一个完整的概念，它的内涵包括以下三个层次：其一，作为电影电视反映现实的艺术手法，即独特的形象思维方法，这种思维方法始终存在于编导的创作观念中，贯穿于从构思、选材、拍摄到编辑合成的全过程；其二，作为电影电视的基本结构手段和叙述方法，包括分镜头和镜头、场面、段落的安排与组合的全部艺术技巧，"以若干镜头构成一个场面，以若干场面构成一个段落，以若干段落构成一个部分等等，这就叫蒙太奇"；其三，作为电影剪辑和电视编辑的具体技巧和章法，进行镜头间的基本组接，这是蒙太奇的基础意义，即狭义理解，"蒙太奇是电影语言最独特的基础，它意味着将一部影片各种镜头在某种顺序和延续时间的条件中组织起来"。

可见，蒙太奇是整个影视片的思维方法、结构方法和全都艺术手段的总称。从总体上讲，它是编导对整部影视片的叙事方法、叙述角度、时空结构、场景段落以及节奏的布局和把握；从横向上讲，它是指对画面与画面、声音与声音、画面与声音之间的全部组合关系；从纵向上讲，它是指镜头的选择、分切与组合、场面段落的组接与转换的技巧和方法。

一、蒙太奇的功能

蒙太奇广泛而丰富的内涵统率和支撑了电视节目的制作，成为全部思维的集中体现。

（一）构成情节

作为镜头组接的艺术技巧，蒙太奇的首要功能无疑是情节的建构。如：① 一个躺着的病人，脸色惨白，气喘吁吁；② 医生给病人注射治疗；③ 病人在院中散步。

如果按①—②—③的次序组按镜头，意思是病人经过医生的治疗恢复了健康；如果按③—②—①的次序组接，则好似发生了一场医疗事故，健康的病人被打错了针，卧床不起了。正如夏衍所说："所谓蒙太奇，就是依照情节的发展和观众注意力和关心的程序，把一个个镜头合乎逻辑地、有节奏地连接起来，使观众得到一个明确、生动的印象或感觉，从而使他们正确地了解一件事情发展的一种技巧。"

（二）创造时空

蒙太奇思维赋予了影视屏幕时空极大的自由，创作人员可以运用不同的思维结构方法，把时间和空间上毫不相关的片段有机地连接起来，创造出令人信服的真实时空，推动情节有顺序、有逻辑地向前推进。库里肖夫曾做过一个"创造地理"的实验，他选用以下了5个镜头：① 一男子自左向右走（国营百货大楼附近）；② 一妇女自右向左走（果戈理纪念碑附近）；③ 男子和女子相会；④ 握手，一座宽敞的白色大厦前的宽大石阶（美国白宫）；⑤ 两人一起走上台阶（其斯科圣·赛沃教堂的台阶）。

虽然这几个镜头是在彼此相距很远的地点拍摄的，但整场戏使人感觉到它的地点（空间）是十分统一的。

（三）声画结合

电视信息包括视觉和听觉两大部分。视觉元素主要有人、物、环境、光影、色彩等，听觉元素有语言、音乐、音响。蒙太奇思维的重要功能是将它们按照一定的美学和心理学要求有机地组合在一起，构造出运动的、连续的、统一的声画结合的视听综合形象。声音与画面有机地结合在一起，除生动地交代事件、展示过程外，还可以有力地刻画人物的心理活动。

（四）营造节奏

把各个不同拍摄角度、不同大小景别、不同浓淡色彩、不同明暗对比、不同音量大小以及不同长短的镜头有机地联结起来，会影响影视片的节奏和速度的变化。影视片节奏是造成情绪效果的有力手段，它使观众能从情绪上更好地感受整个作品。不同的节奏，给观众的情绪感受截然不同。正如普多夫金所说："节奏是从情绪上感染观众的手段。导演运用这种节奏可以使观众激动，也可以使观众平静。"比如多用长镜头则形成慢节奏，表达幽静、舒缓的情绪与气氛；短镜头则相反，情绪紧张、活跃。

二、蒙太奇的叙述方式

蒙太奇的叙述方式多种多样，没有固定的模式。为了更好地理解蒙太奇的功能与作用，这里主要介绍叙事蒙太奇和表现蒙太奇，它们又可以细分为各种类别的蒙太奇形式。

（一）叙事蒙太奇

叙事蒙太奇是最简单、最直接的表现形式，它以交代情节、展示事件为主要目的。按照事件发展的时间流程、逻辑顺序、因果关系来分切和组合镜头、场面和段落，表现连贯的剧情，重在动作、形态和造型的连贯性。叙事蒙太奇包括以下几种具体形式。

连续式。连续式蒙太奇以单一的线索和连贯动作为主要内容，以情节和动作的连续性和逻辑上的因果关系作为镜头的组接依据。现实中的事件主要依先后顺序和因果关系发展，按此方式叙述是最基本和最普遍的思维方式，是绝大多数影视节目的基本结构方式。连续式蒙太奇方式的优点是有头有尾，脉络清楚，层次分明，符合观众的理解方式、认知习惯等基本思维逻辑，但它不适宜处理多线索同时发展的情节，也不利于省略多余的过程，往往容易造成平铺直叙的感觉，缺乏艺术表现力，在实际运用中，经常与其他形式交叉融合，如纪录片《歌舞中国》的片头运用了一组不同景别、动作连续的镜头画面，将优美的舞姿完美地展现出来。

平行式。把发生在同一时间的不同场合的事件平行叙述出来，造成一定的呼应和对位，产生丰富的戏剧气氛和艺术效果。这种形式的蒙太奇把一个复杂的事件或者事件的多元层面交错在一起叙述，可以省略多余过程，节省时间，扩大画面信息量，同时又可以互相衬托，造成一定的情绪冲击力，提高传播效果。如我国影片《开国大典》中，运用了平行式蒙太奇展现新中国成立前的国内形势。

交叉式。它由平行式蒙太奇发展而来，由著名导演格里菲斯首创。平行式蒙太奇一般只注重情节的单一、主题的统一，重视事件的内在联系和平行发展。而交叉式蒙太奇将同一时间不同地域发生的两条或两条以上的线索迅速而频繁地交替表现，其中一条线索往往影响或决定其他线索的发展，各线索相互依存，最后交会在一起，它的特点是两条或数条情节线索发展的严格的同时性。这种剪辑技巧容易造成紧张激烈的气氛，加强矛盾冲突的尖锐性，引起悬念，推动剧情发展。惊险片、恐怖片和战争片常用这种方法造成追逐和惊险的场面。如我国电影《红河谷》中处决和解救英国人琼斯和他同伴的一场戏，通过火药线燃烧、英国人的表情以及格桑救人几条线索的迅速频繁交叉组接，火药线的燃烧和熄灭影响着事件的进程和未来走向，把疑惑留给观众，镜头的交替切换制造了悬念，使气氛愈益紧张，把剧情推向高潮。

颠倒式。这是一种打乱时间顺序的结构方式，先展现故事或事件的现在状态，然后再回去介绍故事的始末，表现为时间概念上过去与现在的重新组合。它常借助叠印、划变、画外音、旁白等转入倒叙，成为影视节目构成的基本手段。在新闻类节目中，常运用于新闻背景展示、新闻缘由追踪，使电视新闻传播形态更加深入和全面。

积累式。把若干内容相关或有内在相似性联系的镜头并列组接，造成某种效果的积累，可以达到渲染气氛、强调情绪、表达情感、突出含义的目的。比如前面的北京申奥片"微笑"段落，集中地表现了我们"笑"迎各方宾朋的情感。

重复式。把代表一定寓意的镜头、场面或类似的内容在关键的时候反复呈现，构成强调，形成对比，表达事物内在和本质的联系。重复式蒙太奇的运用可以使作品内涵由浅入深，意境由淡变浓，艺术表现力由弱变强。重复蒙太奇的构成元素是多种多样的，如人物、景物、场面、动作、细节、语言、音乐、音响、光影、色彩等。

（二）表现蒙太奇

表现蒙太奇与叙事蒙太奇相反，它不是为了叙事，而是为了某种艺术表现的需要，把不同时间、不同地点、不同内容的画面组接在一起，产生新的含义。它不注重事件的连贯、时间的连续，而是注重画面的内在联系。它以两个镜头的并列为基础，通过镜头间的相互对照、冲击，产生一种直接明确的效果，引发联想、表达概念；通过画面间的对列、呼应、对比、暗示等，创造性地揭示形象间的有机联系，展现事物的关系，在镜头的并列过程中逐渐认识事物的本质、揭示事物间的联系、阐发哲理。表现蒙太奇包括以下几种具体形式。

对比式。把性质、内容或形式上相反的镜头并列组接。"对立"会使某一特殊的性质分离出来，使之得到突出、加强和纯化，产生强烈的对比效果，表达创作者的寓意，强化内容、思想或情绪。对比式蒙太奇可以采用多种对比性因素：画面内容，包括真与假、美与丑、贫与穷、生与死、高尚与卑下、胜利与失败；画面形式，包括景别大小、角度仰俯、色彩冷暖、光线明暗、声音强弱等。

隐喻式。通过镜头画面的对列，用某种形象或动作比喻一个抽象的概念，或借助另一现象所固有的特征来解释另一现象或象征某一意义，从而含蓄形象地表达某种寓意或感情色彩。大型文献纪录片《孙中山》中，编导将一组关门的镜头组接在一起，恰如其分地表达了帝制退位的含义，配上空寂、残破的音响，其含义超过了"关门"本身。而"关门"和"开门"组接在一起，更具有强烈的象征意义。比喻式蒙太奇利于刻画人物性格、揭示作品的主题，让观众接受深层次的思想内涵。

象征式。用一事物与另一事物并列出现，以表现其象征意义。电视片《克里姆林宫》有异曲同工之妙，创作者在表现改朝换代时四次运用了象征手法：第一次，晃动地拍摄一尊手持权杖的帝王雕像，一根权杖掉在地上，表现一个朝代覆灭了；第二次，晃动的蜡烛和墙上的影子，蜡烛熄灭；第三次，豪华的王宫餐桌精美的餐具，突然桌布被抽动，餐具掉在地上；第四次，改朝换代，门被破开，刀斧在摄影机前晃动着向前冲去。四次改朝换代，四次不同的象征性用法，形象而生动地表达了同一种意思。

抒情式。抒发人物情感，创造诗意。如《海之歌》里，大规模的搬迁，改天换地建人工海，抒发社会主义建设的豪情。

三、电视造句

电视镜头组接的句式类似于文学句子，一个文学句子由若干个词组成，而蒙太奇句子由若干个单独镜头组成，来表示一个完整的意思或动作。电视表达的句子类型是多种多样的，人们通常以景别的变化来划分。

（一）前进式句子

由远景向特写方向发展，称为前进式句子，即远景—全景—中景—近景—特写的过渡。它适合于从事物的整体引向细节做介绍，把观众的注意力从环境逐渐引向兴趣点，给人的感觉是情绪和气氛越来越强。例如一条报道火灾的新闻：（远景）一幢大楼烈火冲天；（全景）消防队员在用火枪灭火；（中景）几名消防队员满脸是汗冲在离火特别近的地方用高压水枪灭火；（近景）高压水枪冲在火苗上；（特写）火苗逐渐熄灭。几个镜头很清楚地把消防队员灭火的场面表现出来，视觉感受越来越强烈。这种由远及近的组接，符合人们了解事物的心理特点和观察事物的视觉特点，能够有层次地展示某一动作或叙述某一事件的过程。前进式句子是一种平铺直叙的规整句法。

（二）后退式句子

由特写向远景方向发展，称为后退式句子，即特写—近景—中景—全景—远景的过渡。这种由近渐远的镜头叙述，通常把最精彩的或最富有戏剧性的内容突出出来，造成先声夺人的效果。后退式句子一般适于表现愈益低沉、安静、深远的情绪和减弱的气氛。根据景别在剪接中的不同功用，后退式句子给观众营造了解析式、期待式的编排组合；有时为了突出重点内容，用较小的景别把兴趣点强调出来，使人先引起兴趣再逐渐了解环境和全貌；有时为了造成某种悬念和震惊效果，先出现局部，使观众产生一种期待心理，然后再出现整个环境；这是一种比前进式的叙述更容易引入的变异方法，一开始即给人视觉上较强的刺激。

（三）环形式句子

由上述两种句子交替进行，形成一定的循环，称为环形式句子。它可以是一个前进式句子加一个后退式句子，先表现情绪由低沉、压抑转到高昂，又逐步变为低沉的波浪形发展；也可以相反，情绪先高昂转低沉，然后又变得更加高昂。须指出的是所谓两种句子的结合，并不是说镜头组接时必须严格按照不同景别的顺序"逐步升级"或"逐步后退"，也不是要求所有前进式句子必须从全景开始以特写结束，反之后退式句子也一样，并非要从特写开始到全景结束。

（四）穿插式句子

它是一种把几种句式相结合的句型，其特点是情绪随着景别的变化而起伏不定。通过不同景别不同角度镜头的交叉组接，使气氛时而紧张、时而放松，具有一定的悬念感。这种方式通常按照事件发展的时空或逻辑顺序，选取一个完整运动过程中的几个主要片段把它们组接在一起，每个片段只是事件发展中一个具有代表性和相关性的动作高潮，体现了一种"以局部代整体"的意念。通过这些高潮段落的组合，建立起一个完整事件过程的印象。这种方式省略了不必要的中间过程，是一种简洁明了的叙述方法，而且具有概括性和含蓄性。较之前三种句式，它具有更大的自由度，运用得当可以使镜头组接更加灵活自如、更具创造性。

几种不同的句型，组接时并不要求各种景别一应俱全，可以有跳跃、有间隔，也可以有重复。特别是在电视新闻编辑中，常常打破镜头转换的渐变性，抽取典型片段加以组接。同时在具体的镜头组接过程中，各种句式也可以组合运用，形成特殊的复合句式。电视创作人员应当根据题材内容和风格样式进行创新，防止生搬硬套，走形式主义，切实做到形式为内容服务。

四、声画蒙太奇

影视中处理声音和画面的关系叫作声画蒙太奇。声画蒙太奇的基本形式有以下几种。

（一）声画合一

"声画合一"也叫声画同步，是指画面中的视觉形象和它所发出的声音同步配合，画面上有什么声源，就出现什么声音。画面上有一只鸟在叫，同时就出现鸟叫声；画面上是汽车在行驶，就出现汽车声；画面上是人物对话，就有对话的言语声；等等。声画合一，声音和画面形象同时作用于观众的感官，画面影像赋予声音以可见性，声音使画面影像更具体、更生动，视听形象互相渗透，加深了观众对审美对象的实际感受，极大地加强了影视艺术表现生活的真实感。常常表现在以下几个方面。

① 电视节目中与画面同步的同期声采访语言、主持人出图像解说，以及同期声效果音响，是典型意义上的声画统一。

② 解说词和画面的声画统一，解说词绝不是简单意义上看图说话式的图解画面，而是解说词紧密地配合画面去阐述画面形象中蕴含的更多信息，去发挥画面形象更深层次的思想意义。

③ 声画统一中比较重要的是音乐和画面风格的统一性。

（二）声画分立

所谓"声画分立"是指画面中的声音与形象不同步。声音和发声体不在同一个画面，声音是以画外音的形式出现的。声画二者各自独立，从表面上看，各自表现不同的内容，但又通过二者的对列，互相补充、彼此对应，产生了只有声音或只有画面本身所不能有的新的寓意。声画对立中声音与画面的关系可分为相互对比、相互补充、相互对应等情况。利用声音和画面形象的对立，使各自的特色在对比中更为鲜明，从而辨明它们本质上的区别，这就是声画对比。例如，画面是富豪们阔绰的筵宴场面，场面外是灾民啼饥号寒、卖儿卖女的哭喊声，形成鲜明的对照。声音不以重复画面所表现的内容和解释画面为目的，而是从与画面不同的角度，揭示人物心理活动、情绪状态、渲染环境气氛等，这种声画的配合关系，就是声画并行。

（三）声画对位

"对位"一词，原是音乐学中的术语，它是复调音乐写作的一种技法。这种方法使每一个声部具有相对独立性，同时又彼此谐和，成为统一的整体。1928 年爱森斯坦等提出了"声画对位"的学说。所谓"声画对位"学说，就是把声音作为一个独立的艺术元素在电影综合艺术中加以应用的学说。声音和画面在各自独立的基础上，又有机地结合起来，产生了新的系统意义——原来声音和画面单独存在时所不具有的新寓意，这种声画结构形式，叫声画对位。

声画对位与声画合一、声画分立不同。声画合一、声画分立是指声音与画面结合的形式而言的；声画对位是指内容的对列——由声画分立的形式、它们相互作用的结果所产生的新寓意。利用声音和画面形象性质的对立，使其相互对比，可以更鲜明地揭示事物的本质。如《天云山传奇》中宋薇与吴遥的婚礼，沉郁的音乐奏出了宋薇此时此刻的心情，同画面上的笑脸、碰杯、祝福交织在一起，揭示了这场婚姻的悲剧性。

第五章　跨文化传播视野下电视节目画面造型创新

第一节　电视画面造型概述

电视是通过具体直观的画面形象来表现内容、传递信息和反映主题的，这些形象来源于自然世界和现实生活，需要电视摄像工作者根据所反映的内容和主题采取相应的艺术手法加以创造性的发现和摄录。那么，怎样才能从镜头中记录下源于生活而又高于生活的生动、新颖、感人的电视画面，怎样运用电视摄像的技术优势和表现特长去获取既有独特形式又能表现主题的电视画面，是值得认真思索的课题。其中很重要的一条就是必须具备画面思维和造型意识，在熟练掌握电视摄像造型元素的基础上推陈出新，求取符合电视造型特点和艺术要求的电视画面。

一、电视画面造型概述

电视画面是指由摄像机拍摄下来并经过编辑系统制作后，最后由电视屏幕显现的视音频信号。就电视摄像而言，电视画面是摄像机从开机到关机的一段时间内不间断拍摄所记录下来的包括光线、色彩、物体和活动在内的一个片段，又称镜头。因此，电视画面是电视语言的基本元素，是组成电视节目的基本单位。从本质意义上来说，一个完整的电视画面应该包括传统意义上的视觉元素和与电视画面同步传播出来的各种声音元素，严谨的电视摄像师在拍摄画面的同时，也完整地记录下现场的各种声音。电视画面不仅能再现客观现实的空间感和立体感，而且能再现物体运动的速度感和节奏感，它不仅是空间艺术，同时也是时间艺术。

二、电视画面造型的特点

任何一种造型艺术都有其造型表现的优势与不足，并形成该造型艺术区别于其他造型艺术的不同点。充分认识电视画面的造型特点，是摄像人员发挥优势、避让不足、更好地完成造型表现的重要前提。

（一）表现具象

电视画面在屏幕上表现的形象是具体的、可视的，它不同于文学作品或音乐作品。文学作品或音乐作品是通过抽象的文字符号或音乐旋律来调动人们的想象以塑造艺术形象，而电视画面是通过直观的画面形象作为传递信息的中介来叙述情节、阐述主题和表达思想。电视画面可以更为准确、细致、全面地再现或表现人物的神态、情绪、动作以及景物的形状、色彩变化等用语言文字不容易精确描述的形象。电视画面对具象事物的无间隔表现这一特性，减少了形象信息传递过程中的中间环节，使观众能与被表现的事物更直接地接触，容易产生身临其境的现场感，使电视成为老少皆宜、雅俗共赏的艺术形式。

（二）表现运动

电视画面再现的是运动的形象，表现的是形象的运动。可以说，电视画面存在于运动之中，通过电视技术手段和特殊拍摄方法，在人眼视觉范围内不存在运动的地方也能引起运动，如一朵花蕾在瞬间怒放，一粒黄豆在三五钟秒内"扭动"身躯破土而出，一些生活中被看作是静止的物体，在屏幕上可变成生机勃勃的富有变化的不断运动的物体。电视画面表现运动的造型特性使绘画、图片摄影等造型艺术的构图规律在这里得到了突破性的发展。例如在表现主体时，电视画面可以通过被摄主体与周围环境的动静对比来突出主体，即使要表现的主体在画面中只是一个点，只要它与周围物体的运动方向、速度不一致，这个点（被摄主体）照样可以从纷乱的环境中突现出来，而不必仅仅按照传统的构图法则让这个主体在画面占有很大的空间，或处于醒目的位置，或依靠其他陪体构成与之相呼应的格局来烘托，表现运动是电视造型的灵魂。

（三）运动表现

电视画面不仅能够表现运动的物体，而且可以在运动中表现物体，摄像机通过各种方式的运动摄像造成了画面框架的运动，这种运动从视觉上看是画框与整个被摄入画面内的空间发生了位移，画面内的景物由于画框的运动而处于运动中。摄像机的运动使画面内不动的物体产生了运动，使运动的物体更富有动感。这种对被摄景物多景别、多角度、多层次连续不断的表现，使观众的感知和认识更加连贯、完整、细致和全面。

三、电视画面造型的取材要求

电视画面既是一种技术产品，也是一种艺术产品。当摄像师扛起摄像机拍摄画面时，应全面而熟练地掌握摄像机的各种技术特性，利用丰富多样的造型手段，拍摄出技术上合格、艺术上到位而又具备充足信息量的电视画面。什么样的画面才算是合格的呢？达到怎样的取材要求才称得上是优秀的电视画面呢？这并不是三言两语就可以说清说透的，摄像无定法，画面亦无定规。电视节目种类繁多，对摄像工作的要求各异，电视画面的取材要求很难有什么言之凿凿的规范。对摄像工作者而言，根据节目的主题及创作要求，根据工作环境和现场情况，择善而从、择优而"摄"，是一种基本的取材方式。

（一）画面应简洁，主题要突出

电视画面的信息应清晰准确，简明集中。电视画面由于受电视屏幕大小和清晰度的限制，一个画面、一个镜头在短时间内就会在屏幕上消失，加之画幅较小，观众不可能像看美术作品和摄影照片那样长时间地反复欣赏。因此，当摄像师扛起摄像机时，必须用取景框进行选择、提炼、抽象和概括，从自然的、凌乱的物象中"提取"出一个优美动人的画面，做到每个画面的中心内容和形象主体醒目和突出，所要传达、表现的思想内容和艺术内涵明确集中，尽量避开妨碍主体的多余形象，以便观众在一次过的画面中看清形象、看懂内容。这就要求摄像师应具有化繁为简、以简御繁的功夫，能熟练地配置好画面中前景、背景、主体、陪体及环境的相对位置和关系，做到主次分明、相互照应、轮廓清晰、条理和层次井然有序；否则，所拍摄的画面就会主次不辨、不知所云、杂乱无章。要做到画面主体的突出和鲜明，构图时可以把主体安排在画面视觉中心的位置上，占据一定的面积，还要协调配置主体与陪体的相互关系等。

（二）画面应具有表现力和造型美感

摄像师要想拍摄出"美"的画面，不仅要熟练掌握摄像机的操作技术（如白平衡的调节、手动光圈的运用等），力求画面光色还原真实、准确（特殊的艺术性创作除外，如有意偏色等），还必须根据所拍摄内容的要求和现实条件的可能性，通过画面的空间配置、光线的运用、拍摄角度的选择，以及调动影调、色彩、线条等造型元素，创造出丰富多彩、优美生动的构图形式。这种画面构图的艺术表现力的培养，需要摄像师从自身的特点出发，在实践过程中不断摸索和总结，使全面、扎实的技术功底与画面构图的造型意识结合起来，从而拍摄出内容与形式高度统一的优美画面，使得画面更具有艺术表现力和视觉感染力。

（三）镜头运动时力求稳定、流畅、到位

电视画面由于有了时间构成，因而摄像师可以运用空间和运动在时间中的变化和延展，利用运动造型技巧来直接表现主体及主体的运动，但是，这绝不能成为画面胡晃乱动的理由，除一些拥挤、紧急等特殊情况外，所摄取的画面应力求消除不必要的晃动。在推、拉、摇、移等运动摄像的时候，也必须在技巧运动结束之后，准确、流畅地找准落幅，任何落幅之后的修正，都会非常明显地在画面中表现出来，这些问题一旦出现，将破坏观众的观看情绪，影响画面内容的表达。

（四）注意同期声的采录

把声音与画面割裂的观念已经过时，但如何发挥画面同期声的作用和效果仍是值得研究的课题，通常认为同期声包括人物现场声、环境音响、现场音响等多种声音和动作效果。生活中的形象往往是包含着声音的，同期声能起到传递和增加画面信息量、烘托气氛、表现环境特点的作用，是电视摄像中需要认真处理的工作环节，尤其是在新闻纪实性节目中，如果在摄录电视画面时隔绝了同期声，那只能是不完整、不真实的画面记录。只有将画面和声音作为一个有机的整体来看待时，电视画面才具有它真正的全部价值。

（五）运动构图两种情况的处理

如果是没有人物的画面，做环境介绍和背景交代时，不论是起幅还是落幅，都应找出能够表现环境特点的主要对象作为构图的依据；如果是有人物（或其他运动主体）的画面，则应以人物为画面构图和画面运动的依据，摄像机的运动或者是跟随人物运动，或者是做出复杂的场面调度等，都应根据内容或环境的特点，抓住主要因素的变化来变化构图。在运动构图中，自始至终要注意运动方向、运动速度和运动节奏等因素的起伏变化，基本的一点是运动构图必须有其合理、充分的运动依据，那种仅仅为了炫耀摄像技巧而"硬"做出的运动构图，不但达不到创作意图，反而会引起观众的厌恶和不满。

当要拍摄的主题和内容确定后，不论拍一条新闻还是拍一集电视剧，摄像人员的主要任务就是要选择、组织和寻找到最佳的画面结构方式，并且要在拍摄过程中始终保持高度的创作兴奋和随时发现的创作敏感，以使自己的画面构图得到不断的改善和创新。此外，在借鉴绘画、摄影等构图原理和构图技法的基础上，结合电视画面构图的自身特点加以灵活地运用，对于每个投身于电视摄像工作的初学者来说，有着触类旁通、提高艺术鉴赏水平等诸多裨益。

第二节　电视画面造型手段

一、光线造型手段

在电视画面的诸多造型元素中，光线是第一位的元素。光线在电视画面造型中有着基础性、决定性的作用，而且光线还具有其他造型手段无法替代的造型作用和艺术表现力。对电视摄像师来说，光线就如同是画家手中的画笔和调色板，在工作中离不开对各种光线的特定画面造型效果的甄别、判断和选择。那么，怎样认识光线？如何理解电视用光的造型作用呢？

（一）光线方向

光线方向是指光源位置与拍摄方向之间所形成的光线照射角度。因此，照明方向是随着拍摄方向而变化的，它和被摄对象的朝向变化无关。当摄像机与被摄对象的方位确定后，以被摄对象为中心的水平360°。一周内，可分为顺光、顺侧光、正侧光、侧逆光、逆光，如图5-1所示。此外，还有来自被摄对象垂直方向的顶光和脚光。不同方向的照明光线具有不同的造型特点，选择和布置不同方向的照明光线是摄像师的重要任务。

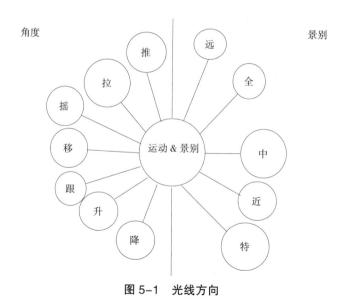

图5-1　光线方向

顺光光线的投射方向与摄像机的拍摄方向相一致，也叫正面光。其特点有：一是被摄对象被均匀照明，看不到背光面（暗面）和投影，整个画面显得明亮、干净，有利于处理较为复杂的场景；二是用于表现人物面部时能掩饰皮肤皱纹和松弛部分，使人显得年轻；画面层次平淡，缺乏光影变化，缺乏色彩明度变化；三是有利于表现被摄体的固有色彩和形体活动，如表现节目主持人、晚会表演等通常利用顺光照明；四是不适宜表现物体的立体形状和表面质感，也不适宜表现大气透视现象；五是被摄主体显得平淡、呆板，画面缺少活力。

顺侧光也叫前侧光，是介于顺光和正侧光之间的照明角度，是摄影、摄像常用的主光形式，能较好地表现被摄对象的立体感、质感和形态感，能比较好地表现出画面的层次。

正侧光是指光源投射方向与摄像机的拍摄方向成90°的照明方式；其特点有：一是被照明对象明暗各半，影调变化大，画面层次丰富，立体感强；二是能较好地塑造被摄对象的立体形态和表达空间的纵深感，但在表现人物面部时，背面光可能会完全隐没在黑暗中，形成阴阳脸的特殊效果，所以一般不用它表现正常的人物肖像。

侧逆光处于侧光和逆光之间的照明角度，其特点是被照明对象明少暗多，能很好地表现被摄对象的轮廓和形态，影调层次丰富。

逆光光源的投射方向与摄像机的拍摄方向相对，其特点是看不到对象的受光面，只能看到对象的亮轮廓，在摄像造型中，逆光能使主体和背景分离，从而突出主体，在表现大纵深场景中可以加强空气透视效果，增加画面的空间感和立体感，画面层次鲜明，影调丰富，有利于表现透明或半透明物体的质感。

顶光来自被摄对象顶部的照明，顶光照明景物时，水平面亮于垂直面，在顶光下拍摄人物近景特写会得到反常的照明效果，人物前额亮，眼窝黑，鼻梁亮，颧骨突出，两腮有阴影呈骷髅状，传统用光一般不用顶光拍近景和特写。

脚光从摄像机下方对被摄对象进行照明的光线，在影视摄影中，常用此来表现画面中特定的光源效果，如油灯、台灯、篝火效果等，有时也用来刻画特殊情绪的人物形象或丑化人物形象（如古怪、神秘、恐怖）。

（二）造型光的分类

根据光线在画面造型中作用的不同，通常把造型光分为以下几种。

（1）主光。主光是刻画人物和表现环境的主要光线，主光会直接影响被摄对象的立体形态和轮廓特征的表现，也会影响画面的基调、光影结构和风格。

（2）辅助光。辅助光是用来弥补主光表现力不足和平衡画面亮度的光线，一般多是无阴影的软光，用以减弱主光的生硬粗糙的阴影，降低受光面和背光面的反差，提高暗部影像的造型表现力。

（3）背景光。背景光是指照亮被摄对象周围环境和背景的光线，主要是通过环境光线所构成的背景光与被摄主体形成某种映衬和对比，达到突出主体的目的，还有表现特定环境、时间或造成某种特殊气氛和影调的作用。

（4）轮廓光。轮廓光是使被摄对象产生明亮边缘的光线，其主要任务是勾画和突出被摄对象富有表现力的轮廓形式，有利于增强对象的形式感、立体感和空间感，具有较强的装饰性和美化效果。

（5）眼神光。眼神光专门用于照明被摄主体的眼睛，表现人物眼神的特殊光线，使主体人物眼球上产生光斑，它能使人物目光炯炯有神、明亮而又活跃，在人物近景、特写中才有明显的效果，在大景别中难以引人注意。

（6）修饰光。修饰光指用以修饰被摄对象或场景中局部某一细部的光线，当主光、辅助光和照度等确定之后，在被摄对象布光仍不理想的地方，可以用修饰光适当予以修饰，修饰光可以使被摄对象整体形象更加悦目，局部形象更显特点，更富有造型表现力。

（三）电视用光的造型作用

在技术上离开了光线，电视也就失去了一切。

在造型上光线的主要作用有：① 提示被摄对象的形态和形状，造成物体的轮廓、体积、大小和比例、质感等立体幻觉；② 显示被摄对象的周围环境、空间范围和透视关系，创造画面的空间感；③ 通过光线的照射及所形成的明暗光影对比突出被摄对象的某些特点，突出主要的和重要的视觉形象，把观众的注意力引导到富有意义的形象上；④ 控制或决定画面的影调或色调；⑤ 形成构图关系，利用光影平衡画面，突出构图线条，加强或减弱画面反差，强化或淡化画面内部节奏。

在戏剧表现上光线的主要作用有：① 利用光线渲染和烘托环境，形成特定的艺术氛围；② 利用光线的光调和光影效果来表现特定的时间概念，如朝、晚、午等；③ 通过光线、光调、光影及发光体等表现象征、比喻、借代等艺术效果；④ 通过特定的光线效果外化和表现人物情绪，反映内心活动，刻画人物性格，等等。

二、光学造型手段

这里的光学是一个特殊名称，指摄像机上的光学透镜组，不同焦距的镜头所具有的不同光学特性，为摄影师刻画人物、描绘环境、烘托气氛、表现运动、把握节奏等提供了有利的手段；同时，光学镜头在心理情绪渲染方面，也起到了很大的艺术作用。光学镜头大体上可分为标准镜头、广角镜头、长焦距镜头和变焦距镜头四大类，它们的焦距不同，功能不同，艺术表现力也各不相同。

（一）标准镜头

视场角为50°。左右的镜头称为标准镜头。它观察事物像正常人的眼睛，具有同样的视觉感觉、透视深度和拍摄范围。它既不把生活空间压缩，也不夸大，它是畸变最小的镜头，画面表现真切、自然、清晰。

（二）长焦距镜头

视场角小于 40°。焦距大于 25 毫米的镜头。视角窄，景深小，画面包括的景物范围小。长焦距镜头在表现运动主体时，对横向运动的主体速度感加强，对纵向运动主体速度感减弱；可以在远距离拍摄，并将正常生活空间压缩在相等的空间，造成一种景物压缩效果。长焦距镜头还可以利用焦点的变换，跨越复杂空间拍摄和表现不易接近或无法接近的人物和场面，有"望远"的效果，适合表现人物的局部特写。

（三）广角镜头

广角镜头是指视场角大于 60°的镜头。广角镜头视角广、景深大，可以表现宏大的场面和气势，增加画面的容量和信息量。广角镜头对纵深景物近大远小的夸张表现，可以创造出极富感染力的情绪氛围和视觉影像。由于广角镜头夸大了纵深方向物体之间的距离，可以使被摄物体本身纵向运动的速度感加强。用广角镜头运动拍摄，也可以减少因运动带来的视觉晃动，画面易于平稳、清晰度高。

（四）变焦距镜头

集以上三种镜头于一身，免除拆卸与更换镜头的麻烦，可以利用焦距的变换，拍摄推进和拉出镜头，可以在不动机位的情况下，实现各种景别的变换。变焦距镜头还可以利用焦距的变换与机位的移动，产生一种人们生活中视觉经验以外的流畅多变的视觉效果。但是，变焦距镜头在实际使用中，也有很多局限，不能滥用。

三、色彩造型手段

色彩不仅是电视摄像师对现实世界描绘的一种手段，更是电视画面的重要构成元素。在电视节目的构思、拍摄及编辑等各个环节中发挥着重要的作用。如何获取完美的画面色彩构图，如何利用色彩基调来烘托节目的气氛、突出主题以及怎样运用色彩的感情倾向来更好地塑造人物形象、传达思想感情？这是我们研究电视摄像技术和电视摄像艺术的过程中不能不涉及的课题。

（一）色彩基调的形成

当我们创作一部影视作品时，都有一个与主题相对应的情绪基调或情感倾向，其表现在具体的画面内容当中，很关键的一点就是要把情绪基调和情感倾向落实到色彩基调上。所谓色彩基调，是指影片整体所表现出的色彩构成的总倾向，或在一个段落中占主导地位的色彩。色彩的运用与作品的主题、情境及氛围等相结合，能强化基调、塑造形象、烘托主体，给观众以鲜明的视觉印象和强烈的感染力。例如，电影《红高粱》是血红的，《大红灯笼高高挂》是深红的，《大阅兵》是草绿的，《黄土地》是土黄的。在画面造型中决定色彩基调的因素有：一是场景的色彩基调；二是服装的色彩基调；三是光源色造成的色彩基调。作为色彩基调的色彩必须在时间长度和空间面积上都占据主导地位，二者缺一不可，否则"基调"也就无从谈起了。色彩基调的形成通常有两种方法：一种是内部设色法，就是在拍摄时有意识地选择、配置色彩向基调色靠拢，如让背景环境色、人物服装色、道具色等成为基调色或邻近色；另一种是外部罩色法，是指通过光学手段或色光照明等方法在画面的所有景物上都蒙上一层色彩基调，如拍摄结婚的宴客场面，打上均匀的红光，使该场面仿佛沉浸在红红的喜庆之中。

（二）画面的色彩构图

画面色彩构图是指根据主题和表现内容的需要，对画面内的可视对象进行恰当的配置和布局，以使各种色彩形成一种既有对比又统一协调的整体关系。在进行画面的色彩构图时，要善于调动和运用各种色彩的感情特征，并巧妙灵活地利用拍摄角度、光线、镜头等多种造型手段，以形成画面框架内各种色彩的和谐配置，特别要善于在多姿多彩的自然世界和社会生活中提炼和发现色彩的美感并通过画面中色块的面积差别、主体色和背景色的关系、色别间的明度与饱和度对比等重新组合建立起色彩构图的规律和秩序。

色彩的选择。摄像师在现实生活五颜六色的实景中进行拍摄时，会有千差万别的色彩和多种多样的对比关系等着去提炼和选择，去组配和表现，诸如蓝天白云、黄土碧树、青山绿水等，无一不展示着自然造化的神妙，构成了电视画面色彩表现的天然宝库；只有经过大量色彩构图的选择和锻炼，才能不断提高我们的色彩构成意识和色彩表现能力，成为善于观察、发现和提取色彩的行家里手。

色彩的布局。进行画面的色彩构图时也应该对色彩加以谋篇布局，从而形成和谐统一而又蕴含对比变化的整体关系和构图安排，总的原则是各种色彩的搭配安排应保证主体突出、对比鲜明、画面均衡、结构严谨。摄像师在利用色彩塑造形象、表情达意时，必须注意：一是色彩的时代感；二是色彩的地域特征；三是影片的整体基调；四是镜头间的色彩衔接。

四、动态造型手段

电视摄像是一种动态造型艺术。摄像师在掌握表现运动的基本内容和运动表现的全面要求的基础上，才可能在电视摄像的过程中创造出符合运动造型特点的电视画面，使电视成为更加逼近生活、逼近真实的艺术。

（一）被摄主体的运动

运动是自然界和人类社会中最富变化、最具魅力的物质现象，是各种艺术都力求表现的一种美。

① 被摄主体的运动在摄像造型中具有内容和形式两个方面的表现意义，运动

的主体出现在画面之中，本身就带有画面造型意义和内容指向性，而运动形式的表现和再现，在电视摄像中有着尤为突出的地位，不同的运动形式，呈现出不同的画面造型，表现为不同的画面形象，引发了不同的心理反应，运动形式的美感是电视摄像表现被摄主体美的基本手段。

② 运动形成了一定的运动速度和运动节奏，是产生电视画面冲击力、感染力的重要因素，这些运动速度、运动节奏的变化会直接影响观众的心理节奏和情绪反应，在画面造型中可以通过相应速度的运动来烘托和表现相应的情绪和氛围，增强电视画面的感情意味和艺术表现力。

③ 被摄主体的运动是场面调度和运动摄像的内在依据及外在表现，被摄主体的运动形式和运动轨迹直接决定了拍摄方向和拍摄高度，对可能出现的运动的预见往往还决定了机位的设置。

④ 对人而言，运动的具体形式和基本单位是动作，通过个性化、特色化的动作可以反映人物性格，刻画人物形象。

⑤ 对被摄主体运动的造型要借助于电视画面的框架关系才能得到更好的表现。

（二）摄像机的运动

摄像机的运动包括两类：一类是间接的运动，主要通过蒙太奇剪辑完成机位运动，比如从全景跳切到近景，画面所表现的视点前移和机位前进是剪辑的结果；另一类运动即直接的摄像机运动，也就是运动摄像的结果。

第三节　电视画面造型要素

电视画面的表现元素是多种多样的，通常认为，电视画面的造型要素主要包括电视景别、拍摄方向、拍摄角度、构图形式和透视规律，它们的统一运用、共同构建而形成电视画面的特定语汇，构架和完善了电视画面自身系统的规律性和艺术性，只有真正认识，并正确运用电视摄像的造型要素，才能完成符合电视艺术特色和要求的画面造型表现。需要特别指出的是，电视摄像的造型要素是一个有机的、统一的整体，在画面造型的创作过程中，共同完成画面构图、内容表达和信息传播的任务。

一、电视景别

景别，是指被摄主体和画面形象在电视屏幕框架结构中所呈现出的大小和范围，反映了一个镜头所表现被摄对象的细腻程度。景别是摄像师在创作过程中组织和结构画面、制约观众视线、引导观众注意、规范画面内部空间、暗示画面外部空间、决定观众的观看内容、观看方式以及对画面内容接受程度的一种有效造型手段。决定一个画面景别大小的因素有两个：一是摄像机和被摄体之间的实际距离；二是摄像机所使用镜头的焦距长短。不同的景别，往往表现着不同的视野、空间范围、视觉韵律和节奏。

  画面景别通常分为远景、全景、中景、近景、特写，图 5-2 表现的是一个成人在不同景别中所呈现的形象范围。在实际操作中，摄像师根据所表现的内容、目的和不同需要来确定被摄对象的画面取舍与范围，排除一切多余的、次要的、烦冗的部分，而保留那些本质的、重要的、能够引起观众充分注意的画面内容。

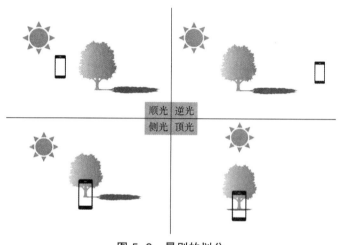

图 5-2　景别的划分

（一）远景

  远景是电视景别中视距最远、表现空间范围最大的一种景别。远景多用于描绘某种特定氛围或主要表现地理环境、自然风貌、宽广的场景和辽阔的场面，注重对场景整体宏观的表现，力求在一个画面内尽可能多地提供景物和事件的空间、规模、气势、场面等方面的整体视觉信息，讲究"远取其势"。大远景和远景的画面构图要注意调动多种手段来表现空间深度和立体效果，适当安排前景，注重采用侧光或侧逆光以形成画面层次，显示空气透视效果，并注意利用大自然中的线条表现，包括江湖河道的走向、田野的地形图案、山峦的起伏形状、乡间的崎岖小径等，利用天空中云层彩霞的变化与地面的明暗色块相映成趣，增强画面的形式美感，避免画面平板一块，单调乏味。另外，由于电视屏幕较小，远景的表现力在屏幕上有所损失，这就要求摄像者在处理远景画面时应删繁就简，目的性要强，同时画面时间长度要足够充分，拍摄时摄像机的运动也不宜太快。常用在节目的开篇或结尾或作为过渡镜头。

（二）全景

全景主要用来表现被摄对象的全貌或被摄人体的全身，同时保留一定范围的环境和活动空间。全景画面与远景相比有了明显的主体，它是画面的内容中心和结构中心，重视特定范围内某一具体对象的视觉轮廓形状和视觉中心地位。全景主要用来交代事物或场景的全貌，表现气氛，展示人物与环境的关系，完整展示人物的形体动作，通过人物的形态动作来揭示内心情感和心理状态，通过典型环境和特定场景表现特定环境中的特定人物。拍摄全景画面时，不仅要注意空间深度的表达和主体轮廓线条、形状的特征化反映，确保被摄主体外形轮廓完整，避免"全景不全"，还要着重于环境的渲染和烘托，表现出被摄体的一般性质及空间位置，表现出环境与主体的相互关系。拍摄时要善于选择适当的前景和背景，加强空间感和纵深感，利用影调、色彩对比、线条和其他构图手段，突出主体。

（三）中景

中景用于表现成年人膝盖以上部位或场景局部的画面。相对全景而言，中景画面主体形象较大，环境范围较小，有利于表现人物的动作、姿态、手势，可以用来表现人际交往或生活中的主要情节，交代人物间的感情交流，并能在一定程度上表现主体和环境的关系。中景画面中人物的视线、人物的动作线、人和人及人与物之间的关系线等，都反映出较强的画面结构线和人物交流区域。在拍摄中景画面时，必须注意抓取被摄体最具有表现力、最吸引观众的现象、表情和动作，使人物形象饱满、画面富于变化。特别是当所表现的人物上半身或人物之间情绪的交流、联系处于运动状态中时，掌握好画面尺寸的大小，保留人物动作、手势的完整，避免手臂挥出画面，上半身被画框切割，这就对拍摄者提出了更高的要求，不仅要求对中景画面所表现的基本空间有一个准确的把握，而且还必须能够随时审视被摄人物的动作变化和情节中心点的变化，把握好这些无形的线条所组成的结构关系。

（四）近景

近景用于表现成年人胸部以上部分或物体局部的画面。与中景相比，近景画面表现的空间范围进一步缩小，画面内容更趋单一，环境和背景的作用进一步降低，吸引观众注意力的是画面中占主导地位的人物形象或被摄主体。近景常被用来细致地表现人物的面部神态和情绪，刻画人物性格，如人物面部肌肉的颤动、目光的流转、眉毛的挑跋等都能给观众留下深刻的印象。在拍摄近景画面时，要充分注意到画面中形象的真实性、生动性和情节的客观性、科学性，尤其是要注意人物表情、动作、神态、手势等，抓住人物的内心活动和情绪变化，不能造成被摄人物的紧张和不自然，同时注重表现物体局部的特征、质感和细节，世界各国大多数电视新闻节目或专题节目的播音员或主持人，多以近景画面出现在观众面前。

（五）特写

特写用于表现人物肩部以上的头像或被摄主体细节的画面。被摄体的某一局部充满画面，内容简洁，表现力强，可起到放大形象、强化内容、突出细节等作用，会给观众带来一种预期和探索用意的意味。在拍摄特写画面时，构图要力求饱满，对形象的处理宁大毋小，还要控制曝光量，真实地反映物体的质感和色彩。此外，对一些复杂场景，不要孤立地使用特写镜头，避免由于特写表现空间的不明确性使观众对物体所处环境茫然不知，出现空间混乱感，对焦一定要准。

（六）显微

显微是一种特殊景别，在教育节目中运用广泛，通过专门的显微摄像装置把在显微镜下才能看清的景物再现在屏幕上。

二、拍摄角度

拍摄角度包括垂直平面角度（拍摄高度）和水平平面角度（拍摄方向）两个要素。拍摄角度的不同，直接决定了画面形象主体的轮廓和线形构架，决定了画面的光影结构、位置关系和感情倾向。可以说，摄像者在拍摄角度的选择中融入了对画面形式的创造和想象，融入了对画面形象的情感和立意。

（一）拍摄高度

拍摄高度是指摄像机镜头与被摄主体在垂直平面上的相对位置或相对高度。这种高度的相对变化形成了平角或平摄、俯角或俯摄、仰角或仰摄，这三种拍摄高度具有各自不同的造型效果和感情色彩。

平角拍摄（平摄）指的是拍摄点与被摄对象在同一水平线上。其视觉效果接近于日常生活中人们观察事物的视觉习惯，被摄对象不易变形，使人感到平等、客观、公正、冷静、亲切。平角拍摄画面结构稳固、安定，形象主体平凡、和谐，是新闻摄像通常选用的拍摄高度。平摄要注意选择简化背景，在拍摄风景画面时，注意避免地平线平分画面，当平角拍摄与移动摄像结合运用时，会使观众产生一种身临其境的感觉。

俯角拍摄（俯摄）是一种自上往下、由高向低的俯视效果。俯角拍摄使画面中地平线上升至画面上端或从上端出画，视野更加辽阔宽广，有利于表现广袤的原野、起伏的山峦、蜿蜒的河流、辽阔的大海等地形、地势以及群众集会、游行、欢庆等壮观的场面。一般来说，俯角拍摄具有如实交代环境位置、数量分布、远近距离的特点，画面往往严谨、实在。由于俯摄人物时对象显得萎缩、低矮，画面往往带有贬低、蔑视的意味。俯角不适宜表现人物的神情和人与人之间细致的情感交流，因此在进行人像拍摄时要慎重选用。

仰角拍摄（仰摄）是摄像机低于被摄主体的视平线向上进行的拍摄。常出现以天空或某种特定物体为背景的画面，可以净化背景，达到突出主体的目的。仰角拍摄使画面前景突显，背景相对压缩，有助于强调和夸张被摄对象的高度；拍摄跳跃、腾空等动作时，能够夸张跳跃高度和腾空动作，具有很强的视觉冲击力。仰摄画面中形象主体显得高大挺拔、具有权威性，视觉重量感比正常平视要大，因此画面带有赞颂、敬仰、自豪、骄傲等感情色彩，常被用来表现崇高、庄严、伟大的气概和情绪。

（二）拍摄方向

拍摄方向是指摄像机镜头与被摄主体在同一水平面上一周360°的相对位置，即通常所说的正面、背面或侧面。摄像方向发生变化，电视画面中的形象特征和意境等也会随之发生明显的改变。

正面拍摄。正面拍摄能真实地反映对象的主要外部特征和正面面貌，展示被摄对象的对称结构，如拍摄国家机关、宗教建筑等显示出雄伟、庄重、稳定、严肃、静穆的感觉。正面拍摄有利于表现被摄对象的横向线条，但如果主体在画框内占的面积过大，那么与画框的水平边框平行的横线条就容易封锁观众视线，无法向纵深方向透视，常会显得缺乏立体感和空间感。正面拍摄人物时，可以看到人物完整的脸部特征和表情动作，被摄人物占据画面的中心位置，有利于画面人物与观众面对面地交流，使观众容易产生参与感和亲切感。一般来说，各类节目的主持人，或被采访对象在屏幕上出现时都采用这个拍摄角度。不足之处是，物体透视感差，立体感、纵深感不甚明显，画面呆板、缺乏生气。

侧面拍摄。侧面拍摄分为正侧方向与斜侧方向两种情况。正侧拍摄，能够明确地表达出被摄对象的运动姿态及富有变化的外形轮廓，能够使人物的姿态和动作特点得到充分的展示。人与人之间的对话和交流常常采用这个角度，多方兼顾，平等对待；斜侧方向拍摄建筑物、桥梁、道路，能使被摄主体的横向线条在画面上变成斜线，产生明显的形体透视变化，能扩大画面的纵深空间；斜侧拍摄人物时，既能表现人物的内在气质、心理活动，又能刻画人物的轮廓形态以及交流时的表情和动作手势，因此，侧面拍摄方向是运用最多的一种。

背面拍摄。背面拍摄画面所表现的视向与被摄对象的视向一致，使观众产生可与被摄对象有同一视线的主观效果。如果是拍人物，则被摄人物所看到的空间和景物也是观众所看到的空间和景物，给人以强烈的主观参与感，许多新闻摄像记者采用这个角度表现追踪式采访，具有很强的现场纪实效果。背面拍摄画面，通过背影的姿态轮廓和动作姿态来反映人物的内心活动，使画面具有一种不确定性，可引起观众更大的好奇心和更直接的兴趣。

通常，在摄像时一般总要先选择摄像方向，确定了方向再选择摄像高度。对某一具体被摄对象来说，将拍摄方向和拍摄高度与视距变化带来的景别变化三者结合起来，将会产生一系列不同视角，形成一系列不相同的画面形象。对视角的选择，反映了摄像师的基本素质和造型能力。

三、构图形式

构图的布局是千变万化的，不存在十全十美的布局方案。一种内容可以用多种布局形式来具体表现，而一种布局形式也可以表现许多内容。为了学习画面布局变化的基本规律，以下介绍一些常见的布局方法和形式。

（一）横向式构图

横向式构图也叫水平构图，主要是由横向水平线构成的基本画面格式。横向构图形式适宜表现广阔无界、宽敞和平坦的横长形大场面景物，例如浩瀚的大海、宁静的湖面、辽阔的草原、田野、一望无际的沙漠、大型会议合影、层峦叠嶂的远山等。横向构图给人以安静、平稳、开阔、舒展的感觉。

（二）竖向式构图

竖向式构图也叫垂直构图，画面的总体布局呈垂直状，表现巍峨的高山、参天的大树、垂挂的瀑布、仰摄的人物，一般都适宜采用垂直构图形式。这种构图形式是以垂直线条构成的，具有挺拔、高耸、向上的特征。垂直构图有如下几种。

① 上下穿插直通到底的构图，这种构图的特点是上下延伸、舒展畅通。

② 下部直通到底，线条在上部空间停住的构图。这种构图在画面上端留有一定空间，如拍摄高大建筑物、向上生长的树木、顶天立地的人物等，虽然上方停住，却更有向上的态势，如用广角镜头仰摄，更会增强这种昂扬向上的气势。

③ 自上向下悬挂式构图。如俯摄景物时，竖向线条上部与上画框相连，由上而向下悬垂，下部线条被截，有插入地下之感。

（三）斜向式构图

斜向式构图又称对角线构图，这种构图用倾斜的线条、影调或呈倾斜状的物体，把画面对角线连接起来。斜线形构图有意打破平衡，加剧变化，增强运动感，能给人一种不稳定、倾倒之势。在人物摄影中，采用斜向式构图，可使画面生动、有动感、充满变化和生机。体育比赛和舞台表演中，最优美又最惊险的瞬间动作，大多呈现在倾斜的高速运动状态之中，因此，拍摄这类活动时，常采用斜线构图，还可稍微倾斜一下摄像机，让被摄对象在倾斜运动中保持斜而不倒的姿势，加强运动感。斜向式构图，还可以加强画面由一角到另一角的纵深透视感，使画面深远而开阔。

（四）框式构图

利用现场离镜头较近的物体，如门、框、圆形或其他一些框式物体作为前景，将被摄对象"框住"，使画面周围形成一个边框，故称为框式构图。框式构图中的图案形式通常都处理在画框的边缘位置。框式构图使人们的视线透过这个"框"被集中起来，引导人们去观察画面重点表现的主体；同时还能点出画面的环境、地点、季节等，增添作品的图案美和装饰美。选择框式物体做前景时，一般以深色为好，如果是浅色的，应采用逆光拍摄，使其变暗，以求通过边框的暗衬托远景的明，使画面内容的表达更为集中、突出。

（五）L 形构图

L 形是一种边角构图形式，它占据画面的两边角，具有一种"钳形包围"的态势，中间透空，因此空白中的景物就成了构图的中心和趣味中心，利用 L 形的前景所形成的重影调在画面中留出的部分空间，在这个空间中安排进一个小的点景物加以表现，使画面产生无穷的生机和情趣。在运用 L 形构图手法拍摄风光时，可在前景位置上选择好影调比较深重的树木、建筑物与大地或画框构成 L 形，这种构图重量感强，画面稳重，是一种很稳妥的风光拍摄手段。

（六）S 形构图

S 形构图有两种含义：一种是画面中的主要轮廓线构成 S 形，从而在画面中起主导作用；另一种是在画面结构的纵深关系中，所形成的 S 形的伸展，它在视觉顺序上引导观众由近及远或诱导观众按 S 形顺序深入画面意境中去。S 形构图常选择河流、道路、铁路、沙漠等曲折部分，如选择一条弯曲的河流，其 S 形的顶端就容易把人们的视线引向远方，从而把有限的画面引向无限深远。

（七）三角形构图

三角形构图也称金字塔构图，是一种稳定、雄伟、均衡的形态结构。这种构图形式常被用来表现被摄对象的高大和雄伟，并能在画面上产生坚定的、不可动摇的稳定感。可分为正三角形和倒三角形两种表现形式。

（八）V 形构图

与正三角形相反，V 形呈倒三角状态。两座山、两座房、两棵树之间常出现"V"字的空间或缺口，具有无限深远之感，能给人一种神秘的联想和向上的心理感觉。V 形有时像展开双翅的雄鹰，或像一个向上用力斜举的手臂，有斗争和祈求之意。

（九）对称式构图

对称式构图是指画面中轴的相对两边（左右或上下）各部分在大小、形状、距离和排列等方面的对应。对称式构图一般都是由于被摄景物本身对称，采用正面拍摄角度而取得的，比如拍摄天安门，只有在正面拍摄才能使天安门城楼产生庄严、雄伟的对称式结构。对称式构图如运用不当，容易给人一种呆板、缺乏生气的印象。因此对称式构图选择题材十分重要，一定要选择装饰性强、图案性强并有强烈吸引力的景物，给人以形式美的享受。对称式构图和对称一样，并非要

"绝对对称"，绝对对称必然暗淡无色、毫无生机。因此要在对称之中，找出打破平衡的趣味点，画龙点睛，使画面从平稳中充满生机。

（十）"十"字形构图

"十"字形构图是由水平线与垂直线正中交叉而构成的，也可以视为是四个方形相聚的连接线，具有稳定、持久、寂静、对称的特征。由于"十"字形的对称效果，往往容易显得呆板、单调、缺少变化、缺乏生气。通常比较忌讳"十"字形构图，可将"十"字形倾斜成 X 形构图，即以两条线交叉点所汇聚的地方作为视野的集中点和线条透视的终点，以加强空间纵深感的表达。

（十一）圆形构图

圆形构图属于曲线性构图，具有弧线和曲线能给人优美、柔和、丰满、优雅和抒情的感觉。圆形构图，在通常情况下可以是规则的圆形，也可以是以散点构成不规则的圆形状。在某些情况下，圆形往往出现一个明显的缺口，这个缺口处则是安排主体的最理想的位置，如太阳、圆形建筑物、圆桌会议等。

（十二）C 形构图

C 形构图是指画面中的构图类似于字母"C"形，一般多用于拍摄河、湖、海等水面，或是曲线造型的建筑物，这种构图柔和而完美，非常适合于抒情的画面，而且画面很有活力。

（十三）九宫格构图

九宫格构图是指将被摄主体或重要景物放在"九宫格"交叉点的位置上。"井"字的四个交叉点就是主体的最佳位置。一般认为，右上方的交叉点最为理想，其次为右下方的交叉点。但也不是一成不变的。这种构图格式较为符合人们的视觉习惯，使主体自然成为视觉中心，具有突出主体，并使画面趋向均衡的特点。

"艺有法，艺术无定法。"画面构图的布局是千变万化的，在变化中形成不同的形式，不同的形式具有不同的特点和不同的审美价值。在摄像实践中，如能正确地运用这些形式并发挥其特点和美学功能，将有益于摄像艺术的创作。在摄像中遵循构图学的某些要点，通常能够拍摄出构图形式较好的画面。但是，这种"遵循"不是因循守旧、墨守成规，而是要在掌握规律的前提下去突破、去创新，创造出崭新的构图形式来。

四、透视规律

电视是以二维空间的形式表现三维空间的视觉艺术。通常，我们所看到的景物、人物和建筑物等，由于距离远近的不同，方向和位置的不同，在视觉感觉中都会发生一些变化，如近大远小、近长远短、近宽远窄、近粗远细、近实远虚、近疏远密、近高远低等，这种现象就叫透视现象。透视是摄像师用以进行画面三维空间造型的基本方法，透视的表现方法和形式有多种，如色彩透视、光影透视、虚实透视、焦点透视、线条透视、空气透视、体积透视等，下面介绍几种常用的透视规律。

（一）体积透视

体积透视是指由于透视原理，离摄像机近的物体看起来比离摄像机远的物体大，观众在观看画面时，对比画面上不同物体的体积大小，会得出体积大的物体较近、体积小的物体较远的判断，从而感觉到明显的画面空间深度。

（二）平行透视

凡平行于地面和画面垂直面的景物线条，越远越向一起聚拢，最后消失于视平线上的主点的透视现象叫平行透视。

在实际生活中，我们不但能够碰到诸如整齐的建筑物、笔直的马路、排列整齐的电线杆、走廊、街景等较规则的平行透视现象，也经常遇见一些不规则的平行透视，如弯曲的小河、错落的小树林、纵深的山脉等。平行透视只有一个消失点，此点就是主点。

（三）成角透视

成角透视又称余角透视，物体与地面平行而与画面成 90° 以外的平行线消视于主点以外视平线上任何一点的透视现象。根据一组平行线消失于一点的原理，这种透视至少有两个以上的消视点，所以成角透视分正成角透视和斜成角透视。

正成角透视。凡与地面平行，与画面成 45° 的线，消视于距点，这种透视叫作正成角透视。距点是距离点的简称，即以主点为圆心，以视距为半径，在视平线上主点两旁截取同等距离的两点。

斜成角透视。凡与地面平行、与画面呈其他角度的线，消视于余点，这种透视叫斜成角透视。余点是视平线上除主点与距点外，其余消视点的意思。一个四方体呈斜成角透视时，余点也有两个，但一个在距点以内，一个在距点以外，一个越靠近主点，则另一个越远离主点，一直到逐渐变为平行透视为止。因此，凡是单独画一个四方形体的教具，或拍摄立方物体时，只要看见其两个垂直面，无论其他垂直面看到的多么窄小，它仍然是斜成角透视而不是平行透视。正确掌握斜成角透视，在我们拍摄电影、电视节目时很有用处。

（四）倾斜透视

倾斜透视亦称斜面透视，这种透视有两个消视点。凡是和地面成倾斜角度，而又不与画面平行的线，近低远高，消视于"天际点"，近高远低，消视于"地下点"，这类透视我们叫倾斜透视。天际点在视者前方视平线视线以上，地下点在视者前方视平线以下，它们距离视平线的远近，决定于该消失线的倾斜角度：倾斜度越大，离视平线越远；倾斜度越小、离视平线越近。天际点与地下点的位置决定于该倾斜线和画面所成的角度。其规律是：天际点与地下点一定处于和消失于该两点的斜线所在同一平面内的水平线的消视点（主点、距点和余点）的正上方和正下方。如果该倾斜线的倾斜角度相等，那么天际点和地下点与视平线的距离也相等。

（五）俯视与仰视

凡与地面垂直而与画面成一定角度的线，且上远下近，消视于天心点的透视现象叫俯视。凡与地面垂直而与画面成一定角度的线，且上近下远，消视于地心点的透视现象，叫仰视。仰视和俯视的构图各自也有不同的表情，通常，仰视会使被表现的物体，如建筑物、树木、人等，显得高大、雄伟和强壮有力，具有明显的上升感，引起观众激奋昂扬的心理反应，仰视还可以避开背景中杂乱的物体，获得干净的背景；俯视会使人物显得渺小和不重要，给人以凄凉、虚弱、渺小的感觉，造成观众轻视、压抑、低沉的心理情绪，俯视适合表现宽广的场面，如战争场面、体育运动场面的报道。

（六）虚实透视

虚实透视主要是由镜头聚焦特性所形成的，由于被摄对象所处的位置不同，在镜头景深范围内的物体成像清晰，景深范围外的物体成像模糊，这样可以表现一定的画面空间深度，特别是当焦点发生变化时，效果较为明显。虚实透视的主要依据的是人的视觉心理，即近的物体比远的物体清晰。

第四节　电视画面造型技巧

电视画面是由形状、线条、光线、色彩、质感、立体感、运动等要素构成的，通过这些要素的配合使用，相互作用，相互影响，从而使电视画面能表现出事物的本质特性，通过对这些要素的适当安排、合理运用，能以完美的形式来表现主体和主题思想。

一、画面的布局

电视画面的结构一般包括主体、陪体、前景、背景、空白等几个要素。构图处理得如何，主要取决于画面主体表现得是否成功以及主体与陪体、前景、背景、空白的相互关系处理是否得当。摄像师应根据节目内容的不同和创作者的表现意图使它们在画面中处于不同的位置，占有不同的面积，从而起到不同的作用，使得画面主次分明、层次清晰，形成严谨而又流畅优美的画面语言。

（一）主体

主体是电视画面中所要表现的主要对象，是摄像师用于表现主题思想、构成画面的主要部分。主体不但是画面内容表现的重点，而且是画面结构组成的中心，其他景物都围绕着它来配置，与它关联呼应，形成一个统一的整体。主体在画面中要突出、引人注目，给观众以鲜明深刻的视觉形象和审美感受，从而更好地表达主题思想和创作意图。如盛大的群众场面，景物丰富的风光画面，通常以气势和气氛为主，内容上主次难分，为使画面不致松散，也要选择一个对象为结构中心，这个对象应该是有特点、有表现力和有代表性的人或物，如风光中的亭台楼阁、小桥等。突出表现主体的方法归纳起来有以下两种：

（1）直接表现。分述如下：① 把主体形象安排在最大空间。如一个人的正面标准像，一个茶壶，一朵花，一列游行群众，一群人，这些形象在画面上都是主体，陪体很少出现，但这样做往往使内容之间缺乏有机的联系，显得单调。② 把主体安排在画面的最近处，使之一目了然，鲜明突出。③ 把主体形象安排在画面上观众视线集中的部位，除了特殊需要，一般画面的布局都不把主体形象安排在画面的中心，而喜欢安排在画面中心周围的一些地方，这既不影响观众视线集中，又使画面活泼，这个观众视线最集中的部位，就是视觉刺激点，也叫美感诱发点。④ 利用各种对比突出主体。如大小、明暗、虚实、色彩、新旧、动静、质感等的对比。

（2）间接表现。分述如下：① 利用环境气氛烘托主体。如远景画面上沙漠中行走的骆驼，骆驼本身所占的面积非常小，但是由于沙丘所形成的线条和光线的映衬，主体还是非常突出。② 利用方向性线条引导观众，让观众的视线落在主体上。③ 利用场面调度将注意力引导到主体上。在电视画面中，每个镜头都可以有自己的主体，不同的镜头之间可以使用同一主体，也可以使用不同主体，甚至在同一镜头之中也可以有不同的主体，如通过焦点虚实的转换、镜头的推拉摇移、变换画面的主体形象，而且同一镜头对同一主体的表现既可以用直接表现法，也可以通过间接突出法。

（二）陪体

陪体是相对于主体而言的，在画面中处于次要位置。陪体在画面中的主要作用就是陪衬、烘托、突出、解释和说明主体，帮助观众理解主体的精神、动作和内在含义，我们常说"红花还得绿叶扶"，这句话就恰好说明了陪体对主体的作用。陪体必须以不削弱主体为原则，不能喧宾夺主，陪体在画面上所占面积的大小、色调的安排、线条的走向、人物和神情动作等，都要与主体密切配合，不能游离于主体之外。摄像师在现场进行构图处理时，不仅要把主要精力用在对主体的表现上，还必须根据主体的情况对陪体加以取舍和布局。电视画面的陪体可以和主体同时出现，这时要正确处理好主、陪体的关系，陪体处于次要位置，与主体构成呼应关系，避免主次不清、喧宾夺主；也可以出现在主体之前或者之后，如升国旗的画面中，先出现神情庄重、行军礼的军人（主体），镜头缓缓向上摇，画面中出现正在升起的五星红旗（陪体）；又如教师备课的画面中，先出现教案的特写（陪体），镜头逐渐拉开成教师的近景（主体）。更多的时候，电视画面中主、陪体是经常改变的，一会儿是甲，一会儿又是乙，在这些变化中，就要恰当地选择画面的构图形式处理好主、陪体之间的关系，注意陪体的视觉重量、景别、色彩、影调等不能超过主体。

（三）前景

在电视画面中，位于主体之前且靠近镜头位置的人或者物统称为前景。前景有时可能是陪体，但在大多数情况下是环境的组成部分。用来做前景的物体很多，如树木的枝叶、草丛、岩石、花卉、门洞等，摄像师可以在现场灵活挑选。电视画面中前景的主要作用有以下几点。

① 帮助主体表达主题。如拍摄大学生义务修理家电的内容，如果画面上仅出现修理家电的学生（主体）说不定观众以为是在街上摆摊赚钱的，但如果在构图时把写有"义务维修免费服务"的牌子处理在画面的前景位置，观众就能一目了然地看懂画面内容。

② 表现时间概念、季节特征和地方色彩，也可以表现拍摄现场的气氛。拍摄时以富有季节和地方特征的花草树木做前景，有助于渲染季节气氛和地方色彩，使画面具有浓郁的生活气息，如柳丝吐绿，桃花初绽，带来春的信息，菊花、红叶报道秋的来临；透过冰挂雪枝，似乎看到了山舞银蛇的北国风光，椰树、芭蕉富有南国情调。

③ 强化画面的纵深感和空间感。在构图时将镜头有意靠近某些人或物，利用其成像大、色调深的特点，与远处的景物形成明显的形体大小对比和色调深浅的对比，以调动观众的视觉去感受画面的空间距离。

④ 利用前景虚化，突出主体。让前景物体虚化，通过虚实对比突出主体。

⑤ 利用前景装饰画面。有些物体本身有框架形状，如门窗、美丽的花环、曲折变化的回廊等，都可以装饰画面，使观众产生身临其境的感觉，缩短了观众与画面的距离，给观众一种主观地位感，增加了画面的感染力。

⑥ 利用前景均衡画面。比如天空无云显得单调时，用下垂的枝叶置于上方，拍湖面时，前景有几条柳枝，如果画面下方分量轻，就用山石、栏杆做前景，深色调，能使画面压住阵脚，达到画面的均衡。

电视画面拍摄时前景的安排和处理没有特别的限定，根据画面内容和摄像师构图的需要，前景可以是在画面的边缘，也可以是整个画面都出现，如某些场景中的烟、雾、雨、雪。但是，前景的安排也是以烘托、陪衬主体以及更好地表现主题服务，这一点要求同陪体的处理一样。在实际拍摄中，为了更好地服务于主题和意图，前景的处理应当注意以下几点。

① 前景在画面中不能妨碍主体的表现。如遮挡主体、干扰观众注意力、分割画面等毛病应当避免，在拍摄时应坚持宁缺毋滥的处理原则。

② 前景的表现应当弱于主体的表现，以防前景过于抢眼，导致主次不分，在构图和取景时不能破坏画面的统一，不能混淆主要表现对象和次要表现对象的主从关系。

③ 前景要富有装饰性，有利于美化电视画面。由于前景距镜头最近，它往往给观众以欣赏画面时的第一印象，所以前景一定要引人入胜，不能给观众以多余和累赘之感。

（四）背景

背景是位于被摄主体后面用来衬托主体的景物。从内容上说，它可以表明主体所处的典型环境、位置及现场氛围，并帮助主体揭示画面的内容和主题；从结构形式上说，它可以使画面产生多层景物的造型效果和透视感，增强画面的空间纵深感。背景的选择要注意：

抓特征要选择一些富有地方特征、时代特征、环境特色的景物作为背景，明确地交代出事物发生的时间、地点和时代气氛，以加深观众对主题内容的理解，如人物采访，有时会把人物带到室外采访，通过背景给人们提供更多的信息。

背景要力求与主体形成影调上的对比拍摄时应尽量避免背景与主体色调相近或雷同，使主体具有立体感、空间感和清晰的轮廓线条，加强视觉重量，如亮的主体放在较暗的背景前。

背景应力求简洁把背景中可有可无、妨碍突出主体的东西，一概减去，以达到画面的简洁精练。如选择拍摄角度，避开杂乱的背景，经常可以看到电杆长在人身上、建筑物压在人肩上、一棵树长在人头上、地平线切在人脖子上等现象，实际上，只要在拍摄时调整一下拍摄方向，便可以避免；仰角度拍摄，以天空（或高山、大楼、树木）为背景，可避开地面上的杂乱线条；俯角度拍摄，可选择单一色调的水面、地面（绿草地）、森林为背景；采用逆光或侧逆光，容易找到较暗的背景，把与主体无关的杂乱线条掩饰在背景的黑暗中；选用长焦距镜头，它的景深短，拍摄范围窄，有利于缩小背景范围，使主体清晰，把环境和背景处理在景深范围之外。

（五）空白

空白虽然不是实体的对象，但在画面上同样是不可缺少的组成部分，一幅画面中既不能安排得过满，使人感到拥挤，透不过气来；也不能留得太多，使人感到松散、空洞。画面上留有空白是造型艺术的普遍规律，"画留三分白，生气随之发"。画面的空白取舍要符合人们的生活经验和心理需求，在实际拍摄时应该注意以下几点。

① 拍摄人物时，在人物的上方、视线方向以及动作方向上要留有一定的空白。如主讲教师、播音员的上方要留出适当空白，侧面拍摄时视线前方要留出空白。

② 要遵从人们的生活习惯和经验，注意带有明显方向性物体的前、后、左、右之分，也像对待人的视线一样，留出适当空白。

③ 在运动着的物体前方要留有充分的空间。如行进中的人、赛跑运动员的前方、足球比赛中带球前进的方向都要留出一定的空间，这样才能使运动中的物体有伸展的余地，心理也通畅，否则运动着的物体顶住了其他对象，或紧挨到画面边缘上，运动就像受到了阻碍，观众看了不舒服。

④ 画面上空白与实物所占的面积大小要符合一定的比例关系，防止面积相等、对称。

综上所述，一幅完整的画面包括主体、陪体、前景、背景、空白5个基本组成要素，但并非任何一幅画面都必须具备上述各个部分，有的画面只有主体与空白，有的只有主体、陪体、前景与空白等。配置景物的条件：一是根据需要；二是符合观众的思维逻辑和视觉习惯；三是考虑电视画面的包容量。但无论如何布局，都要突出主体。

二、画面的均衡

画面的均衡是指各构成单元视觉重量关系的平衡与稳定，通过主体与陪体之间轻重、大小、虚实、疏密、繁简、对比等关系，使画面取得总体布局上的稳定。这种均衡有时是视觉感受上的，大多数是经过人们的思考和想象所达到的一种心理上的平衡感，是人们从生活体验中得来的一种自然的审美心理。均衡的形式有两种。一种是主题居中、左右对称的均衡，如人的耳朵、眼睛、手、足及鸟的翅膀等都呈左右对称。在摄像构图中如果采用这种方式构图，往往画面会显得呆板单调，一般在一些严肃、庄重的场合下使用。另一种均衡的形式是由于人的心理作用，在视觉感受上的相对均衡（非对称均衡），这种心理上的非对称均衡绝不是物体形状、数量、重量上的对称，而是人的心理和生活经验形成的重量和方向的均衡。对均衡有影响的因素及处理方法：

空白对均衡的影响。空白的多少对均衡有影响，要留得适当。如在人物、动作或视线方向要留较大空白。在特技画面中也要留出空白，做完后再调整均衡；在画面中有第二个人物出现时，也要注意留出空白；需要加字幕时，拍摄的画面要预留出空白。

趣味中心对均衡的影响。在画面中被突出的主体，会吸引人们的视线形成视觉中心或趣味中心，虽然它们在画面中面积不大，但仍然有很重的分量。通常人的视觉最集中的位置也就是人的视觉中心在黄金分割线和九宫格交点的位置附近，电视画面在拍摄时为了突出主体，应把主体安排在视觉中心点附近。

运动对画面均衡的影响。电视画面内人物的运动或摄像机外部的运动都会造成均衡的变化，拍摄时应该注意，在运动中处理好陪体、前景、背景与主体的关系，使画面在运动中达到均衡。

要符合自然客观情况。在自然界或日常生活中，凡不是对称分布、排列的物体，在画面中也不可对称构图，要使其自然分散，不要故意人为摆布。

视觉右撇现象。右撇现象是指人们在观察画面时，习惯于从左到右观察，并把注意力停留在右边的物体上，主体在右边有加强感。一般情况下，向右倾斜使人感到比较稳重，而向左倾斜则动感略强。在考虑构图时要注意右撇现象对均衡的影响，可以把占优势的群体安排在左边，容易达到平衡，否则会过重，摄像机的运动一般从左到右，符合人们观察事物的习惯。

处理均衡的方法灵活多样，拍摄时不要生搬硬套，要注意有利于突出主体，以感觉到"美"，感觉到舒服为原则，去进行创造性的构图。在考虑均衡时还要注意几点：一是为了内容表达的需要，有意造成不平衡；二是要考虑到电视画面是由多个画面构成，单个画面可能不均衡，但多个画面的整体连续构成，可以达到心理感受的均衡。

三、画面的对比

对比是把两个以上的对象所具有的不同性质、不同质量、不同体积、不同特点等元素加以比较和表现的构图方式。画面的对比是指运用画面中对象的相互比较，突出其中的主要对象，也是构图中常用的方法。常见的对比包括：大小的对比，明暗、色彩的对比，形状、线条的对比，动静对比，质感对比，虚实对比，新旧对比，方向对比，数量对比等。在实际构图中，要根据内容的需要，通过观察、挖掘，并运用一定的创作技巧真实自然地利用各种对比来达到突出主体的目的，同时在拍摄时不仅要考虑每一幅画面的对比，而且还要考虑通过前后画面的对比变化，以达到内容表达思想感情的目的。

四、画面的统一性

电视节目是由一幅幅画面连续构成的，每一幅画面都是为统一的主题而存在的，所以拍摄每一幅单独画面时，除了要求内容上的统一外，也应注意画面中各种造型因素的统一，保持主题始终如一，画面的布局、均衡、对比都应保证画面的统一。

（一）画面统一的构图方法

对于统一构图来说，它强调的是统一原则下构图元素的多样性，多样产生变化，有变化不统一就凌乱，统一无变化就单调，这是统一构图的核心准则。常用的画面统一构图的方法有：① 相似的形状或相似的方向的重复和延续能产生节奏和动感，使各部分结合为一个整体，显示出统一性，如整齐排列向前的队伍。② 将多个物体，按相似条件组合为单个物体，如按形状的大小，形状的异同，线条、色彩的特性来组合。③ 使用统一的背景，也使画面具有统一感。④ 部分与整体，部分与部分之间的呼应，也能获得统一感。⑤ 利用流畅的线条把各个独立的零乱的物体连接起来，使其趋于统一。⑥ 色调的连贯或单一，使画面具有统一感，如基调不变或色调逐渐过渡。对一般的构图，我们要求画面既要均衡又要统一，但在开放性构图中，画面可以不均衡，但一定要统一。

（二）在构图中应避免的问题

还有一些画面的表现形式，由于人们的审美心理和习惯的作用，不愿意接受，在构图中应该避免以下几点。

① 主体安排忌孤单、无陪衬。

② 主体位置忌居中，人物忌正面。

③ 画面忌被线条割裂，尤其是平分割线。

④ 水平线忌歪斜不稳。

⑤ 主体与陪体忌完全不分。

⑥ 横竖线条忌等距排列无疏密变化。

⑦ 景物断续线忌无高低起伏，一字排开。

⑧ 画面忌杂乱无章。

五、电视画面场面调度

"场面调度"一词出自法文，其法文原意是"摆在适当的位置"或"放在场景中"。场面调度用于舞台剧中，有"人在舞台上的位置"之意，指导演依照剧本的情节和剧中人物的性格、情绪，对一个场景内演员的行动路线、站位姿态、上场下场等表演活动所进行的艺术处理。

就电视创作而言，场面调度是电视工作者对电视画框及画框内事物的安排，包括人物调度和镜头调度两个层面的内容。人物调度是指被摄体的位置、动作和行动路线的设计，使被摄体活动起来，满足内容表现的需要。如何将人物的活动（或表演）合理地安排在拍摄场景中，通过不同位置、朝向、距离的处理，造成画面的不同造型，以此展现人物情绪以及人物与人物之间和人物与环境之间的关系和变化。镜头调度是指导演根据人物在场景中的位置安排，合理地处理摄像机的数量、位置、镜头所涵盖的画面范围、角度和运动方式等，对画框内所要表现的对象加以调度和拍摄，将人物调度合理地通过镜头展现出来，形成不同角度的画面造型，以展示多层次的空间并多侧面地展现人物。在电视节目的拍摄过程中，除电视剧、音乐电视、电视歌舞节目、电视小品等艺术性节目中的人物调度与电影的演员调度有很多共性因素，强调通过人物的位置安排、运动设计、相互交流时的动态与静态的变化等造成不同的画面造型之外，在大量的纪实性节目中更多地是以镜头调度的灵活性、动态性去弥补人物调度的不足，特别是在新闻节目中，不能为了某些人为原因进行所谓的"表演"而违背新闻的真实性原则。即使是电视节目制作中经常碰到的主持人的站位、行走路线的设计，出镜记者在拍摄现场的选位、采访路线的安排等，也与带有表演性、假定性的电影有很大的不同。应该说，电视场面调度中的镜头调度才是重点和关键，也是电视摄像师应该钻研和总结的难点和要点。

场面调度是摄像师塑造画面形象、进行画面空间造型的重要手段之一，是摄像师有力的造型语言。无论是电视剧的拍摄、大型晚会的直播摄像、拍摄一部电视纪录片，还是拍摄几分钟的电视新闻，场面调度是影响镜头组接、内容表达、形象塑造等的重要因素。

（一）电视画面场面调度的特点

① 电视场面调度克服了摄像机固定视点的限制，突破了画面框架的束缚，丰富了画面语言和造型的形式，增强了电视画面的概括力和艺术表现力。通过不同景别、不同角度画面的连续表现，场面调度可以作为画面内部蒙太奇镜头表现被摄人物活动的完整状况和局部细节，使观众通过对人物活动和画面运动的感知获得对整个事件过程的清晰认识。

② 通过场面调度渲染环境氛围，形成画面节奏，刻画人物性格，揭示人物的内心活动，创造特定的情境氛围和艺术效果。在电视剧、电视小品等节目中，场面调度同样能够很好地为表现人物性格特点、凸显人物心理活动服务。

③ 场面调度通过对现实时空的连续表现实现对人物活动和现实环境的完整表现，有利于形成长镜头拍摄效果，具有明显的纪实性。

④ 在大型运动会、综艺晚会及演播室节目等的转播制作过程中，统筹有序的场面调度是极其重要的工作环节之一。

总而言之，就像修屋筑厦必须先设计好建筑图纸一样，电视节目的拍摄也应该建立在积极有效的场面调度的基础之上。电视场面调度就如同是节目摄制的指挥图，以最大限度地调动拍摄现场允许调动的人、机因素，通过更典型、更理想的画面，形象地表现内容和主题。

（二）轴线规则及镜头调度三角形原理

如果在进行镜头调度的过程中，对摄像机的机位设置及其变动、镜头景别的选取和变化等缺乏科学合理的统筹安排，极有可能在后期编辑时，发生违反镜头匹配原则，出现种种视觉接受上的紊乱，或造成表达内容时的歧义。在实际拍摄时，电视场面调度常常需要考虑轴线关系和机位分布的三角形原理两个主要问题。

1. 轴线问题

所谓轴线是指被摄对象的视线方向、运动方向和被摄对象之间的交流关系所形成的一条虚拟直线，根据来源，轴线分为关系轴线和运动轴线。在实际拍摄时，拍摄师围绕被摄对象进行镜头调度时，为了保证被摄对象在电视画面空间中相对稳定的位置关系和统一的运动方向，摄像机要在轴线一侧180°之内的区域设置机位、安排角度、调度景别，这就是摄像师处理镜头调度必须遵守的"轴线规则"。遵守"轴线规则"是摄像师用以建立画面空间、形成空间方向和被摄物体位置关系的基本条件。如果拍摄过程中摄像机的位置始终保持在轴线的同一侧，不论摄像机的高低俯仰如何变化，镜头的运动如何复杂，不管拍摄多少镜头，从画面来看，被摄主体的位置关系及运动方向等总是一致的。倘若摄像机越过原先的轴线一侧，到轴线的另一侧区域去进行拍摄，就会"越轴"。"越轴"后所拍摄的画面中，被摄对象与原先所拍画面中的位置和方向是不一致的，一般来说，越轴前所拍画面与越轴后所拍画面无法进行组接。如果硬行组接的话，就将发生视觉接受上的混乱。

为了寻求更加丰富多变的画面语言和更具表现力的电视场面调度，往往要打破"轴线规则"，不把镜头局限于轴线一侧，而是以多变的视角全方位、立体化地表现客观现实时空。但是，前面已经提到"越轴"后的画面与越轴前的画面直接进行组接时会遇到障碍，那么，通过哪些手段才能"跨越"这些障碍呢？合理"越轴"常用的办法有：

① 利用被摄对象的运动变化改变原有轴线，在前一个镜头中，是按照被摄对象原先的轴线关系去拍摄的，下一个相连的镜头，则按照主体发生运动后已改变的轴线设置机位，这样一来，轴线实际上已经被跨越了。

② 利用摄像机的运动越过原先的轴线，摄像机可以通过自身的运动越过原先的轴线，并通过连续不断的画面展示出"越轴"过程，由于观众目睹了摄像机的运动历程，因此也就能清楚地了解这种由镜头调度而引起的画面对象的方位关系的变化。

③ 利用中性镜头间隔轴线两边的镜头，缓和"越轴"给观众造成的视觉上的跳跃，由于中性镜头无明确的方向性，所以能在视觉上产生一定的过渡作用，当越轴前所拍的镜头与越轴后的镜头组接时，中间以中性方向的镜头作为过渡，就能缓和越轴后的画面跳跃感，给观众一定的时间来认识画面形象位置关系等的变化。

④ 利用插入镜头改变方向，越过轴线，一般来说，用于越轴拍摄的插入镜头都是特写镜头。

⑤ 利用双轴线，越过一个轴线，由另一个轴线去完成画面空间的统一。在某些特定的场景中，如果既存在关系轴线，同时也存在运动轴线，通常选择关系轴线，越过运动轴线去进行镜头调度。相比之下，遵循关系轴线所拍摄的画面，要比按照运动轴线处理给观众带来的视觉跳跃感小。为了保持画面中运动主体位置关系不变，在小景别构图时，一般都要以关系轴线为主，越过运动轴线进行镜头调度，但在大景别构图时，要考虑以运动轴线为主，关系轴线为辅进行镜头调度。

2.三角形原理

当拍摄两个人的交流场景时，在他们之间有一条无形的关系轴线，也称关系线。在关系线的一侧可以选择三个顶端位置，这三个顶端构成了一个底边与关系线相平行的三角形。摄像机的机位可以设置在这个三角形三个顶端的位置上，形成一个相互联系的三角形机位布局，这就是镜头调度的三角形原理。由于关系轴线有两侧，所以围绕两个被摄人物和一条关系轴线，能够形成两个三角形布局。当然，在运动轴线和其他轴线两侧也一样，同样可以按照三角形原理设置机位。如何运用三角形原理在拍摄现场搞好镜头调度工作，不仅仅是一个死记硬背和公式的问题，还需要摄像人员积极地实践和不断地探索与创新。重要的是，三角形原理给我们提供了一条正确而合理有效地进行场面调度的捷径。下面，将举出运用三角形原理的实例，以帮助大家拓展思路，积累经验。

关系轴线的三角形机位拍摄一场对话，通常可以设置三个机位，这三个机位构成了一个底边与关系轴线相平行的三角形。在关系轴线两侧各有一个三角形，拍摄时可以使用其中任何一侧的三角形布置机位，但只能选用一侧，不能超越关系线到另一侧去拍摄。

第五节　电视画面镜头选择

一、固定画面

固定画面是指摄像机在机位不动、镜头光轴不变、镜头焦距固定的情况下拍摄的电视画面，其特点是画面框架处于静止不动的状态，画面的外部因素（摄像机运动的因素）消失，但固定画框内的被摄对象可以是静态的，也可以是动态的，固定画框给观众带来了稳定的视觉感受，符合人们在生活中"驻足细看"的日常视觉体验和心理需求。所以拍好固定画面是走进电视摄像艺术殿堂的第一步。在拍摄固定画面的过程中，不仅要求摄像师娴熟地运用摄像技巧和构图技法，还应学习和掌握画面编辑及场面调度的基本知识，具备用固定画面表现动态生活和运动主体的素质，逐步培养电视摄像工作的职业"感觉"和"艺术素养"。

（一）固定画面的作用

固定画面有利于表现静态环境，能突出表现静态人物，利用固定画面的框架因素突出和强化动感，与运动画面相比，固定画面在造型上更富有静态造型之美及美术作品的审美体验，便于通过静态造型引发观众能够比较客观地记录和反映被摄主体的运动速度和节奏变化，固定画面趋向于"静"的心理反应，与运动画面相比较少主观因素，镜头表现出一定的客观性。

（二）固定画面在电视造型中的局限和不足

固定画面视点单一，视域受到画面框架的限制。在一个镜头中构图难以发生较大变化，对运动轨迹和运动范围较大的被摄主体难以很好地表现；难以表现复杂、曲折的环境和空间，不如运动画面那样能够比较完整、真实地记录和再现一段生活流程；难以构成较长的画面叙事段落和营造特定的气氛。

（三）固定画面的拍摄要求

注意捕捉动感因素，增强画面内部活力固定画面易"死"、易"呆"，因此，在拍摄固定画面时应注意捕捉活跃因素，调动动态因素，特别是要抓住被摄主体的典型动作和动作的典型特征，或者利用画面中被摄物之间的对比关系和富有动感的构图形式产生具有活力的画面表现。比如在拍摄麦浪翻滚的乡村丰收景象时，就可在画面中摄入牧童赶着牛群穿梭于田间小道的场景；古代文物、珍宝的固定画面，常常使其转动起来拍摄等。电视的固定画面如果没有了画面内部运动，单个镜头的画面就与摄影照片并无大的差异，很容易让观众产生观看照片的感觉。因此在拍摄固定画面的时候，应该注意尽量避免"呆照"的画面效果，尽可能利用画面所能纳入的"活"的、"动"的因素让固定画面"活"起来。

要注意纵向空间和纵深方向上的调度和表现。固定画面排除了画面框架和背景的水平运动和垂直运动，倘若纵深方向上的调度和表现又不充分，可以想象，这种固定画面犹如僵死的"贴片"那样，很难表现出电视画面的造型美感，难以在二维平面中反映三维现实的画面造型任务。因此，在拍摄固定画面时要注意选择、提取和发掘画面纵深方向上的线、形、色等造型元素，以纵深方向上的造型表现来弥补水平维度和垂直维度上的不足。如在拍摄公路上列队行驶的车队时，可以利用公路的线和汽车的点采取对角线构图，让公路与画面框架形成一定的角度后向纵深方向伸展开去。

固定画面的构图一定要注意艺术性和可视性。固定画面拍得怎么样，往往反映出一个摄像者的基本素质和真正水平，它是对摄像者构图技巧、造型能力、审美趣味和艺术表现力的综合检验。相对而言，由于运动画面的运动性、可变性，某些构图上的问题能在一定程度上得到掩盖，观众的注意被画面的外部运动所转移和分散。但固定画面由于框架的静止和背景的相对稳定，加上观众视点的稳定，构图中不大的毛病会在观众眼中得到"放大"，可能比较突出地干扰观众的收视情绪。因此，摄像师要拍好、拍美固定画面，就要从视觉形象的塑造、光色影调的表现、主体陪体的提炼等多个层面上加强锻炼和创作，以拍摄出构图精美、景别清楚准确、画面主体突出、画面信息凝练集中的优秀画面来。

固定画面在拍摄时一定要"稳"。在正常情况下，每个镜头都应该是纹丝不动、一丝不苟，应坚决消除任何可以避免的晃动因素。即便是在拥挤、紧急等特殊场面中，也应力求保持固定画面最大限度地稳定和平衡，这就涉及摄像机的持机方式问题。一般而言，固定画面都应尽量使用三脚架来拍摄，以防肩扛拍摄造成的不稳定情况，特别是在俯仰角度较大、变焦镜头推至长焦距等情况下，摄像机稍不稳定，就会在画面中反映出明显的晃动。当然，在实际工作中可能由于环境的变化和客观条件的限制，我们未必都能发挥三脚架的作用，这就需要根据实际情况灵活变通，借助生活中的支撑物和稳定点来替代三脚架，帮助我们拍好稳定的固定画面。此外，还要训练自己良好的持机姿态和正确的呼吸方式，以保证在肩扛拍摄时画面时尽可能地稳定。总之，在拍摄固定画面时，要想尽一切办法、利用一切条件，让所拍摄的固定画面稳定。

固定画面的拍摄与组接应注意镜头内在的连贯性。之所以提出这个要求，是因为固定画面与固定画面组接时涉及很多方面的内容，对镜头的要求是很高的。我们常说的画面与画面组接时的"跳"，就是初学摄像时易犯的毛病，这要求在拍摄时就充分考虑到后期编辑的组接问题。如拍摄某领导接受记者采访的画面时，应该拍摄不同景别的镜头，利用全景固定画面组接近景固定画面、中景固定画面组接特写固定画面等，观众就不会感觉到"跳"了。有经验的摄像师在现场拍摄时，都会注意从不同角度、不同景别来拍摄一些固定画面，后期编辑就比较方便，镜头的利用率也高。实际上，编辑工作应该始于摄像工作之初，尤其是在拍摄固定画面时，一定要充分注意到镜头间的连贯性和编辑时的合理性。

二、运动画面

所谓运动拍摄就是在一个镜头中，通过移动摄像机机位，或者变换镜头的光轴，或者变换镜头的焦距，从而获得变化的画面。运动拍摄突破了固定拍摄时摄像机镜头固定的机位、角度和景别，给电视画面带来了变化的空间和构图。通过这种方式拍摄的画面称为运动画面。在运动拍摄中，根据摄像机的运动方式可分为推镜头、拉镜头、摇镜头、移镜头、跟镜头，以及升、转、虚、晃、甩和综合运动镜头等几种主要形式。运动镜头由起幅、运动过程和落幅三部分构成。

（一）推镜头

推摄是摄像机逐渐接近被摄主体，或者变动镜头焦距，使画面效果由远及近、由整体到局部所拍摄下的连续画面的方法，用推摄的方式拍摄的电视画面叫推镜头。在推进或变焦过程中，景别由大变小，被摄主体或物体细节在画幅中逐渐变大，周围环境由大变小，从而将观众的注意力引导到所要表现的部位。

1.推镜头的作用

① 突出主体人物，突出重点形象，强化事物的主要特征。推镜头在将画面推向被摄主体的同时，画面范围由大到小，场景中的次要部分不断移出画外，主体部分逐渐"放大"，成为观众的视觉重点，因而具有突出主体人物、突出重点形象的作用。

② 突出细节，突出重要的情节因素。推镜头能够从一个较大的画面范围和视域空间启动，逐渐向前接近这一画面和空间中的某个细节形象，这一细节形象的视觉信号由弱到强，并通过这种运动所带来的变化引导观众对这一细节的注意。

③ 推镜头速度的快慢可以影响和调整画面的节奏，从而产生外化的情绪力量。如果推进的速度缓慢而平稳，能够表现出安宁、幽静、平和、神秘等氛围；如果推进的速度急剧而短促，则常显示出一种紧张和不安的气氛，或是激动、气愤等情绪，特别是急推，被摄主体急剧变大，画面从稳定状态急剧变动，继而突然停止，爆发力大，画面的视觉冲击力极强，有震惊和醒目的效果。

④ 推镜头可以通过突出一个重要的戏剧元素来表现特定的主题和含义，在电影故事片和电视剧中，推镜头将画面从纷乱的场景引到具体的人物，或从人物引到其细小的表情动作等，通过画面语言的独特造型形式，突出地刻画那些引发情节和事件、烘托情绪和气氛的重要的戏剧元素，从而形成影视所特有的场面调度和画面语言。

2.推镜头拍摄注意事项

① 要有明确的目的。通过画面的运动给观众以某种启迪，或者引起观众对某个形象的注意，或者表现某种意念，或者突出了未被注意的细节，或者通过推镜头形成了与影片情节发展相对应的节奏，不能为形式而推镜头。

② 推镜头的起幅、落幅及推进过程要规范、完整、准确。起幅和落幅都是"静态"的，因而其画面构图要规范完整，准确到位，起幅的启动和落幅的停止要果断、干净、利索、流畅，推镜头的重点是落幅，落幅画面应根据节目内容对造型的要求停止在适当的景别，并将被摄主体经营在平面最佳结构点上。

③ 在推进过程中，画面构图始终注意保持主体在画面结构的中心位置。无论镜头推进到什么位置，屏幕上都是一幅结构较完整、均衡的画面。

④ 推进的速度要与情绪节奏一致。一般来讲，表现平静的、忧伤的画面情绪时推进速度慢，表现活泼、紧张的画面情绪时推进速度可快一些。

⑤ 在移动机位的推镜头中，画面焦点要随着机位与被摄主体之间距离的变化而变化。

（二）拉镜头

拉摄是摄像机逐渐远离被摄主体或变动镜头焦距，使画面框架由近而远、由局部到整体所拍摄的连续画面的方式，用拉摄的方式拍摄的电视画面叫拉镜头。这种拍摄方法，画面显示出由局部到整体，景别由小到大，主体物由大变小，周围环境由小变大。

拉镜头的作用：一是表现主体事物的空间位置和所处的环境，在拉开过程中背景范围不断扩大，能充分展示出主体物的位置和周围的环境情况。二是表现主体事物与周围事物的相互关系，拉镜头交代了被摄主体与场景环境之间的关系以及被摄主体与其他景物之间的关系，如实验中由特写拉出中景，能展示出器材之间及器材与操作人员的关系。三是拉镜头有利于调动观众的想象和猜测，随着镜头的拉开，整体形象逐步呈现，被摄体从不完整到完整，从局部到整体，给观众一种"原来是……"的求知后的满足，调动了观众的注意力。四是拉镜头画面的取景范围和表现空间从小到大不断扩展，使得画面构图形成多结构变化，景别连续变化并保持了画面表现时空的完整和连贯。五是拉镜头常用作结束性和结论性的镜头。拉镜头画面表现空间的扩展反衬出主体的远离和缩小，视觉感受上往往有一种推出感和结束感。

拉镜头拍摄注意事项：由于拉镜头的镜头运动方向与推镜头正好相反，所以在技术上应注意的问题与推镜头大致相同，也有着基本一致的创作规律和要求。如镜头拉开过程中应注意保持主题画面结构的中心位置等。

（三）摇镜头

摇摄是摄像机的位置不动，借助于三脚架上的云台或拍摄者自身的人体，改变摄像机光学镜头轴线的拍摄方式，用摇摄方式拍摄的电视画面叫摇镜头。摇镜头的运动形式是多种多样的。如水平移动镜头光轴的水平横摇，垂直移动镜头光轴的垂直纵摇，中间带有几次停顿的间歇摇，摄像机旋转一周的环形摇，各种角度的倾斜摇，摇速极快形成的甩镜头等。不同形式的摇镜头包含着不同的画面语汇，具有各自的表现意义。

摇镜头的作用：一是展示空间环境，扩大视野，摇镜头通过摄像机的运动将画面向四周扩展，突破了画面框架的空间局限，创造了视觉张力，使画面更加开阔，周围景物尽收眼底，多用于介绍环境、故事或事件发生地的地形、地貌，也可表现群山、草原、沙漠、海洋等场景。二是使人物的活动空间与环境结合起来，有利于表现主题与环境之间的关系。三是利用摇摄镜头把两个性质相反或相近的主体连接起来，表示某种暗喻、对比、因果关系。如从扫地的清洁工摇到一旁正在往地上吐瓜子皮的青年，从一个正在排泄工业污水的管道口摇到河里漂浮的死鱼。四是用追摇表现运动主体的动势、方向、轨迹，在田径、足球、马术、滑冰等体育比赛的拍摄中经常运用。五是在表现三个或三个以上主体或主体之间的联系时，镜头摇过时或作减速，或作停顿，以构成一种间歇摇，把几个主体串联起来。六是有利于通过小景别画面包容更多的视觉信息，如高耸入云的电视发射塔、幽深的山谷、横幅等，用摇摄能够完整而连续地展示其全貌。七是利用非水平的倾斜摇、旋转摇，表现一种特定的情绪和气氛，也是实现画面转场的有效手段。

摇摄注意事项：一是有明确的目的。摇摄表现的重点是落幅中的被摄主体，摇摄镜头迫使观众调整视点、视线，如果落幅画面没有明确的目的，观众的视线会产生一种游移感和不确定性，破坏观众的观看心理，不要作"刷墙"式摇摄。二是摇摄过程应力求完整，在拍摄时做到稳、准、匀、平，即摇摄的速度均匀，摇动的轨迹平稳，起幅落幅干净，构图精确，整个摇摄过程应表现出舒适与和谐之感。三是控制好摇摄的速度节奏，摇摄的速度与画面内的情绪相对应。

（四）移镜头

移摄是将摄像机架在活动物体上随之运动而进行的拍摄方式。用移动摄像的方法拍摄的电视画面，称为移镜头。摄像机的运动使得画面框架始终处于运动之中，画面内的物体不论是处于运动状态还是静止状态，都会呈现出位置不断移动的态势。移动镜头表现的画面空间是完整而连贯的，摄像机不停地运动，每时每刻都在改变观众的视点，在一个镜头中构成一种多景别、多构图的造型效果，这就起着一种与蒙太奇相似的作用。移动摄像根据摄像机移动方向的不同，大致分为前移动（摄像机机位向前运动）、后移动（摄像机机位向后运动）、横移动（摄像机机位横向运动）和曲线移动（摄像机随着复杂空间而做的曲线运动）四大类。

移动镜头的作用：一是移动镜头在表现大场面、大纵深、多景物、多层次等复杂场景时具有气势恢宏的造型效果，能表现出复杂空间中人与物、人与人、物与物之间的空间关系，其最大优点在于对复杂空间表现上的完整性和连贯性，拍摄书架上陈列的图书、展台上陈列的展品、整齐队伍中一个个威武的士兵、道路两旁的各式店铺、马路边上的风景等，在一个镜头中展示空间的整体形象。二是移动镜头可以表现某种主观倾向，具有更为强烈的真实感和现场感。移动摄像使摄像机成了能动的活跃的物体，机位的运动，直接调动了人们在行进中或在运动物体上的视觉感受，有时摄像机所表现的视线是电视剧中某个人物的视线，观众以该剧人物的角度"目击"或"臆想"其他人物及场面的活动与发展，观众与剧中人视线的合一，从而产生与该剧中人物相似的主观感受。三是移动镜头通过摄像机的移动开拓了画面的造型空间，创造出独特的视觉艺术效果，横移动镜头在横向上突破了画面框架两边的限制，开拓了画面的横向空间，可以表现出各种运动条件下的视觉效果。

移动镜头的拍摄要求：移动摄像一般是摄像机安放在诸如移动车、活动三脚架、升降车、各种工具上或人肩扛运动进行拍摄。拍摄时要注意：一是在移动过程中应力求画面平稳保持水平，减小晃动，不管是什么方向、什么形式的移动摄像，尽量利用广角镜头来拍摄，从而取得较好的画面效果。二是移动摄像使摄像机与被摄主体之间的物距处在变化之中，拍摄时应该注意随时调整焦点，以保证被摄主体始终在景深范围之中。三是注意移动拍摄的起幅、落幅和过程。

（五）跟镜头

跟摄是摄像机始终跟随运动的被摄主体一起运动而进行的拍摄，用这种方式拍摄的电视画面称为跟镜头。跟镜头大致可以分为前跟、后跟（背跟）、侧跟三种情况。前跟是从被摄主体的正面拍摄，也就是摄像师倒退拍摄；背跟和侧跟是摄像师在人物背后或旁侧跟随拍摄的方式。

跟镜头画面始终跟随一个运动的主体，被摄对象在画框中的位置相对稳定，画面对主体表现的景别也相对稳定，因而有利于展示主体在运动中的动态和动势。跟镜头不同于摄像机位置向前推进的推镜头，也不同于摄像机位置向前运动的前移动镜头。跟镜头、推镜头、前移动镜头这三者虽然从拍摄形式上看都有摄像机追随被摄主体向前运动这一特点，但从镜头所表现出的画面造型上看却有着明显的差异，并由此形成各自的表现特点。

跟镜头的作用：一是跟镜头能够连续而详尽地表现运动中的被摄主体，它既能突出主体，又能交代主体的运动方向、速度、体态及其与环境的关系。二是跟镜头跟随被摄对象一起运动，形成一种运动的主体不变、静止的背景连续变化的造型效果，有利于通过人物引出环境。三是从人物背后跟随拍摄的跟镜头，由于观众与被摄人物视点的一致，可以表现出一种主观性镜头。四是跟镜头对人物、事件、场面的跟随记录的表现方式，在纪实性节目和新闻节目的拍摄中，有着重要的纪实性意义。

跟镜头拍摄应注意的问题：一是跟上、追准被摄的对象是跟镜头拍摄的基本要求，并力求使被摄主体稳定在画面的某个位置上，不管画面中被摄对象运动如何上下起伏、跳跃变化，跟镜头画面应保持直线运动，否则极容易使观众产生视觉疲劳。二是跟镜头是通过机位运动完成焦点的变化，因而拍摄角度的变化、光线入射角的变化，都会对画面效果产生显著的影响，这是跟镜头拍摄时应考虑和注意的问题。

（六）升降拍摄

摄像机借助升降装置等一边升降一边拍摄的方式叫升降拍摄，用这种方法拍摄的电视画面叫升降镜头。升降拍摄通常在升降车或专用升降机上完成，有时也可肩扛或怀抱摄像机，采用身体的蹲立转换来升降拍摄。升降镜头在做上下运动的过程中，也形成多视点的表现特点，其具体运动方式可分为垂直升降、斜向升降、不规则升降等。一般来说，升降拍摄在新闻节目的拍摄中并不常见，而在电视剧、文艺晚会、音乐电视等的摄制中，运用较为广泛。升降镜头的功能和表现力为：

① 升降镜头有利于表现高大物体的各个局部，升降镜头在垂直地展现高大物体时，不同于垂直的摇镜头，垂直的摇镜头由于机位固定、透视变化，高处的局部可能会发生变形；而升降镜头则可以在一个镜头中用固定的焦距和固定的景别对各个局部进行准确的再现。

② 升降镜头有利于表现纵深空间中的点面关系，升降镜头视点的升高、视野的扩大，可以表现出某点在画面中的位置；同样，视点的降低和视野的缩小能够反映出画面中某点的情况。

③ 升降镜头常用来展示事件或场面的规模、气势和氛围，升降镜头能够强化画内空间的视觉深度感，引发高度感和气势感。特别是在一些大场面中，控制得当的升降镜头，能够非常传神地表现出现场的宏大气势。

④ 镜头的升降可实现一个镜头内的内容转换与调度，升降镜头从高至低或从低至高的运动过程中，可以在同一个镜头中完成不同形象主体的转换。

⑤ 升降镜头可以表现出画面内容中感情状态的变化，升降镜头视点升高时，镜头呈现俯角效果，表现对象变得低矮、渺小，造型本身富有蔑视之意；当其视点下降时，镜头呈现仰角效果，表现对象有居高临下之势，造型本身带有敬仰之感。

总之，升降镜头借助特殊装置所表现出的独特画面造型效果，可以给我们提供丰富的视觉感受和调度画面形象的有效手段。特别是当我们把升降镜头与推、拉、摇及变焦距镜头运动等多种运动摄像方式结合使用时，会构成一种更加复杂多样、更为流畅活跃的表现形式，能在复杂的空间场面和场景中取得收放自如、变化多端的视觉效果。

（七）综合运动摄像

综合运动摄像是指摄像机在一个镜头中把推、拉、摇、移、跟、升降等各种运动摄像方式，不同程度地、有机地结合起来的拍摄，用这种方式拍得的电视画面叫综合运动镜头。综合运动镜头在电视屏幕上，为人们展示了一种新的视觉效果，开拓了再现生活、表现生活及观察和认识自然景物的新的造型形式。

综合运动镜头的作用和表现力：一是综合运动镜头有利于在一个镜头中记录

和表现一个场景中一段相对完整的情节。二是综合运动镜头是形成电视画面造型形式美的有力手段，它构成了对被摄对象的多层次、多方位、立体化的表现，形成了一个流动而又富有变化的、其本身就具有韵律和节奏的表现形式。三是综合运动镜头的连续运动，有利于再现现实生活的流程，画面在对时间、空间的表现上没有中断，镜头的时空表现是连贯而完整的。四是综合运动镜头在一个连续不断的时间里，将事件、情节、人物和动作在几个空间平面上延伸展开，形成一种多平面、多层次、多元素的相互映衬和对比，使画面内部蒙太奇更为丰富。

综合运动镜头的拍摄：综合运动镜头的拍摄是一种比较复杂的拍摄，由于镜头内变化的因素较多，需要考虑和注意的地方也较多，归纳起来主要有：

① 除特殊情绪对画面的特殊要求外，镜头的运动应力求平稳，画面大幅度的倾斜摆动，会产生一种不安和眩晕，破坏观众的观赏心境。

② 镜头运动的每次转换，都应力求与人物动作和方向转换一致，与情节中心和情绪发展的转换相一致，形成画面外部的变化与画面内部的变化完美结合。

③ 机位运动时注意焦点的变化，始终将主体形象处理在景深范围之内，同时注意到拍摄角度的变化对造型的影响，并尽可能防止拍摄者影子进入画面出现穿帮现象。

④ 要求摄录人员默契配合，协同动作，步调一致，比如升、降机的控制，移、跟过程中话筒线的注意等，如果稍有失误，都可能造成镜头运动不到位，甚至绊倒摄像师等后果，越是复杂的场景，高质量的配合就越发显得重要。

（八）拍摄与应用运动镜头应注意的问题

要有"起幅"和"落幅"各种运动的镜头都包括起幅、运动（推、拉、摇、移、跟、甩等）、落幅三个部分。所谓的"起幅"是指开机后，镜头运动之前要有一个停顿的时间（一般为5秒），取得一个固定的画面，这个固定画面称为起幅。"落幅"是指镜头运动停止后，不立即关机，还继续拍摄一定时间的固定画面（一般也为5秒），这个固定画面称为落幅。起幅和落幅的作用有：一是让观众看清镜头运动前后画面上的内容；另一个作用是剪辑时必须通过起幅和落幅画面使运动镜头与静止镜头顺畅连接。因此拍摄时，必须注意给一个运动镜头留有起幅和落幅的画面，编辑时也要注意每一个运动镜头的应用必须通过起幅和落幅让观众看清镜头运动前后画面上的内容。

镜头的运动要做到稳、准、匀运动过程要平稳，不晃动；起幅、落幅要准，起幅在哪里，最后落点在哪里，目的性要明确；运动速度要均匀，不要忽动忽停、忽推忽拉、推不够再推一点、摇不够再摇一点、推过头又拉出来、摇过头再返回来等。

该用则用，不可滥用。运动镜头所表现的时空和事态过程是连续的，不能省略，还要有起幅与落幅的时间。相反的，一组蒙太奇镜头却可以省略时空，用几个典型的镜头组接起来，表现一个事态的过程。因此应根据所表现的内容的需要决定表现的手法，不要滥用运动镜头。例如，一条电视新闻要在 30 ~ 40 秒或者 1 分钟左右的时间内完成报道新闻事实的任务，运动镜头用多了，在时间上就不允许。

无论是拍摄固定画面还是运动画面，都应当把内容和主题的需要摆在优先考虑的位置，要对所采取的拍摄方式或镜头运动有充分的、全面的思考和准备，并在具体操作中加以准确、严密、流畅而到位的表现，动其所当动，静其所当静。

第六章　跨文化传播视野下电视节目创新实践

第一节　电视新闻节目的创新元素与方式

一、电视新闻节目的定义与发展历程

电视新闻节目是电视新闻传播的基本载体和表现样式。短到滚动字幕的一句话，长到几十分钟的深度报道、新闻评论，新闻节目在日常生活中发挥着重要的作用。新闻节目在其不断发展过程中，已经在题材、体裁、制播方式、编排方式、播报语言等方面呈现出丰富多样的形态。

（一）电视新闻节目的定义

电视新闻节目作为传播信息、引导舆论的重要工具，在节目中占有重要的地位。目前学术界及业界从内容、功能、分类等不同层面对电视新闻节目做出了界定，代表观点如下。

内容上，1991 年出版的《电视艺术辞典》认为.新闻类节目是以传播新闻、报道真人真事为主要内容的电视节目的总称，以播出消息为主，同时也播出电视评论、专题报道、电视专访、调查报告、记者来信、电视新闻纪录片等。与之类似，1999 年出版的《广播电视辞典》认为，电视新闻节目是指电视屏幕上播出的新闻信息、分析、解释与评论新闻事实的各种新闻节目的总称。

功能上，陈莉认为新闻节目是"以播发消息为主，旨在迅速及时反映客观实际的重要发展变化，借以满足公众信息需求，引导社会舆论的节目类型"。

分类上，孙宝国把电视新闻节目分为微观、中观和宏观三个层面。微观层面的电视新闻节目一般是指电视新闻传播内容、形式相结合的最基本的视听单位；

中观层面的电视新闻节目一般是指电视新闻栏目这一收视单位；宏观层面的电视新闻节目一般是指电视新闻频道这一收视单位。

（二）电视新闻节目发展历程

1.美国电视新闻节目的发展历程

从世界范围来看，美国的电视新闻业发展较早。1939年，NBC记者首次用电视对总统竞选做了实况转播。美国电视新闻节目主要经历了三个阶段。

第一阶段：20世纪40—50年代

这一阶段，美国电视节目开始起步，并逐渐出现多种形态。美国早期电视新闻主要受新闻电影纪录片以及广播新闻节目的影响。20世纪40年代，电视新闻发展还较为落后，主要是播音员的口播报道。1940年，NBC试播了第一个新闻节目——《电视新闻记者》。节目以风琴曲作为背景音乐，屏幕上显示标题字幕，同时辅以解释性的图表。

之后NBC在1947年推出了《会见新闻界》，这是美国四大电视网中最早创办的周末新闻访谈节目。

1949年2月14日，NBC由骆驼香烟公司赞助的晚间新闻节目《骆驼新闻大篷车》播出，时长15分钟。主持人约翰·卡梅隆·斯威兹（John Cameron Swayze）对新闻影片进行简短的解说。与之类似的有CBS的《道格拉斯·爱德华兹新闻》，每次播放6~8条新闻。

进入20世纪50年代，电视新闻具备了创办时事专题节目的条件。1951年，默罗着手创办CBS时事新闻节目《现在请看》，每周播出半小时，集中讨论一些具有新闻价值和引起争议的事件与人物。如在1954年，默罗评述并播放麦卡锡的演讲影片，展开了对麦卡锡主义的斗争。

1952年1月14日，NBC早间新闻节目《今天》播出，填补了早间电视的空白。节目以软性新闻为主，主持人不像晚间新闻主播那样严肃，而是以亲切自然的交流者身份出现，给人以轻松的感觉。该节目集合新闻、访谈、资讯于一体，是一档综合类节目。

1953年，CBS人物专访节目《面对面》播出，是世界上较早的人物专访节目，由主持人爱德华·默罗创办。

1956年，NBC在《晚间新闻》中推出亨特利和布林克利二人共同担任主持人，取代了斯威兹的单人主持，开了伙伴型主持人节目的先河。

第二阶段：20世纪60—70年代

20世纪60年代，由于通信卫星技术以及ENG电子新闻采集系统的发展，美国电视新闻节目快速发展。电视辩论是美国大选中一道独特的风景。1960年9月26日，在芝加哥哥伦比亚广播公司的一个电视直播间里，总统候选人尼克松和肯尼迪进行了美国总统竞选历史上第一次电视辩论，美国三大电视网同时直播。

1968 年，CBS 播出《60 分钟》，被誉为美国杂志型电视栏目的鼻祖。节目采用杂志的编排方式，由片头节目导视、深度报道和评论板块构成，加广告共计 60 分钟。深度报道的三段报道一般包括一则硬新闻、一则较为严肃的新闻以及一则富含人情味的软新闻。一期节目往往由多名主持人各自主持、共同完成，但每个板块的主持人相对固定。如评论板块主持人安迪·鲁尼自 1978 年加入《60 分钟》后，直到 2011 年才卸任。节目以滴答走动的钟表介绍节目的进程，每个报道开始或结束时，主持人在《60 分钟》的杂志封面背景前进行介绍或者总结。随着节目的普及，类似节目相继诞生，如 ABC 在 1978 年推出的《20/20》等。

这一时期，美国电视新闻节目报道了众多美国重大事件，包括肯尼迪遇刺、越战、"阿波罗" 11 号飞上月球等。

第三阶段：20 世纪 80 年代以后

1980 年 6 月 1 日，CNN（美国有线电视新闻网）创立，开始进行 24 小时新闻播放，成为新闻传播的一大创举。节目以大量现场直播的方式同步报道新闻，迅速及即时。1982 年，CNN 创办第二个新闻频道 CNN Headline News，主要对突发事件进行独家抢报。CNN 在众多突发事件中报道迅速，包括 1981 年里根总统遇刺、1986 年 "挑战者" 号宇宙飞船爆炸等，因而迅速崛起。

CNN 于 1985 年推出了《拉里·金直播》。主持人拉里·金身穿背带裤，访问各种政界人物，提问直接且有人情味儿，成为节目的主要标志。

这一时期，美国各类新闻节目，包括新闻杂志节目、联播型节目、新闻访谈节目等都呈现出繁荣的发展状态。代表节目如 NBC 在 1992 年推出的《日界线》、CNN 在 2003 年推出的《安德森·库珀 360°》等。

2. 英国电视新闻节目的发展历程

英国于 1936 年正式开始播出电视节目。1937 年，BBC 转播了英国国王乔治六世的加冕典礼，是较早的实况转播。英国电视真正崛起是在 1953 年。当年 6 月 2 日，BBC 转播了英国女王伊丽莎白二世在威斯敏斯特宫举行的加冕典礼。

1953 年年末，BBC 开播《全景》，这不仅是英国最早的，也是世界上最早的真正意义上的杂志型电视新闻栏目，它包括了时事、艺术、名人等各种内容的报道和评论。杂志型栏目在英国很受欢迎，主要节目如《举国上下》《真实故事》《新闻秀一秀》等。《全景》之后逐渐淡化了杂志型编排方式，开始朝调查性新闻节目方向发展。

1963 年，格拉达纳电视台播出《世界在行动》，节目致力于以调查方式报道和解释时事，是有名的调查性新闻报道节目。之后英国调查类新闻节目蓬勃发展，包括 20 世纪 90 年代 BBC 的《新闻内幕》、ITV 的《假面》等。

20 世纪 70 年代，英国电视开始走向成熟。BBC 的新闻节目在形式上也发生了改变，主持人展示出轻松随意的风格。1972 年，BBC 一档面向儿童的新闻节目《约翰·克瑞文新闻纵览》播出，这是世界上第一个儿童新闻节目。主持人克瑞文身穿毛衣，不系领带，在午茶时间播报新闻。他向青少年报道饥荒、灾害、选举、流行歌星的行踪、动物故事与其他影响年轻人生活的一切事情。

1980 年，新闻深度报道节目《新闻夜》播出，话题的高端和广泛、嘉宾的权威、记者型主持人等要素使得该节目受到受众欢迎。

英国日播新闻常以时刻命名，如 ITV 在 1967 年开播的《十点新闻》、BBC 在 1970 年开播的《九点新闻》和 1984 年的《六点新闻》等。节目通过修订不同时段、不同频道的新闻标准，从而吸引不同的受众，如妇女、男性、青年、受教育程度高者等。

英国新闻节目很多要素和我国不同，如主持人会有多个，而非一到两个；搭档主持人身高悬殊等等。这些新闻节目制作理念均可被我国借鉴。

3. 中国电视新闻节目的发展历程

第一阶段：1958—1977 年

电视业初创时期因技术制约等因素，我国电视新闻节目较为简单。尤其是 1966 年 5 月至 1976 年 10 月的"文化大革命"期间，我国电视新闻节目受到严重干扰。在初创期，我国电视新闻节目主要有四种形态。

《图片报道》是我国电视新闻最早的形态之一，播出时由播音员解说图片内容。1958 年 5 月 15 日，《图片报道》首期节目《"东风牌"小轿车》的内容为介绍我国制造的小轿车，时长约 4 分钟。

1958 年 11 月 2 日，《简明新闻》首次播出，这是我国早期电视新闻节目的另一种形态，即播音员口语播报消息类新闻。节目稿源来自中央人民广播电台，由我国第一位电视播音员沈力播出，每次约 5 分钟。

第三种形态为电视新闻片。早期的电视新闻片主要借鉴新闻电影和继承苏联模式的新闻纪录片。中央新闻纪录电影制片厂摄制的《新闻简报》是电视台长期、经常和大量的新闻节目来源。1958 年 5 月 1 日，北京电视台在 19 点 15 分试验播出了由中央新闻纪录电影制片厂摄制的新闻纪录影片《到农村去》。电视新闻片主要形式为字幕后出现影片新闻，解说词由播音员配音直播，并有配乐和音效等。新闻每条约 2 ~ 3 分钟，每次播出 3 ~ 4 条，总长 10 分钟左右。1958 年 5 月 29 日，北京电视台播出了电视新闻片《朱德副主席为石景山钢铁厂扩建工程剪彩》，6 月 1 日，播出了《中共中央机关刊物〈红旗〉杂志创刊》。

第四种形态为实况直播。1958 年 10 月 1 日，北京电视台首次实况转播了天安门广场庆祝中华人民共和国成立 9 周年的阅兵典礼和群众游行。此后，国家重大时政活动经常以实况转播的形态进行报道。1959 年 4 月 18 日，北京电视台实况转播第二届全国人民代表大会第一次会议上周恩来总理做政府工作报告。

20 世纪 60 年代初，许多省市建立了电视台，大多数电视台的新闻节目只能靠口播新闻和图片新闻当家，也有的能拍少量新闻片——其中不少还要送到北京洗印。这一时期因资源有限，新闻节目多间断播出。1960 年起，北京电视台的《电视新闻》栏目固定下来，成为第一个每晚播出的节目，每期约 10 分钟。

这一时期电视新闻节目的主要内容为国家和人民政治生活的重大事件、社会主义建设成就、领导人出访、体育赛事等。先后播出 26 次的《电视通信》记录了周恩来对 14 国的访问。又如《支援地震灾区人民重建家园》，报道了 1966 年 3 月的河北邢台地震。体育新闻报道如 1958 年 6 月 19 日"八一"篮球队和北京篮球队比赛的实况转播，1959 年中华人民共和国第一届全国运动会、1961 年第二十六届世界乒乓球锦标赛的转播，1963 年《新运会简报》报道的雅加达"新兴力量运动会"等。

此外，这一时期还对国际新闻做了报道。1958 年 5 月 8 日，北京电视台第一次播出外国电视节目。此后不定期播出如《苏联新闻》《德意志民主共和国新闻》等专辑，内容多是国外电视机构的电视新闻片，经过编译和配音后在国内播出。1959 年，不定期的单国新闻专辑的编辑方法被改为由若干国家电视新闻构成的《国际新闻》，采用黑白无声片，配以解说和音乐。

第二阶段：1978—1992 年

这一时期，因电子新闻采集设备的使用，节目向录像化过渡。我国电视新闻节目数量增多，时间加长，时效性显著提高，开始出现多样的节目形态。

1978 年 5 月 1 日，北京电视台正式改名为中央电视台。1978 年 1 月 1 日，当时的北京电视台和地方电视台合作，正式创办《新闻联播》，对国内、国际重要事件进行报道。国际新闻主要从电视新闻社如合众独立新闻社、维斯新闻社等接收。1981 年，节目改变了过去国内新闻片、国际口播稿和国际新闻录像明确的三块，将节目按重要程度进行编排，沿用了 20 多年的新闻片配乐的做法被取消。从 20 世纪 80 年代中期起，《新闻联播》多次推出连续报道和系列报道。如关于大兴安岭火灾的报道持续了一个多月，共播发了 100 多条新闻。系列报道《弹指一挥间》播出 180 条新闻，反映了新中国成立 40 年来我国取得的成就。1987 年，《新闻联播》实行了两个播音员串联播音，充分利用了播音员在语言、形象、服饰等方面的传播符号。

除《新闻联播》外，这一时期还出现了其他新的节目形态。1980 年 4 月，中央电视台开办《国际见闻》栏目，主要播出外国电视机构提供的较为轻松的新闻节目，涉及国外经济、科技、文化、生活等方面，如《会跳舞的喷泉》《奇异的脚踏车》等。

1980 年 7 月，中央电视台创办了我国第一个评论性节目《观察与思考》。该节目打破了以往只有报道没有评论的形态格局，并开始采用主持人形式主持。节目通过对群众关心的敏感热点问题等进行深入报道和评述，以起到舆论引导的作用。开播的第一期节目为《北京居民为什么吃菜难》。之后比较有影响的节目如《菜篮子里看改革》，节目从"菜篮子"出发，对武汉市蔬菜和其他副食品产销体制改革进行介绍和分析。1988 年《观察与思考》和《社会瞭望》合并成为《观察思考》，该节目设置了固定的主持人，最终于 1994 年 3 月停播。

1980 年年底，《国际评论》栏目开播，节目主要对国际热点进行评论。1984 年 7 月，《今日世界》播出，节目主要对世界上的重大事件进行报道和评述。

1983 年，《交流》节目改为《电视论坛》，这是一档以讲话为主要形式的评论性节目，观点和意见通过领导、干部和群众讲话传达。节目还曾组织北京市某单位职工展开关于服务态度问题的辩论。

除此之外，1984 年中央电视台直播了庆祝中华人民共和国成立 35 周年盛典。1987 年，中央电视台首次对党代会的开幕式和闭幕式进行了现场直播。

1987 年，上海电视台开播《新闻透视》，将节目划分为几大板块，如《纵与横》《社会广角》《当代人》《长焦距》《观众中来》和《快节奏》等，具备了杂志节目的雏形。

1992 年，中央电视台国际频道新闻节目《中国中央电视台新闻》（节目经过历年改版，最终改为《中国新闻》）创办，每期 10 分钟，宗旨为向全球华人传递中国新闻资讯。

第三阶段：1993—1997 年

从 1993 年开始，我国电视新闻节目逐渐由录播改为直播。节目在播放次数、新闻时效、报道内容上都有很大提升，同时新闻栏目开始不断增多，节目形态有了崭新的变化。

1993 年，《东方时空》诞生，作为一档新闻杂志型栏目，节目结束了央视早晨 7 点到 8 点无节目的历史。节目最初由《新闻》《东方之子》《金曲榜》《生活空间》《焦点时刻》五个板块组成。之后经过了多次改版包括取消节目、增设节目、改名等。1996 年，节目增加了《面对面》，各子栏目由总主持人统一串联。1994 年 4 月，中央电视台创办《焦点访谈》，节目以深度报道和述评为主，以舆论监督见长，每期 13 分钟，引发了舆论监督节目的热潮。最初节目曾大量采用演播室访谈的形式，最后逐渐形成了以现场采访为主、首尾加以点评的节目形态。节目定位于时事追踪报道、新闻背景分析、社会热点透视、大众话题评说（2000 年改为用事实说话），既包含政策的宣讲、对正面事件的表扬，同时还有大量对社会不良现象的曝光。

1995 年，随着双休日制度的实施，出现了一批双休日新闻栏目，如浙江卫视周末版中的《时事圈点》。节目以"双休日"为诉求点，围绕"休闲"的定位，选择贴近观众、趣味性强、有社会意义的事件，对一周以来的重大新闻进行二次传播。

1996 年 5 月，《新闻调查》节目开播，节目时长 45 分钟。相比之前时间较短的深度报道，该节目能更加详细透彻地剖析相关事件，是一档深度调查节目。节目以记者调查采访为叙述形式，有主题性调查、事件性调查、舆情调查和内幕调查，对事件进行多层面展示和深入挖掘，富含丰富信息。

这一时期，直播应用广泛。1997 年，包括日全食等天文奇观、香港回归、三峡截流、黄河小浪底截流等重大事件均采用了多点直播报道。

在报道方式上，节目也有了新的手段。《世界报道》在 1996 年 3 月报道首届亚欧会议时，采用了模拟双视窗方式。此外，图表、动画、现场报道、电话采访、邀请专家到演播室等多种形式的应用越来越普遍。1997 年日全食报道时，黑龙江电视台、江苏电视台、云南电视台和中央电视台合作，通过调度漠河、南京、昆明和北京四地信号，充分展示了当天各地的日全食现象。而香港回归的报道更是开创了央视直播时间之最。黄河小浪底截流报道中，采用了多点移动直播，镜头始终跟随主持人的行进路线，通过主持人通俗易懂的话语以及中途穿插的背景介绍来报道。三峡截流报道中，演播室直接设在离龙口 200 米处江面上的一艘船上，极具现场性。

这一时期，多个领域的新闻报道栏目也逐渐增多。时政新闻、经济新闻、对外新闻、体育新闻等多个领域新闻逐渐完善，如开播了《经济信息联播》《军事新闻》等栏目。邓小平曾说："《经济信息联播》专门谈经济，开办得及时。《经济信息联播》的时间并不长，只有 30 分钟，但每期内容丰富、节奏明快、信息量大，对我国的经济发展、社会主义市场经济的发展，将会起到积极作用。"

另外，各个时段如早间、午间、晚间的新闻节目也不断完善。《晚间新闻》采用综合报道形式，在新闻报道中长短搭配，有要闻，也有对一个事件做深度剖析的长新闻。

第四阶段：1998 年至今

这一时期，我国新闻节目日益成熟，主要表现在以下几个方面。

第一，新闻频道开始建立。1999 年 5 月，我国内地第一个全新闻频道——福建电视台新闻频道开播，频道内容丰富，包括国内外最新时事消息、言论、新闻深度报道、新闻故事、新闻访谈以及非虚构性的纪实类节目等。2003 年，中央电视台新闻频道正式播出。新闻频道以"24 档整点新闻 + 专栏节目"为原则构建，实现了新闻每日 24 小时不间断播出，开创了"整点新闻 + 现场直播 + 字幕新闻 + 专题深度报道与评论"的新闻传播模式。

第二，20 世纪 90 年代后，娱乐类新闻栏目开始出现。1999 年，我国内地第一档娱乐新闻节目即光线传媒的《娱乐现场》开播。之后，湖南电视台的《娱乐无极限》、央视的《综艺快报》等陆续播出。

第三，新闻节目运用更多直播化手段，在重大事件和突发事件中能够及时、全面、深入地进行报道。如澳门回归、我国加入世贸组织、2008 年抗击雨雪冰冻灾害、"5.12"汶川特大地震等报道中，都大量运用了直播手段。

第四，新闻报道语态有所转变。1998 年，凤凰卫视的《凤凰早班车》开播，节目主持人陈鲁豫以"说新闻"的方式播报新闻，使"说新闻"迅速得到广泛应用。同年，《锵锵三人行》开播，主持人窦文涛和两位嘉宾针对每日热点新闻事件各抒己见，展开激烈讨论，节目言论大胆，不追求最后的结论，力求轻松娱乐，在谈笑风生中传递信息与观点，给人以启发。2003 年，凤凰卫视《有报天天读》栏目开播，节目以播报世界各地主流报纸文章为主要形态，主持人杨锦麟快人快语、睿智犀利，在播报中针砭时弊，节目反响热烈。2006 年，中央电视台在两会期间推出时政特别节目《小崔会客》，崔永元幽默风趣的语言和平民化的形象，改变了电视新闻节目传统的话语形态。

第五，民生节目大量涌现。2002 年江苏广播电视总台城市频道推出一小时新闻杂志栏目《南京零距离》，它改变了以往新闻节目的固有模式，定位于报道地方性社会日常生活事件，注重社会新闻的趣味性和服务性，反映民意，体现大众收视趣味，掀起了全国民生新闻的热潮。其中的《孟非读报》栏目受到广泛欢迎。之后，全国各电视台纷纷推出了类似的民生新闻栏目。2009 年 5 月 1 日，《南京零距离》正式更名为《零距离》。除此之外，中央电视台《新闻联播》压缩了时政新闻中的会议新闻，《朝闻天下》等节目也增添了很多社会民生新闻。

第六，特别节目影响巨大。2003 年 2 月 14 日，中央电视台播出《感动中国》2002 年度人物评选的颁奖盛典。节目以年度人物梳理为基本形态，作为一档品牌节目一直延续至今。2005 年 7 月，中央电视台《东方时空》栏目推出特别节目《岩松看台湾》，采访了连战、宋楚瑜等政要。2007 年 3 月，中日关系转暖，总理访问日本前夕，中央电视台推出《岩松看日本》，采访了 10 位日本著名人物，如安倍昭惠、渡边恒熊、滨崎步等，并对日本的文化历史、社会问题等做出全方位分析。2007 年 6 月，香港回归祖国 10 周年时，又推出了《岩松看香港》节目，对香港的经济、教育、文化等进行了深入的采访报道。又如 2010 年 5 月 12 日，汶川特大地震两周年纪念日当天，四川卫视推出大型新闻直播《见证》，主题为"见证·重建"，节目通过现场直播、新闻专题、当天新闻等形式报道了当天的祭祀等多种活动，同时卫星直播车在北川、青川、汶川等多地设点，全面反映了灾区两年来的新景象。

第七，节目形态丰富多样。这一时期推出的《每周质量报告》《新闻1+1》《新闻会客厅》《新闻深一度》《看见》等节目不断丰富完善着新闻节目的形态。如2003年开播的《新闻会客厅》，以家庭式的客厅为演播室基本形态。再如中央电视台深度新闻节目《看见》的节目形态由两大部分组成：专访和故事讲述。这两大板块在顺序和时间长短上无固定模式，呈现方式主要依据节目题材而定，行为线索较少的一般需要通过专访来完成。

二、电视新闻节目的创新元素

（一）题材元素

题材元素是指电视新闻节目报道的具体题目范围，又是指表现主题思想的材料。按照题材的领域来划分，电视新闻节目有经济新闻、政治新闻、法律新闻、体育新闻、科教新闻、军事新闻等。广东卫视的《财经郎眼》以财经类新闻评论为特色。节目以固定嘉宾郎咸平、主持人王牧笛和另一位非固定嘉宾如企业家、财经方面的专家、知名人士等通过谈话聊天的形式来解读财经新闻事件，讨论中国现象，让观众从个案中了解其背后的体制、结构和观念。

按题材的受众年龄来划分，有不同年龄段的新闻节目。少儿新闻节目如中央电视台的《新闻袋袋裤》、中央教育电视台的《少儿新闻》、浙江电视台的《小智情报站》、武汉电视台的《武汉少儿新闻》等。

按照题材的地域来划分，可以分为国际新闻、国内新闻。如中央电视台的《环球记者连线》《世界周刊》等均以世界新闻为主。福建海峡电视台的《今日海峡》节目主要以海峡两岸为关注点，内容涉及台湾岛资讯、两岸经贸文化交流以及大陆台胞等"跨两岸"的题材，是了解两岸信息的重要来源。

按题材的新闻性来考虑，主要有真实性、时效性、重要性、新鲜性、接近性等几大元素。从时效性来看，随着手机、社区网站、微博的发展，很多网民纷纷承担起"新闻播报"的职责，使新闻消息能在第一时间传播，而电视则在此方面显示出自己的弱势。电视新闻节目要与新媒体竞争，也要在时效性上下功夫。2008年5月12日14点28分，汶川发生特大地震。中央电视台核实有关情况后在当天14点50分，以滚动字幕方式作出报道；15点，央视新闻频道整点新闻进行头条口播；15点20分，央视新闻频道推出直播特别节目《关注汶川地震》，震发3个多小时后，第一批记者赶赴现场发回报道，在温家宝抵达成都机场10余分钟后，《新闻联播》播出了总理在专机上的讲话，充分体现了新闻节目的时效性。从接近性来看，很多省、市、县电视台以当地新闻为主要内容，当地群众更易于接受。从新鲜性来看，中央电视台走基层专栏《蹲点日记》的记者深入到基层中，采用"蹲点"的方式发现新闻，改变了传统的"先有线索再去采访"的逻辑，使新闻更加鲜活。

（二）体裁元素

电视新闻节目按照体裁元素来划分，可以分为以下几大类。

1.消息报道类

消息是指只报道新闻事件的概貌而不讲述其中细节的一种新闻体裁。因其简短、明晰、客观等特性，消息成为新闻节目最常用的表现题材。按照中国广播电视新闻奖的评选标准，"短消息"时间在 1 分 30 秒以内（含 1 分 30 秒），"长消息"时间在 1 分 30 秒 ~ 4 分钟。消息报道类节目以播报消息为主，有助于扩大信息量，增强节目的时效性、客观性，是人们获取新闻信息的主要渠道。如中央电视台的《新闻联播》《新闻 30 分》《新闻直播间》等都是以消息报道为主的新闻节目。辽宁卫视《说天下》的《新闻速读 120 秒》等形式能够在短时间内传达丰富信息。

2.新闻专题类

新闻专题是就某一新闻题材所做的深度报道，这种报道比较详尽且有深度，是对新近发生的重大事件的充分报道。目前我国新闻专题节目主要呈现的形态有调查性报道、故事类新闻等。

调查性报道是一种较为系统、深入的以揭露问题为主的新闻报道形式。节目主要针对某一事件、人物、现象或问题，以暴露和揭丑为核心，还原不为人知的真相，往往与人的切身利益相关，充满悬念、矛盾和冲突，能够吸引观众的普遍关注。中央电视台《新闻调查》就是一档深度调查类节目，节目关注我国社会变革中的重大新闻事件，以记录式的拍摄方式为主，以记者独立的调查为主要表现手段，通过发现新闻背后的新闻而探寻事实真相。

故事类新闻是指以讲故事的手法来真实记录发生在老百姓生活中的新闻事件。此类节目详细交代事件的来龙去脉，注重事件的叙事方式，有时加入主持人适当的点评，主要突出事件的矛盾和情绪等，有层层设置的悬念、跌宕起伏的情节、感人至深的细节，具有感染力、戏剧性、冲突性和完整性。如江西卫视的《传奇故事》每期讲一个"传奇"的新闻事件，通过节目巧妙的编排、主持人通俗易懂的讲述与精彩的点评等营造"传奇"的氛围，使新闻生动有趣的同时产生正面的引导效果，传达真善美的价值。类似的有南京新闻频道的《周涛讲故事》、辽宁卫视的《王刚讲故事》等。

3.新闻评论类

新闻评论性节目是从新闻事件出发，以说理为主要表现手段，着重从思想、政治、伦理等角度分析具有普遍意义的新闻事实或社会现象、社会问题，旗帜鲜明地表达态度，阐述自己的见解和主张，以指导当前的社会实践，影响和引导社会舆论。代表节目如中央电视台的《新闻 1+1》、辽宁卫视的《老梁观世界》等。凤凰卫视的《时事开讲》也是一档时事评论节目，每期针对最新的新闻时事邀请时事评论员如曹景行、阮次山、杨锦麟等做出相关解释、解答和点评。

4. 新闻谈话类

新闻谈话节目，是在主持人的主持下，邀请嘉宾和观众（也有的节目不设现场观众），就社会当前关注的热点、焦点问题，进行平等的对话交流，为各种意见、观点、见解的表达、沟通提供一个平台。中央电视台的《面对面》注重采访人物的新闻性，通过主持人对嘉宾的访问来解读新闻，记录历史。CBS的《拉里金直播》中，谈话嘉宾具有极高的知名度，多为美国政界、商界、娱乐界的著名人士，甚至包括历届美国总统等。讨论内容多为时事话题或热点事件。该节目是第一个在世界范围内开通热线的栏目，观众可以对节目嘉宾或主持人进行提问。

5. 新闻直播类

新闻现场直播是指广播电视利用电子信号把新闻现场的声音或图像直接发送并同步播出的节目形式。新闻直播节目目前以新闻现场内容为主，以记者采访报道为辅，以演播室主持或访谈为主要衔接调度和补充评论手段。

（三）叙事元素

这里主要从叙事主体和叙事方式来论述。

主持人是新闻叙事中最重要的主体之一。很多国家的电视新闻节目，尤其是欧美等国家，主持人是新闻节目的灵魂，是节目的品牌象征。主持人的风格特征、专业技能直接影响节目的收视率。如迈克·华莱士自1968年主持《60分钟》以来，直至2006年才离开，共主持节目38年。他以辛辣、强硬、不留情面的"侦探式"采访风格，进行追踪式报道，揭露社会问题。《60分钟》创办人、美国著名电视制片人唐·休伊特曾经说："我们这里的一切好事之所以会发生，原因就是从一开始我们这儿就有个迈克……"迈克·华莱士对《60分钟》节目的贡献简直无法描述。又如，我国的《南京零距离》节目，曾经的主持人孟非睿智、理性、幽默的风格成为节目的核心竞争力。再如《财经郎眼》的监制兼主持人王牧笛表示："郎咸平的个人风采和本节目的真诚对话是《财经郎眼》最重要的因素。"

关于叙事方式，主持人在叙述过程中，可采用播报、讲故事等多种表达方式。

如黑龙江电视台《天下夜航》的板块《天下相声会》中，主持人以东北话诙谐调侃的语言风格来讲述新闻故事。吉林电视台都市频道的《说实在的》，其主持人通过角色演绎的方式，表现市井巷陌中的故事，在谈笑之间将新闻加以串联、品评。

此外，叙述可采用录播或直播的制播方式；在编排方式上可采用系列报道、组合报道、连续报道等多种方式。电视系列报道主要针对某一重大题材从不同角度，不同侧面来报道，多为主题性新闻报道，即通过多次报道来体现某种主题。组合报道指集中一组稿件反映同一时间不同地点的同类情况或同一主题不同门类的情况。电视连续报道节目通常针对重大复杂的新闻事件，追踪新闻的最新动向，连续深入地展开报道。

（四）视听元素

1.视觉元素

电视新闻节目的视觉元素，包括演播室和画面等。电视新闻已进入"内容为王，视觉为后"的阶段，充分利用视觉艺术达到高效传播是电视创新的一大手段。

演播室。新闻传统意义的演播室主要在室内，形式较为固定，形态比较单一。新闻节目在经过多年发展后，其环境设计也发生了一定的变化。比如美国经典电视节目《今天》的主持人身后并非演播厅的背景，而是曼哈顿的流动街景。又如日本 TBS《御法川法南一早就一针见血》的开场板块是一个巨型新闻板；

News Zero 则采用 32 个 37 英寸的巨型显示器。又如 CNN 在 2009 年改版中，一个标志性的变化就是在演播室里设计了很多区，在不同位置放置 LED 显示屏，每个屏是一种不同的讲述视角。例如，根据地域区分，不同屏幕播放不同地域的新闻，如亚洲新闻、欧洲新闻。这样节目内容虽然没有变化，但是通过立体化、分层次的新的演播形式，让受众更容易识别新闻的来源。

画面。画面一方面包括现场录制的画面，同时还包括字幕、动画、漫画、统计图表、模型等元素。字幕是电视新闻节目中应用最为普遍的一种手段，包括标明新闻标题与主要内容、插播新闻动态、显示重要信息等。对字幕的开发有效克服了图像的限制，通过其精练的概括可以有效传递主题、丰富报道信息、美化节目画面，而动态的字幕所产生的流动感更可以给人强烈的视觉冲击。动漫可以将抽象的文字叙述转为直接可感的非语言符号。在电视新闻节目中，将动漫作为表现新闻的一种形式已经非常普遍。一方面借助动漫可模拟新闻事件，使表达更加客观、科学、直观，比如一些复杂的交通事故，可以通过动画的方式还原原貌。另一方面，动漫可以直接表达新闻观点，构成评论的一部分。

画面叙事元素的丰富、多种手段的引入有助于提升新闻节目的表现力，使新闻节目更加生动。这样，新闻节目既能报道现场记录的事件，同时还能展示无法拍摄的画面、过去发生的事件以及对未来的预测等。

2.听觉元素

电视新闻节目的听觉元素包括现场同期声、解说词、音乐和音响等。

现场同期声真实记录新闻拍摄现场的声音，包括人物对话、讲话等，与画面同步，具有真实性和客观性，有效提高了节目的说服力。

因受新闻的时效性以及真实性等因素制约，电视新闻节目有时在拍摄较为完整美观的画面时存在一些困难，这时听觉因素便是对电视新闻节目的重要补充，借助解说词或者主持人的语言可以使新闻更加连贯和丰富。

音响包括自然音响、动物音响、噪声音响等以及现场音乐等，能够交代背景、渲染节目气氛、传递真实信息。人为添加的音乐和音响在新闻节目早期发展时曾经是很多消息类节目的构成要素，如今多已不再使用。但在一些新闻故事类节目中，会借助音乐来烘托情感、渲染气氛，如江西卫视的《传奇故事》中，在讲到动情之处时，往往会有抒情的音乐出现，在讲述悬疑故事时，又会借助音响来增强叙事效果。

三、电视新闻节目的创新方式

（一）嫁接

新闻节目可与其他类型节目嫁接，从而产生新的形态，在这里列举一些主要的嫁接类型。

1. 新闻节目与真人秀

在传统观念中，新闻报道是对正在发生的或已经发生的事实的报道。《零距离》推出的新板块《新闻敏感度》则突破了这一观念。该板块每期有一个测试话题，记者在被测试者不知道自己被测试的情况下，记录当事人的某种行为、对某一事件的看法等。如工作人员假扮成小学生家长的朋友，测试小学生会不会轻易相信陌生人。该形态不同于传统的新闻报道方式，而是应用社会调查的方法，收集和分析例子，反映现象，主动采访，摆脱了以往被动报道的局面。《新闻敏感度》作为一种电视民生新闻表现形式的创新尝试，被认为是真人秀节目和新闻调查的一种结合形式，是一种"跨界"产品。

2. 新闻节目与脱口秀节目

此类节目吸收了脱口秀节目的优势，以主持人为中心。如辽宁卫视的《老梁观世界》就是以脱口秀形式来进行新闻评论的新形式。节目主持人老梁以犀利的目光解读最热辣的新闻话题，挖掘真相，还原真实。主持人梁宏达自幼学习京韵大鼓、评书、相声等多种曲艺，讲话风趣幽默，同时敢讲真话，受到大家喜爱。节目在选题上涉及面广，包括政治、社会、娱乐、科学、体育等多个方面的热点，曾做过体育、新闻等节目的梁宏达都能够驾轻就熟。

3. 新闻节目与娱乐节目

新闻节目同样可以与娱乐节目进行嫁接。如美国 *HeadlineNews* 加入了娱乐性的新闻板块，模仿白宫人物的口吻进行报道。又如《说天下》节目坚持以轻松为宗旨，充分满足观众在午间时段放松愉悦的诉求。其中一个固定板块《唱说天下》，每次以一首歌曲作为背景音乐，画面播放新闻相应的外延信息。如2012年12月4日的节目中，在播放完一则"奥斯卡公布最佳视觉初选，李安《少年派》入围"的消息后，节目以电影 *Once* 的插曲 *FallingSlowly* 唱出了被评为第85届奥斯卡"最佳视觉效果奖"的十部影片。在优美的音乐中，既传达了信息，也让受众得到美的享受。播放完之后，节目会对所播放的音乐进行介绍，通过音乐吸引了观众的兴趣，有效地丰富了节目形态。再如湖北经视的《阿星笑长开讲》，也是将新闻和娱乐结合在一起，包含《阿星讲笑话》《阿星说新闻》《阿星品图片》《阿星逗嘉宾》《阿星念短信》5个板块。节目由笑星阿星主持，力求让观众在快乐中了解新闻，通过新闻感受快乐（2012年5月，主持人喜子代替阿星，节目之后更名为《笑长开讲》）。

4.新闻节目与谈话节目

凤凰卫视的《时事辩论会》，每期以一件时事为辩论题目，节目参加者各抒己见，驳斥异己观点，陈述自身看法，同时场外观众可在网络上争论，由主持人播报代表观点。在这种开放的话语环境下，参与者通过思维的碰撞、激烈的争辩，使事实更加清晰、真理更加明确。

（二）借鉴

1.电视新闻节目与其他媒体

电视新闻节目要充分借鉴包括传统媒体以及新媒体在内的各种媒体的优势，以开放的心态和其他媒体合作。白岩松曾说过："未来的媒体是嫁接的，各种媒体的边界变得模糊，这是我做《新闻1+1》的感受。通过这个栏目，我们把来自报纸、网络的话题、意见、各界声音汇总到电视屏幕上，一个小时后节目又会出现在网络上，我们已意识到这是一个网络、电视、平面媒体融杂在一起，只不过是在电视上直播的栏目。"具体来讲，电视新闻节目可借鉴利用以下媒体。

第一，电视新闻节目与广播。辽宁卫视的《说天下》除了在电视上进行直播之外，还会在调频FM90.4和AM882重播。与此相似，太原调频FM91.2转播和共享太原电视台的《新闻快车》节目，使得广播受众也可以听电视节目。这种融合使电视新闻节目充分利用了广播资源。

第二，电视新闻节目与杂志。电视新闻杂志节目是电视新闻和杂志融合的最佳体现。它借鉴了杂志的编排方式，整个节目由若干个板块组成，主持人一般负责每个板块的串联，可融合消息报道、评论、访谈等多种形态，代表节目如美国CBS的《60分钟》、德国ARD的《新闻专题》、法国公营电视台的《时事的秘密》等。除此之外，江西卫视还开办了《杂志天下》，通过主持人阅读杂志的方式来传播具有流行价值的新闻。

第三，电视新闻节目与报纸。读报节目是最常见的电视新闻节目利用报纸的形态。日本TBS的早间新闻节目《御法川法南一早就一针见血》在《一面简略看》板块中，将关于同一事件不同报纸的报道都打印出来贴在一起，以比较的方式来报道新闻。

第四，电视新闻节目与网络。网络中的应用包含众多，如博客、社区网站、微博等。安徽卫视的栏目《超级新闻场》最初因大量解读和重构来自网络上的信息而受到观众喜爱，是将电视和网络内容相结合的成功案例。微博不仅可以帮助节目寻找素材，同时网民意见的监督性、多元性能够使电视新闻报道更加客观全面。新闻节目可以以播出微博网友观点、前期征集选题、借鉴微博应用等方式与微博合作。江苏省广播电视总台新闻中心和搜狐微博联手打造的《夜宴微波炉》是我国首档跨媒体融合的电视－微博新闻节目。该节目对每周首发在搜狐微博上的热点进行梳理和再调查，每次邀请两位现场评论员和一位网络评论员进行点评。节目下方不断滚动微博网友的观点。主持人和评论员实名微博在线，网友可发送短信和微博与其实时互动。节目嘉宾还参照微博规则进行 30 秒酷评。该节目在国内首次实现了传统媒体、网络媒体、手机媒体优势功能的有机结合。又比如 2012 年 9 月起，央视《晚间新闻》进行了改版。临到结尾第 29 分钟时，主持人赵普会根据当天播出的重点民生新闻，播出一段大约 140 ~ 200 字的"微博体"。节目巧妙利用了微博短小精干的特点，提炼节目的重点，对医改、反腐、食品安全等多个话题和事件进行微评论，既丰富了节目信息量，又增强了节目的深度。

第五，电视新闻节目与手机。手机应用如微信的快速发展，给电视新闻节目的创新带来机遇。凤凰卫视的全媒体节目《全媒体全时空》，充分利用了手机媒体。受众可以通过节目的官方微信，发表意见看法，以"我是某地某某某，我认为……"的方式，通过手机语音或文字留言等畅所欲言，这些留言很可能成为节目的组成部分，有效丰富了节目内容。同时，通过微信，受众还可以接收到节目组发送的节目互动专区、往期节目链接等信息，对节目进行了深入传播，大大丰富了电视新闻节目的创作。

2. 电视新闻节目与艺术

电视新闻节目还可以借鉴除媒体外的其他元素，如艺术。凤凰卫视于 2003 年推出的聚焦于刑事重案的节目《文涛拍案》，就借鉴了我国传统艺术——评书的形式。主持人窦文涛以新颖的说书风格，深入浅出地解构古今中外各种离奇莫测的案例，给新闻节目带来新的体验。

法国无线加密付费电视台的时事讽刺节目《木偶新闻》，主持人和各大新闻人物包括政界、演艺界等人物均以木偶形式出现，即使总统也会以可笑的面目出现遭到挖苦。借助木偶的表演，节目以夸张和讽刺的手法来展现法国和国际时事。

山东齐鲁电视台 2005 年创办的新闻节目《拉呱》成功地将曲艺和新闻相结合。"拉呱"为山东方言，意思为聊天。主持人为相声演员，采用曲艺式播报新闻的样态，不同于以往的播新闻和说新闻形式。主持人与台下的"搭词儿"，分饰相声中的"逗哏"和"捧哏"，形式活泼，增强了节目的亲切感。

河北卫视的《今日资讯》更是借鉴相声这门艺术在 2011 年推出了"相声新闻"

的形式，两人一唱一和，调侃播报，内容轻松幽默，尤其适合对社会现象的评说。

（三）原创

1. 题材元素创新

新闻节目要努力寻找节目的空白地带，突出自身题材特色，增强核心竞争力。在题材领域上，如《每周质量报告》是一档专门致力于产品质量和安全领域的调查报道节目。节目通过事件描述、记者深入现场调查、采访新闻当事人等手段，打假除劣，帮助人们打造高质量的生活。又如深圳卫视的《关键洞察力》是全国首档以分析焦点新闻人物微表情为线索，深度解析国际时事的新闻节目，题材新颖，富有创意，打破了传统的题材划分方式。节目首度引入微表情概念，从微表情角度切入，以人物关系串联新闻事件，使时事新闻变得通俗易懂。

在题材地域上，如深圳卫视 2006 年开播的《直播港澳台》节目充分发挥了深圳的地理位置优势，围绕港澳台新闻事件，全方位进行消息报道、深度报道和分析评论，成为内地了解港澳台新闻的重要窗口。节目充满地域特色，在竞争中脱颖而出。2011 年 6 月至 2012 年 5 月，节目在 145 个城市中稳居全国省级卫视新闻栏目收视第四名；2012 年六七月，节目平均收视率突破 0.5%，稳居全国省级卫视新闻栏目第一名，实现了"扛起特色大旗"和"带动收视龙头"的目标①。又比如重庆卫视的《CQTV 晚新闻》单独设置了"外媒看重庆"板块，多地新闻节目也有类似板块，节目采取逆向思维，不是报道国际新闻，而是将外媒报道作为新闻，具有新意，能够帮助受众更好地理解当地形象。

在题材新闻性上，如山东卫视的《说事拉理》节目为提高时效性，会在节目中打出预告字幕，如"我们的记者×××目前已赶往×××现场，详细情况近期播出"等字样。

2. 体裁元素创新

很多新闻节目往往不拘泥于单纯的某一种体裁，而是将多种形态重组并融合。比如《零距离》在常态上包括五大板块：组合式报道《焦点》、新闻评论《观点》、新闻故事《纪录》、新闻调查《调查》、新闻人物《角色》。对新闻评论节目来说，有些节目会在播送完一条消息之后加上主持人简短的评论；有些将新闻评论环节作为一个板块单独拿到节目中，如南方电视台的《今日最新闻》便是在节目中加入了一个时事评论环节；有些则主要通过谈话的形式，展开对新闻事件多角度的评论分析。

3. 叙述元素创新

第一，主持人创新。电视新闻节目可以通过选择不同风格的主持人来实现创新。通过对主持人的选择和组合，从而实现节目的品牌传播。

英国 BBC 调查类节目《看门狗》主要跟踪调查观众的消费投诉，解决与相关零售商、企业之间的问题，从而改善消费环境。节目的主持人为英国电视史上首个夫妻主持人组合，这样的搭配使节目更具有家庭气息，拉近了和消费者的距离。

日本NHK周播节目《少儿新闻周刊》中没有设计主持人或播音员，而是用5位演员和1位卡通人物代替。他们临时组建成一个家庭，包括爸爸、妈妈和3个孩子。5个人用通俗易懂的语言传播一周内的时事要闻和热点话题。同时节目的配音速度慢，均选用孩子们可以理解的词汇，并在节目中使用了大量的模型帮助小朋友理解。

第二，播报方式创新。首先体现在播报体态上。近年来，新闻演播棚不断变化。从原先的小空间，到现在的500平方米、800平方米，甚至1000平方米，全景新闻演播棚的产生开辟了电视新闻播报的新形式。大背景屏幕前，主播区、立播区、访谈区等不同格局出现在演播室中，突破了传统的坐播形式。通过主持人肢体语言的表达，以及新闻内容多样化的动态呈现，拉近了受众与节目的距离。近年来，多档新闻节目都突破了传统的坐播模式，改为立播，如《焦点访谈》等经典节目。

其次体现在播报语言上。一些民生新闻节目选用了以地方方言为播报语言的方式。这种形式通过本土化的方法，增强了节目的贴近性，其特殊的语音和词汇能够迅速感染当地观众，使节目更加生动活泼，有效避免了新闻的枯燥。如杭州电视台的《阿六头说新闻》就用杭州话播报。主持人阿六头作为节目的标识，已成为当地老百姓心中的明星。苏州新闻综合频道的《施斌聊斋》以吴语播报。温州电视台的《百晓讲新闻》用温州话来播报。辽宁卫视的《说天下》，其独特的新闻播报方式是节目成功的主要原因之一。节目强化了主持人的风格，主持人可根据自身表述习惯对新闻主笔的述评进行个性化加工。在主持过程中，主持人杨悦和蝈蝈、王浩和心悦等像聊家常一样播放新闻，不时还说几句俗语、方言，偶尔唱上一段，还利用了朗诵、模仿等形式，充分发挥了自身特色。除方言外，有些节目主持人还采用外语进行访谈播报等。

第三，编排方式创新。电视新闻节目要摆脱传统的编排方式，不断探索新的形式。2009年中央电视台新闻频道推出了元旦特别节目《2008情感辞典》，节目以词汇为线索，回忆一年来人们经历的跌宕起伏的情感历程，包括震撼、踏实、错愕、力量、爱情、愤怒、较劲等，形式新颖。3位主持人张泉灵、张羽和李小萌每人在每期选择一个词汇，并分别讲述相关的一个故事，如通过"爱情"讲述了汶川地震中幸存者贺晨曦和她的男朋友郑广明之间的爱情故事等，通过"愤怒"讲述了三鹿奶粉添加三聚氰胺事件、奥运火炬遭抢事件等，通过"较劲"讲述了华南虎事件等。在讲述中，主持人对事件进行点评，发表观点，并连线新闻当事人采访其最新状况，在旧闻中发掘新闻。这种以词汇为线索进行串联的编排方式，很好地将庞杂的新闻有机整合起来。

4.视听元素创新

第一,演播室创新。演播室创新可以从设置地点、自身设计等方面来考虑。广东新闻频道的《超级采访车》节目将常规的演播室搬到了汽车上。最初主持人作为司机,将车开入广州的大街小巷,专门等准备打车的人。人们自愿上车接受采访,每天一个话题,同时主持人免费将其送到目的地。节目后来的形态主要是记录车上所拍的见闻,下车后对当事人进行采访,并穿插相关资料,或对某个事件做全程报道。

2010 年世博会倒计时 100 天时,江苏电视台《零距离》在上海设立前方演播室,获得成功。之后,节目还在江苏省的中心城市苏州、常州、无锡分设演播室,实现了当地新闻当地报。2010 年 3 月 26 日,《零距离》苏州演播室在苏州一个临水走廊上搭建.背景为小桥流水。南京和苏州两位主持人以连线形式播报。其中苏州演播室播出约 10 分钟,播放所有苏南新闻。节目还在南京街头搭建全玻璃背景的分演播室,吸引了众多观众。分演播室的设立让《零距离》开拓了更多市场,在形式上拉近了和受众间的距离。

第二,画面创新。信息爆炸时代,节目要利用多种手段提高播出效率。

首先,节目可利用电视的屏幕空间丰富信息量。多点直播报道是对发生在不同新闻现场(或同一新闻现场中不同报道点)的同一新闻事件进行的全方位、多侧面的同步报道。这种报道能够充分展示电视新闻的魅力。杭州电视台综合频道在全程直播沪杭高铁开通时,通过对电视屏幕进行切割和叠加的方式,传递了多通道的信息。直播中对背景大屏幕进行了七视窗分割,并进行动态切换,所有记者在大屏幕上候场;对电视屏幕使用了四视窗分割,包括正在连线画面、下一个连线画面、演播室画面和车头速度体验画面,同时还充分利用游走字幕,发布相关直播信息、乘坐常识,并回答观众问题。

最后,节目可利用各种高科技手段强化视觉效果。如深圳卫视的《军情直播间》节目采用三维虚拟演播室技术,制作出大量 3D 武器模型动画,呈现出震撼的视觉效果。《老梁观世界》在节目中设计了很多与节目主题相关的道具。使用虚拟人像和景物造型技术,借助特效和灯光等,呈现出三维立体效果。如在《刘晓庆和赛金花》这一期节目中,就使用了刘晓庆和赛金花隔空对话的虚拟人像。

再次,节目可借助各种辅助手段报道新闻。2004 年,南京广播电视台新闻频道推出的《大刚说新闻》中的子栏目《漫画新闻》,采用漫画加说新闻的形式,这样不仅可以表现节目不易捕捉的新闻素材,解决节目源缺乏的问题,同时富含视觉冲击力,增添了新闻的趣味性,通过其夸张、象征等手法进行舆论监督。中央电视台的《蹲点日记》专栏采用写日记的形式介绍采访背景、缘由等,之后再播出记录内容。这种手段既能交代很多新闻画面无法展示的东西,信息量较为丰富,同时和栏目名称呼应，充满新意。江苏城市频道的深度新闻节目《一周热点》，则采用了"新闻地图"和"词汇墙"等全媒体方式兼顾新闻的信息量。

四、电视新闻节目的创新趋势

（一）直播常态化

随着新闻事业的发展，直播已成为电视新闻节目的必然趋势。新闻节目的直播不仅体现在其最终的播出方式上，更体现在记录上的同步，要能在突发事件、重大事件甚至普通民生事件发生时第一时间记录并报道。目前，受众的需要、电视新闻频道的开播、技术的发展等不同程度地促进了电视直播的常态化。

"Break 新闻"源于西方电视新闻，像 CNN 等机构经常打断正常的节目编排，插入重大突发事件，进行直播报道。我国现在的"Break 新闻"也逐渐增多。2008年 10 月 9 日，齐鲁台《每日新闻》接到热线电话，一名产妇在医院生产时大出血，当地医院医治无效后已转院，而她需要非常罕见的 RS 阴性血，医院一时没有。节目组磋商后通过播发字幕、中断电视剧和固定节目等手段插播这条新闻，进行直播，展开了救援活动。齐鲁台的《独家！》栏目，更是将"Break 新闻"进行汇总，实现常态化。通过对重大事件的直播，新闻节目能够做到及时准确地传播，避免谣言蔓延，最快实现舆论引导。2008 年 9 月华尔街金融风暴掀起，央视迅速展开了长达 3 个多月的直播特别报道《直击华尔街金融风暴》。又如 2010 年，我国遭遇 50 年一遇的雪灾。黑龙江电视台打断了原有的节目编排，第一时间推出"迎战大风雪"特别直播报道。其中《新闻夜航》节目通过四路现场直播信号、一路 3G信号、高清摄像机信号全方位展示哈尔滨雪情。节目及时滚动播出现场新闻、交通状态等，不仅为老百姓提供了详细的信息，也为政府决策部署提供了依据。

技术上，我国陆续引进的国际先进技术装备包括数字压缩设备、数字移动卫星地球站、数字移动卫星新闻采集转播车、新型微波设备、直升机航拍设备、直升机中继设备以及特种摄像设备等，在直播系统中发挥了独特的作用。此外，3G技术突破了时间、地域的限制，也在新闻节目中得到运用。随着 3G 手机视频通话等业务的发展，人们可借助手机直播身边新闻。如河北电视台《今日资讯》节目如今已将 4G 通信网络直播、SNG 卫星直播、手机通信直播三者应用到节目中，将原来的录播改为直播形式，增强了新闻的时效性。

（二）信息深度化

各种新媒体技术的发展给电视新闻节目造成一定冲击。在激烈的新闻媒介竞争中，提高新闻节目的深度成为电视和其他媒体竞争的有力手段，因此电视新闻应通过深度报道与评论，说明事件来龙去脉，解释前因后果，挖掘新闻真相，分析现象与本质，揭示深层含义，发挥新闻舆论引导的作用。

黑龙江电视台民生新闻节目《新闻夜航》近年来有效避免了"粗、俗、烂"，追求节目的"态度、角度、速度、力度、深度、广度和温度"，提升了节目的影响力。东方卫视的《深度105》节目名称来源于人类徒手潜水的最高纪录105米，寓意节目能够竭尽所能，将节目做深，追求思想和历史的深度。类似定位的节目还有《新闻深呼吸》《新闻深一度》等。

（三）节目分众化

随着新闻节目数量的增多，受众的选择性也大大提高。新闻节目要努力挖掘新的领域，来满足不同人群的需要。

江西电视台的《晚间800》以涉法类新闻事件和社会关注的焦点事件为主要播出内容。辽宁电视台都市频道2010年推出的《都市红绿灯》，以交通新闻为特色，传播安全理念，倡导文明出行行为，为警民搭建了沟通平台。河北电视台农民频道的《三农最前线》则以农民作为服务对象，主要播放涉农新闻、实用信息以及深度报道等。广西电视台都市频道的《广西房地产》通过新闻专题形式，充分挖掘房地产现象，报道全方位的地产动态，为人们购房、投资等提供了参考。

（四）视角差异化

在新闻资源有限的情况下，从不同的视角出发来报道、解读或评论新闻，能使节目脱颖而出。

浙江经视的《新闻深呼吸》是一档深度新闻评述节目。节目力求把民生新闻公共化、时政新闻民生化，视角独特。又比如十七大召开时，央视少儿频道推出了《小记者报道》《小记者观察》《小记者发现》等，节目从小朋友的视角来看新闻，颇为新颖。而《今日说法》的特别节目《小撒探会》，突出其法制特色，以法治视角来剖析两会，这就区别于其他相似的两会报道。湖北卫视的新闻评论节目《长江新闻号》针对一组片子，往往采访多个国际问题专家，有时甚至10位不同身份的专家，呈现全方位多视角的分析，突出节目观点的独特性和差异性。

（五）理念民生化

电视新闻节目要关心百姓生活，深入群众，贴近实际，坚持和电视观众平等交流的民生化理念。

江苏城市频道提出了民生新闻3.0的概念。该频道总监张建赓表示：民生新闻大致走过了三大阶段：1.0时代，将镜头对准普通人群，关注生老病死，柴米油盐，用一种平等的视角，给电视观众以全新的感觉；2.0时代，注意提升节目的品位与导向性，增加正面报道和主题宣传的比重，舆论监督则体现普遍性和建设性；3.0时代，实现电视与观众的全方位交流、互动，特别是把电视和网络进行有效结合，使电视栏目成为多元意见的表达平台。

2002年，江苏电视台推出18集大型新闻行动《时空新飞跃空中看江苏》，节目在主旋律报道中融入民生新闻报道方式，展现了江苏省经济发展的新变化。如今新闻节目已经由小民生转向大民生，从关注老百姓柴米油盐等寻常生活信息转移到关注与民生生活相关的国家政策、制度建设等。

浙江卫视的新闻评论节目《新闻深一度》，在新闻调查的基础上，加入专家、记者和网民的点评，其中节目通过网络视讯平台，让观众坐在家中就能直接上电视。节目从创办之初，就尝试打破传统固化的思维模式，引入网络与电视的互动融合，着力于发掘来自民间草根的网络公众评论员，将电视新闻评论节目从高端精英语境转向真正的大众语境，体现了普通公民对于新闻评论的话语权。

中央电视台的《新闻周刊》获得 2010 年第四届《综艺》年度节目，授奖词这样写道："《新闻周刊》在 2010 年将更多视角转向宏观背景下的微观个体，用更加细腻的眼光，从更深的层次解读社会变革期每个个体的变化，用真实、真情和真知来表现中国。堪称一本有理想、有责任、有尊严的电视新闻杂志。"又如柴静在《看见》节目播出时表示："很多人都问我们栏目为什么叫《看见》，我说有一个作家说过，人们都知道什么是石头，但是我的任务是让你看见它，感觉到它。这个时代每天都在发生大量的新闻，但我们的任务是让你看见新闻中的人，感觉到人的存在。"柴静在节目中采访了药家鑫父母、阿文等一系列人物，这些节目都在着力探讨大事件和人的关系，关注新闻中的人，体现了民生化的新闻理念。

（六）报道立体化

报道立体化主要体现在以下三个方面。

一是信息来源立体化。电视新闻节目要广泛吸收传统媒体和网络媒体提供的线索，同时深入群众，开拓渠道，使信息来源更加立体。目前，很多节目在信息来源上做出探索。如福建新闻频道的《现场》引入了"百姓摄像师"的概念，让老百姓拍自己的身边事、自己的新闻。广东新闻频道《今日关注》中的板块《DV 现场》，发动观众用 DV 第一时间记录事件的发生、进展和结局，《今日关注》还开通了热线、短信、网络等多种形式的爆料平台收集新闻线索，开辟了"爆料大搜索"板块。浙江电视台的《1818 黄金眼民生版》，开通了固定电话和手机两路 24 小时新闻热线，还开通了 QQ 互动平台。以上信息都在电视屏幕中显示，方便观众看到。通过这种方式，节目不止扩展了新闻资源，还大大增强了节目的互动性。

二是报道内容立体化。这是指新闻节目要多层次、多侧面反映新闻事件，报道事实，提供背景，多角度全面报道。凤凰卫视评论节目《凤凰全球连线》每期会针对一个热点话题连线节目驻全球各地记者、特约记者和评论员等，提供全球各地不同人群的看法。如针对温家宝 2012 年 11 月访问曼谷一事邀请曼谷现场特派记者李佳佳、华盛顿现场美国威尔逊国际学人中心兼公共政策学者汪铮教授、曼谷现场评论员陈新华、上海现场上海国际问题研究院国际战略研究所薛晨博士，来分析此次访问中所涉及的中泰合作、泰国如何强化自身区域影响力、泰国人如何看待美国和中国两国领导人均访问泰国一事以及美国人如何看待奥巴马访问等。通过连线在不同地点的记者、学者,呈现出相关各国的看法,立体化的内容使观众更加深刻地了解和认识国家间的合作关系。

三是节目播出立体化。节目要充分利用各种播出平台,包括网络、广播等,从而最大限度地扩大自身影响力。如凤凰卫视的《全媒体全时空》便在凤凰卫视中文台、美洲台、欧洲台、凤凰新媒体、U-Radio(广播)五大平台同步直播,播出平台打通多种媒体,更为立体。

(七)提升权威性

在信息爆炸、鱼龙混杂、众说纷纭的环境下,受众在需要多元化信息的同时,也需要一个权威化的媒体来帮助确认信息真伪和解读方向。为此,电视新闻节目要不断努力探索提升权威性的途径。

一方面,新闻节目要加强调查性报道,迅速及时展开实地调查,认真核实确认,澄清谬误。其间要特别注重新闻现场的说服力,让事实说话。另一方面,新闻节目要强化评论力量,充分利用政府、专家、知名媒体人等发出权威的声音。此外,新闻节目要注意保持其持久的品牌价值,保证稳定的高质量报道,做到客观公正,理性分析,强化舆论监督,提升节目在受众中的公信力。

(八)注重服务性

新闻节目在不断发展和完善中,已不局限于传统的承担信息传播、舆论引导等职责,还应当关注日常生活,扮演民众和政府间"中介人"的角色,发挥其社会服务功能。

例如,浙江电视台的《1818黄金眼》中有免费寻人寻物的小板块《寻》。泰州电视台的《小范你帮忙》,以"帮群众办事为己任",一方面为群众政策咨询提供信息,另一方面为社会弱势群体跑腿办事,为百姓解决了大量困难。聊城电视台的《民生面对面》节目以"服务百姓,解决问题"为理念。记者通过联系相关部门、深入访问、调查取证等手段化解难题,援助了很多人。齐鲁台的《小溪办事》是由原《每日新闻》中的子栏目《为您办事》独立而来,节目介入群众生活,帮助人们解决实际困难。如节目通过连续报道40岁警嫂孙艳萍急需AB型血的新闻帮助她找到了肝源,成功做完肝移植手术。节目还推出"小溪书屋"公益活动,帮助建成了多座书屋,为孩子们添置了图书、书桌、书橱等,有效改善了孩子们的阅读环境。2008年安徽广播电视台打造的《帮女郎帮你忙》节目以"美丽帮女郎,天天帮你忙"为旗号,节目每期的值班记者称为"帮女郎",群众如有什么困难、需要,可以连线"帮女郎"得到相应的帮助。诸如此类的节目还有很多,如杭州电视台的《直播12345》、石家庄电视台都市频道的《小吴帮忙》等。

新闻节目的服务性趋势不仅体现在这种以民生新闻为主的节目上，也体现在其他以硬新闻为主的新闻节目上。2012 年央视推出了大型新闻公益行动"我的父亲母亲"，开展了"为痴呆正名""发放帮助走失老人回家的黄手环"等行动，收到了良好的效果。2012 年 10 月 19 日，《新闻联播》报道了文氏四兄弟寻找走失患病母亲的事件，并公布了老人的照片以及文氏兄弟的联系电话，希望通过大家的帮助能够让患病的母亲平安回家。这些都体现出节目的服务性。

第二节　电视访谈节目的创新方式与趋势

电视访谈节目以一种电视节目形态的方式，将人类最基本的信息传播和交流的"访谈"方式呈现在了电视屏幕上，为人们提供了一个特定的访谈场所，构建了一个可自由交流的公共话语空间。公认的最早的电视访谈节目出现于 20 世纪 50 年代的美国。在经过不断完善和创新后，电视访谈节目在 20 世纪末已成为美国乃至世界电视业的主力军。在电视节目播出总量中，访谈节目占据着相当大的比重，节目内容涉及社会生活的各个方面，如社会新闻、日常生活、综艺娱乐、心理分析和人际交往等。在我国，电视访谈节目起步较晚，真正意义上的电视访谈节目在 20 世纪 90 年代才出现，但其发展速度和规模却是不可小视的。在近 20 年的摸索中，我国的电视访谈节目不断地找寻着自己的出路，在学习与创新中取得了不少突破。

一、电视访谈节目的定义

关于电视访谈节目的定义，目前尚无定论。从各自角度出发，不同学者持有不同的观点，看法不一。每种定义都有它的合理性，同时也可能有一定的不足。笔者将几种较常见的观点列举如下，供大家借鉴。

美国出版的《电视百科全书》中"访谈节目"的词条是这样定义的："'电视访谈'（TVtalk）包括了从一有电视起就存在的所有不用写脚本的对话和直接对观众讲述的各类节目形式。这种'直播的'、脱稿的访谈是电视区别于电影、摄影、唱片和书籍企业的一个基本因素。而'电视访谈节目'（TVtalkshow）则是一种主要围绕着访谈而组织起来的表演。访谈节目必须在严格的时间限制之内开始和结束，并且要保持话题的敏感性，以便在面对上百万观众时能够提起观众的兴趣。"依据这个词条，我们能够很清楚地区分出"电视访谈"和"电视访谈节目"的界限。凡是"直接对观众讲述"的节目形式以及所有电视节目中的即兴对话都属于"电视访谈"。可以说，电视节目中基本都有"电视访谈"，但是"电视访谈"并不等同于"电视访谈节目"。电视访谈节目必须受到严格的时间限制，并就敏感性的话题进行交流。

石长顺在《电视栏目解析》一书中对"电视访谈节目"的定义是："把人们私下的访谈搬到电视这个大众媒介上，借助人际传播来实现大众传播的一种传播形式，它是一种一般由主持人、嘉宾和（或）现场观众就一个主题进行讨论或辩论的电视节目形式。它必须在严格的时间限制内开始和结束，并且要保持话题的敏感性，以便在面对上百万观众时能够提起大众的兴趣。"这个定义在《电视百科全书》该条定义的基础上进一步完善，指出了访谈节目是由人际传播到大众传播的转换过程，并且提出了构成访谈节目的三个基本要素：主持人、嘉宾和现场观众。

孙宝国在《电视访谈节目形态简论》中的定义为：电视访谈节目是将人际间的口头传播引入屏幕，并将这种传播方式本身直接作为节目的内容和形式的节目形态。节目一般是在固定的访谈场所举行，由主持人、现场嘉宾和现场观众围绕某一公众普遍关注的政治、经济、文化、社会、人文等话题，展开轻松和谐、平等民主的群言式的交流、对话，以期达到某种传播效果。

综上所述，狭义上的电视访谈节目可以理解为：一般由主持人、嘉宾和观众组成，在演播现场围绕特定的话题展开即兴、双向和平等的交流，通过电视媒介再现日常访谈状态，以面对面的人际传播形式达到大众传播效果的一种节目形态。

从广义上说，电视访谈节目是借助电视声画结合的优势，在特定场所围绕特定话题通过面对面的人际传播形式展开即兴、双向的对话或直接对观众讲述的一种节目形态。

二、电视访谈节目的创新历程

早在 20 世纪 30 年代，美国便应用电视技术开办了访谈类节目。第一批真正意义上的电视访谈类节目是 1934 年在美国出现的一系列公共服务节目，如《芝加哥圆桌大学》《美国空中城市会议》等，这些节目探讨和辩论的话题主要集中在社会问题和政治问题两个领域。1948 年，美国出现了《得克萨科明星剧场》和《小城大腕》，访谈类节目一时间成为电视节目的主流形式之一。但在此后一段时间内，此类形态的节目并未得到有效发展。直至 20 世纪 50 年代，在美国总统大选中，一些竞选者开始在电视上发表演说和访谈，继而出现了一系列带有商业性质的、比较轻松的访谈节目，如由喜剧演员斯蒂夫·阿伦主持的最早的夜间访谈节目《今夜》等，明星闲聊式的访谈方式由此确立。可以说，现代意义上的电视访谈节目形态开始于 20 世纪 50 年代的美国。

（一）美国电视访谈节目的创新历程

1.萌芽阶段：20 世纪 20—50 年代

访谈节目最早是以广播作为载体出现的。由于经济的发展和社会的进步，人们表达自己观点和想法的意识越来越强烈，于是形成了便于大家在公共场合进行交流和发表言论的聚会和沙龙。广播技术在此潮流的应召下，逐渐开辟了一种新的节目样式，即访谈节目。1921 年，马萨诸塞州斯普林斯菲尔德的 WBZ 电台播出了第一档访谈节目，主题是为农村听众讲农场经营。20 世纪 60 年代以后，政治类访谈节目开始出现。到了 70 年代，访谈节目的内容已经产生了相当多的变化，开始较多地涉及心理学、性等问题。

电视访谈节目是在广播访谈节目的基础上发展起来的，凭借着声画结合的优势逐渐进入大众的视野。20 世纪 30 年代出现了第一批用于公共服务的访谈节目；40年代末，最大的两档以名人访谈为特征的大型杂耍节目分别是由米尔顿·伯尔主持的《得克萨科明星剧场》和爱德·萨利文主持的《小城大腕》；50 年代，围绕着全国大选，许多总统候选人在电视上发表演说和访谈。此外，在商业竞争的压力下，单纯探讨严肃性话题的电视访谈节目所占比例很少，主要几档节目也是从成功的广播节目中移植而来的，如问答节目《请交流》、爱德华·默罗和弗雷德弗兰德利主持的记录戏剧性历史时刻的《现在请看》等。这些节目将访谈与喜剧元素结合起来，开了今天电视访谈节目形态的先河。《今夜》可谓是现代电视访谈节目形态的鼻祖和成功之作，其通常的嘉宾组合是：一个歌手、一个喜剧演员、一个知名人物和一个大众文化分析家。该节目自 1954 年起便统治了深夜电视节目的收视率。

2.发展阶段：20 世纪 50—70 年代

从 20 世纪 50 年代末—60 年代中后期，电视访谈节目的制作者们开始逐渐重视节目的接受者——观众。他们有意识地将节目的设计与观众紧密地联系在一起，注重主持人与观众的互动，使其成为真正意义上的电视访谈节目。成功的案例如 1967年在俄亥俄州戴顿开播的《唐纳休》节目，节目主持人唐纳休热情、亲切、幽默，他在现场观众中来回走动，鼓励观众大胆地提问，并及时反馈他们的问题，以此将所有观众联结在一起，创造出和谐的访谈氛围。观众有效地融入现场环境，使访谈显得非常真实。此档节目的成功在一定程度上推动了美国电视访谈节目的发展。

至 20 世纪 70 年代，这种主持人、嘉宾和观众互动的节目形态风靡全美，相同模式的节目大量涌现，这一时期的日间访谈节目大多是以妇女为主要受众的。

3.繁荣阶段：20 世纪 80 年代—21 世纪初

虽然在电视诞生初期，访谈因素已经出现在部分电视节目中，但是电视访谈节目作为一种独立形态被认可却是在 20 世纪 80 年代之后。美国的电视访谈节目在 80 年代至 90 年代开始迅猛发展，无论是日间访谈节目还是夜间访谈节目都进入了成熟阶段。由于人们对于新事物（电视技术）的狂热开始散去，观众的收视心理日益成熟，单一的访谈节目对观众的吸引已大不如前，逐渐失去往昔的活力。形式单一、内容涵盖面窄等问题迫切需要得到解决，观众呼唤着形式更加新颖和内容更为多样化的节目。在这种情况下，再加上收视率的压力，访谈节目在形式上不断取得新的突破。与此同时，内容方面也开始广泛涉及社会生活的各个方面，尤其是对性和暴力问题的触碰，极大地拓展了访谈节目的范围。

由于节目制作者的理念各有不同，这一时期电视访谈节目呈现出来的面貌也大相径庭。总的来说可以分为两类：一类以揭露个人隐私为目的，追求节目的戏剧性，把他人的痛苦和困境作为娱乐观众的手段，通过对他人内心隐私的窥视来吸引观众；另一类则是态度比较严肃的访谈节目，它更像心理治疗小组，来到现场的嘉宾们倾吐自己内心的痛苦，主持人、专家和现场的观众则为他们提供各种建议，尽量从正面去化解他们的烦恼。

这一时期，有代表性的日间访谈节目包括《奥普拉·温弗瑞秀》《杰瑞·斯普林格秀》《曼特尔·威廉斯节目》《罗兰达节目》《莉基节目》《詹妮·琼斯节目》等。另外有夜间访谈节目《大卫深夜脱口秀》《杰·雷诺今夜秀》等，主持人分别为大卫·莱特曼与杰·雷诺，这两个主持人的共同特点是伶牙俐齿，喜欢拿别人"开涮"。夜间访谈节目比较突出喜剧色彩，主持人常常对正在发生的新闻事件以及重要的新闻人物进行挖苦和取笑，通过这种幽默调侃的方式，政治事件的严肃性和重要性被消解了。这些节目以揭露个人隐私为目的，追求刺激性，通过对他人内心隐私的窥视来吸引观众。节目的话题往往带有猎奇的性质，观众在现实生活中的压力与紧张在这种完全"开放"的氛围中得以松弛，因此此类节目深受人们的喜爱。

4. 稳步发展阶段：21 世纪以来

进入 21 世纪以来，真人秀电视节目逐步进入大众视野并且开始统治整个电视节目，访谈节目失去了往昔强劲的发展动力，新的有影响力的节目凤毛麟角，担当大任的依然是一批老牌节目，包括 1985 年开播的《拉里·金直播》、1986 年开播的《奥普拉·温弗瑞秀》和 1993 年开播的《科南·奥布赖恩深夜秀》等节目。但是近几年，这几档经典的老牌节目也开始淡出屏幕，如《拉里·金直播》已于 2010 年 12 月 28 日停播，《奥普拉·温弗瑞秀》也在热播 25 年后于 2011 年 5 月 25 日告别荧屏。访谈节目目前已不像 20 世纪八九十年代那样蓬勃兴盛，但是它以其自身的低成本和快回报的特点，依然呈现出稳步发展的态势。

（二）中国电视访谈节目的创新历程

1. 萌芽阶段：20 世纪 60—80 年代

中国电视访谈节目的渊源要追溯到"文化大革命"以前，"文化大革命"前电视访谈节目的雏形已经出现。20世纪60年代，北京电视台还设有《电视台的客人》栏目，曾邀请著名的文学家、艺术家和劳模等到演播室与观众见面并发表讲话，如王进喜、时传祥等都曾作为嘉宾参加过节目。这一时期电视访谈节目的特点是：主讲人即嘉宾，他们多数是领导或各界名流。"文化大革命"期间，由于对言论的严重忌讳，电视访谈节目在此时期完全退出了舞台。"文化大革命"之后，电视业出现了复兴的可人景象。1985年2月，央视设立了《电视论坛》专栏，成为思想教育访谈节目的阵地。1988年9月28日，重庆电视台开播了时长100分钟的时政综合专栏节目《面对面》，采用主持人形式，设有《市民论坛》《党政发言席》《论辩会》等栏目。同年12月24日，吉林电视台开办《大家谈》，每期节目时长10～15分钟，话题为社会问题，注重节目现场的采访。此阶段的节目已经具备了现在电视访谈节目形态的基本要素：主持人、嘉宾、观众，而且彼此之间有了交流，主持人或嘉宾会对观众提出的问题进行反馈。不足之处是话题范围依然很小，偏重于政治生活方面，对于社会大众普遍关注的社会问题缺乏关注。

2.兴起和繁荣阶段：20世纪90年代—21世纪初

在中国，真正意义上的电视访谈节目是以1992年上海东方电视台开播的《东方直播室》为标志的。同年央视大型新闻杂志节目《东方时空》设立《东方之子》栏目，采用了主持人访谈这一形式。这一时期影响较大的电视访谈节目还有北京电视台的《BTV夜话》《说你说我》，广西梧州电视台的《鸳江夜谈》，山东淄博有线电视台的《直播热线》等。1996年3月16日，央视正式推出的《实话实说》栏目，是第一个全国性的电视访谈节目，从第一期节目《谁来保护消费者》开始，由崔永元主持的这档节目便在全国掀起了访谈节目的热潮。随后，国内的电视访谈节目如雨后春笋般地出现了，中央电视台有《文化视点》《影视同期声》周末版、《半边天》周末版，地方台有北京电视台的《荧屏连着我和你》《国际双行线》，深圳电视台的《魔方舞台》，重庆电视台的《龙门阵》，上海电视台的《有话大家说》，湖南卫视的《大当家》等。随着我国改革开放发展到一个崭新的阶段，电视节目的服务和娱乐功能也明显增强。电视访谈节目开始更多地关注普通百姓的生存处境和价值观念。这一时期的电视访谈节目主要有以下几个特点：一是节目主持人越来越受到重视；二是嘉宾的身份、地位不受限制，普通百姓也开始参与到节目中；三是话题范围得以拓展，大到社会热点小到身边琐事都可以摆上台面，以较为轻松的方式进行讨论。

3.稳步发展阶段：21世纪以来

进入21世纪以来，在秉承之前基本宗旨的基础上，电视访谈节目有了新的特点。在形式上，不仅更加追求多样化，而且开始与互联网相结合，利用其传播优势，通过全方位的互动和交流满足观众的收视期待；在内容上，涉及范围更加广阔和人性化，时政、社会生活、金融、心理、时尚、购物等一应俱全。比较成功的访谈节目包括中央电视台的《艺术人生》《对话》《咏乐汇》（现已停播），阳光卫视的《杨澜访谈录》，凤凰卫视的《鲁豫有约》《锵锵三人行》《一虎一席谈》，上海广播电视台的《大声说》等。与之前的访谈节目相比，这些节目呈现出许多不同的特点，在话题甄选、访谈层次、记者的前期调查、嘉宾的选择和搭配、主持人的风格定位以及后期编辑等诸多方面都借鉴了欧美流行的脱口秀节目的方式，并结合自身特点进行了调整与创新。此外，一些节目开始尝试纳入一些新的元素，如结合互联网等新媒体技术，实现观众与嘉宾和主持人的实时互动，促使场内信息及时更新；同时，吸引大量网友参与节目的前期策划，深入到观众当中去寻找话题，真正做到了以观众为本。

三、电视访谈节目创新元素

电视访谈节目从 20 世纪 30 年代开始出现，到 90 年代迅速发展，经历了一个由默默无闻到一鸣惊人的过程。电视访谈节目之所以具有如此大的发展潜力和吸引力，是因为它为观众提供了一个放松身心和表达自己"声音"的途径。它将当代大众传媒在社会生活中的作用以一个缩影的形式呈现在演播厅当中，让人们在这个公共的话语空间内表达自己的观点。在当今这种网络裹挟着整个社会生活节奏的环境里，访谈节目还起着社区议事场的作用，人们在那里进行面对面的交流，讨论现实问题，交流趣闻逸事，或者谈论文学艺术。就像斯克特所说，访谈节目是在一个无序、绝望、愤怒的时代里为社会和个体提供的一种解毒剂，它把普通人的悲欢展现出来，让人们知道不仅仅是自己在饱受磨难，别的人也同样在恼怒和痛苦，挣扎和奋斗，从而使人们平静下来以一种平常的心态来对待生活，对待现实。电视访谈节目创新的元素可以归结为内容和形式两个方面。

（一）内容方面

"内容为王"是电视节目制作的根本所在，内容决定了节目的命运。因此，在研究访谈节目形态的创新时首先要从内容着手，这直接涉及节目的品位和深度。只有将内容做成功了，节目才会取得真正的成功。

1.定位

在传媒产业不断发展的今天，各类型媒介的竞争日趋激烈，媒介市场进一步细分。各大电视台都在寻找自己的发展空间，对自身进行更加细化的定位。例如湖南卫视的定位是"快乐中国"，江苏卫视的定位是"幸福中国"，青海卫视的定位是"绿色中国"，贵州卫视的定位则是"西部黄金卫视"。在各个卫视频道通过定位寻找出路的同时，各档节目同样需要依据自身的特色和优势进行定位。一档节目成功与否和自身的定位密切相关，定位准确与否决定了节目质量的高低，也决定了节目的成败。定位就是一种格调的选择。只有选好了一种格调，才能在社会功能和受众选择方面有一定的准则可循。

社会功能定位。访谈节目按照社会功能大致可分为：新闻信息类、情感类和娱乐类。新闻信息类访谈节目主要针对社会上的新闻和热点话题进行讨论。

这类节目通过与嘉宾和观众共同讨论大家关心的热点问题，有助于人们了解更多的时事信息，也能更好地把握当下社会各个方面的最新动向。以凤凰卫视的《锵锵三人行》为例，每期节目所选的话题都是时下的热点，主持人窦文涛和两名评论员嘉宾以聊天的方式对热门事件各抒己见，在谈笑风生的气氛中传递民间话语，交流自由观点。

情感类访谈节目则是深入到普通大众中去寻找那些感人至深、发人深思、给人启迪的人物和题材。该类节目通过当事人讲述他们自己的人生经历来与观众分享其中的喜怒哀乐，并且主持人或情感专家以客观的视角对各种情感类问题进行分析，力求予以解决，进而让观众在体味诸多人生故事的同时，也能从中发现生活的真谛。如江苏卫视的《人间》节目，以"正在发生的事件，不同寻常的情感"为主题，聚焦普通人的生活和困境，以发生在人们身边的日常生活事件为节目内容，并为陷入困境的普通人提供解决问题的方法和建议。这一节目体现出充分的人文关怀，发挥了电视媒体抚慰心灵的社会功能。

娱乐类访谈节目则是将各种娱乐元素与访谈相结合，以达到让观众充分放松地享受访谈过程的效果。李静和戴军主持的《超级访问》，正是一档以幽默、诙谐的语言打造的关注和透视我们身边明星的大型娱乐访谈节目。每期邀请一位家喻户晓的明星，来到演播室接受主持人全方位的"拷"问。节目从多个角度挖掘每位明星鲜为人知的故事，通过场外亲朋好友的大胆揭秘、现场主持人机智幽默的追问"逼着"名角在众目睽睽之下"现原形"，深受广大观众的喜爱。

以上三类访谈节目都秉承了一定的社会功能，所谓"术业有专攻"，电视访谈节目同样离不开这种功能的定位。

除以上三种类型外，目前新出现的访谈节目，在功能方面更加多元。如深圳卫视的访谈节目《今夜》，以性格色彩学专家乐嘉为主持人，是全国首档人际关系互动访谈节目。针对每期的话题，如怀孕、选秀等，乐嘉与明星嘉宾和现场观众采访互动，并结合情景表演、小品等形式，帮助观众解析"人和人之间的关系"，在服务功能性的挖掘上极具独特性。又如问政类节目的流行，如苏州广电的《对话苏州》、江苏公共频道的《政风热线》等，邀请相关领导，就市民关注的问题进行对话，提供了官民沟通的平台。

受众定位。随着受众欣赏水平的提高，电视市场的竞争日益激烈，迫使节目制作者越来越重视受众的欣赏口味。电视的普及使得受众的范围不断扩大，受众在作为接受者的同时也逐渐成为参与者和传播者，大众传播借助人际传播的形式取得了更好的实际效果。电视节目在进行定位时应把受众视为一个重要因素，并根据受众群的特点来制订节目方案。以中央电视台的《对话》栏目为例，它的目标受众是那些受过良好教育、专业素质较高、关注社会经济发展和活跃在社会经济文化各领域的人，是这个知识经济社会所形成的知识群体。同时，该节目又借助这一群体在社会上的影响力和话语权，使自身产生了较好的社会效应。中央电视台的《半边天》则是一个以性别特征定位的栏目，用女性的视角来观察世界。这档栏目"关注女性群体整体的生存状态与发展空间，观察、记录、探讨生活中的点点滴滴"，是女性观众收视行为最为稳定的栏目之一。

2.策划

在对节目进行准确的定位后，接下来要做的工作就是做好节目的前期策划。策划的目的是让工作人员在节目录制过程中有明确的分工，进而打造出具有吸引力、感染力和号召力的优势品牌栏目。访谈节目在录制之前，一般都要制订策划方案，由制片、编导、主持人等共同完成。访谈节目的制作人员包括编导、主持人、嘉宾、观众、摄像师等，因此策划文稿在写作中要尽量详细，分工明确，充分调动大家的积极性。话题的选择、切入的角度和层层剖析的进程都要提前准备好。所选定的话题"一定要能够讨论起来，有话说，而且围绕这一话题能够产生出不同的观点，在具体讨论的时候一定不能搞一言堂"。访谈的主题是能否吸引观众参与到节目当中的关键所在，因此在进行选择时必须慎重；主持人要善于捕捉访谈内容和思想的交汇点，善于让各种观点"交锋"，让现场互动起来；嘉宾的选择要符合节目的定位和所选话题的需要；观众则需要积极主动地参与到节目当中，进行有效互动。节目的策划人员除了要考虑观众的需求和节目的受欢迎程度外，还要充分考虑经济效益。只有把社会效益和经济效益紧密结合在一起，才能打造出一个优秀的电视节目。在策划过程中，具体应注意以下几点。

节目主题的选择。目前国内的电视访谈类节目种类繁多，各种类型的电视访谈节目层出不穷，如信息交流类、时事评论类、人际沟通类、娱乐煽情类等。访谈的内容涉及政治、经济、教育、文艺、体育等。除了"术业"有"专攻"之外，还出现了"术业兼攻"的现象，各种因素相互融合的现象越来越普遍，尤其是娱乐因素和其他因素的融合，已成为吸引观众的撒手锏。要制作出独具一格、具有自身特色和优势的电视访谈节目，节目主题的选择成为关键。如果主题选择得恰当，可成为节目的一大"卖点"。在节目的选题方面应该注意以下几点。

第一，要紧扣社会热点。电视媒体作为大众接收信息的渠道之一，要确保自己始终与信息同步或是走在信息的前列，时刻为受众提供最前沿的信息。电视访谈节目在选题的过程中，要善于预测和洞察社会的关注热点，尤其是与普通大众密切相关的信息，并通过不同的访谈形式对热点话题或事件进行描述、分析和评论。每天面对着快节奏的生活和高压力的工作，人们的情感表达和心路历程变得越来越艰难。在这种社会背景下，东方卫视于2010年1月4日推出了情感类访谈节目《幸福魔方》，一座"透明玻璃屋"、一方"网友九宫格"、一个"心理疏导师"、一位"知性主持人"和一扇"幸福回归门"使得《幸福魔方》以充满悬念和真情感人的形象出现，用"魔方智慧"来寻找全新的幸福之门。制片人陈晔表示："每一期节目，都能够给受到伤害的双方提出正确的、人道的和温馨的解决办法，给矛盾双方带来了全新的心灵解脱以及关系的再建，给观众以很大的启发。就此，牢牢地吸引了一批忠诚度较高的观众，构建了《幸福魔方》的收视基本盘。"该节目的选题迎合了大众充满矛盾和压力渴望释放的心理。

第二，要有独特的角度。引起全社会广泛关注的热点问题或现象是有限的，如何在有限的资源内实现它的最优利用呢？找准角度是一个有效途径。当一个热点现象发生时，访谈节目应尽量避开其他媒体或节目已关注的角度，即独辟蹊径，想大家所未想，做大家所未做。如2011年"4·15京哈高速救狗"事件发生后，一些访谈节目纷纷就此话题进行讨论，但是都不够深入。东方卫视的时事辩论类访谈节目《东方直播室》则专门制作了《该不该吃狗肉》的节目，分两期播出。节目邀请了正反方辩论嘉宾、卡车司机郝小毛和动物保护者，还请来了网络评论员"染香"，与现场观众以及在线网友一起围绕这一话题进行了深入辩论和探讨，并且上升到政策和法律层面进行剖析。现场既有言语犀利的正反辩手，也有与事件相关的双方当事人，更有现场观众和线上网友的积极参与，使得节目火花不断。真理是越辩越明的，激烈的争辩有助于人们全方位地认识这一事件。相对于其他浅尝辄止的节目来说，《东方直播室》选择"该不该吃狗肉"这一角度，将事件与人们的日常生活有力地联系起来·让观众更深入地了解事情的始末和影响，并促使其产生进一步的思考。抓住突发事件或现象及时做出反应，利用选题的新闻性提高观众的关注度，这是很多电视节目惯常的做法。但对访谈节目而言，并不是所有的热门选题都能做，尤其是一些新闻性话题，不必追逐潮流，应结合节目自身的特点予以考虑。

第三，要有一定的精神内涵。为了追求高收视率，一些节目品位低下、深度不够，在主题选择方面一味地朝着催泪、稀奇和古怪靠拢。主题是电视访谈节目成功与否的前提和基础·只有那些具有典型性、代表性、吸引观众心理、贴近观众生活并引发他们思考和感悟的访谈主题，才具有强劲的生命力。不能一味地为追求收视率而走上过度娱乐化和低俗化的道路，应该在适当地满足电视访谈节目娱乐功能的同时，更注重追求高尚的审美情趣和精神世界。在社会竞争压力日益增大的情况下，电视访谈节目应当关注现代社会中普通百姓的现实生活，在交流中创造一个放松心情、调节和缓解现代社会精神压力的平台，让嘉宾、观众得到关怀和尊重，得到精神的陶冶和愉悦。访谈节目要担负起电视媒介应有的社会责任，这样才能成为老百姓永远关注的对象。东方卫视的《一呼百应》正是秉承了这种精神，柏万青在节目中不断地为嘉宾解决生活、情感上的各种问题，并且作为借鉴展现给观众，共同分享那份体谅与理解。

主持人、嘉宾和观众的选择。访谈节目的策划离不开对主持人、嘉宾和观众的选择。当下主持人的中心地位越来越受到认可，专门为主持人量身打造访谈节目的做法已广为各电视台所实践，主持人的风格直接影响着节目风格；同时，嘉宾的选择也应慎重考虑，其社会身份、性格特点和表达方式直接影响着节目的特点；对于观众的选择，要充分把握观众的心理需求，并通过正确的舆论给予他们正确的引导。

第一，主持人。主持人是电视访谈节目不可或缺的元素，掌控着访谈的整个过程，其个人素质直接影响着电视节目的质量。例如中央电视台的《1起聊聊》，节目为易中天和李蕾搭档主持。易中天在《百家讲坛》节目中所累积的人气和自身的魅力，为节目增色不少，也给节目增添了更多的文化韵味。在电视产业化的今天，品牌化的电视节目需要主持人成为节目的形象代言人。主持人要运用其特有的思维能力寻找独特的视角通达传受双方，实现最佳的沟通效果。这就要求主持人除了掌握一定的主持艺术，在主持的过程中实现与嘉宾和观众最畅通的交流外，还应具有灵活的应变能力，能根据不同情况采取相应的艺术策略。主持艺术大致包括语言、情感、形象三个方面。对电视访谈节目主持人而言，每个方面都有一定的要求。

语言。主持人在传播信息、表述观点以及与观众交流的时候，主要是通过语言表达来进行的，以此串联起整个节目，使其脉络清晰。主持人语言水平的高低，直接影响到节目的整体质量和艺术感染力。主持人的语言艺术主要体现在声韵、思维逻辑、思想内涵三个方面。声韵主要指主持人的嗓音、语速和情感之间的有机融合而形成的一种语言表达能力。嗓音清丽明快，语速适中，轻松愉快，这样就会给人愉悦的感觉；如果嗓音浑厚有力，语速舒缓，饱含深情，就会给人抒情的感觉。思维逻辑是指语言表达的文学性和逻辑性，要有一定的文化知识做底蕴，词句的衔接要既符合逻辑又不乏文采。思想内涵包括智慧、思想、品位和文化底蕴，最有力量的语言就是饱含思想深度、透射人生智慧的表达。

情感。主持人的情感释放直接影响着现场嘉宾和观众的情绪。如果情感拿捏得当，则会顺利打开他们的内心世界，否则会让嘉宾和观众产生一种抵触和排斥的不良情绪。主持人要通过声情并茂的语言和亲切的表情，使整个节目成为情意融融的艺术世界。要达到这种主持效果，主持人需要做到两点。首先，充分了解节目的内容和形式。在主持节目之前，主持人要主动去搜集和翻阅节目相关的资料，做到心中有数。同时与节目的编导人员积极沟通，交流双方的观点，最终达到统一。其次，主持人要抓住节目情感诉求的"点"，善于选择一些富有典型意义的观众进行更深层的情感交流。

形象。形象主要是指主持人的外貌、仪表、气质等。在传统意义上，电视领域对节目主持人外在形象的要求是很高的。随着我国电视事业的逐步发展和成熟，主持人先天的外在形象越来越被淡化，"外在形象"这四个字也被赋予了新的内涵，即主持人综合素质的外化。仪表是人们在观察一个人时的最初视觉感受。主持人一亮相，观众总是从其仪表得到最初的感性印象，这种印象可能会影响观众对主持人其他方面的接受程度。霍夫兰的"说服理论"认为："最可能改变一次传播效果的方法之一，是改变传播对象对说服者的印象。传播者有威望吗？可爱吗？是同我一样的人吗？"霍夫兰的传播实验表明：假如传播对象喜欢传播者，就很可能被说服。气质是主持人内在的素质，成功的主持人往往具备一种独特的、容易给观众留下深刻印象的气质，例如白岩松的睿智、崔永元的幽默、张越的犀利等。

第二，嘉宾。好的嘉宾不仅仅是简单地、按部就班地回答主持人的问题，而且能够通过自己的语言去激发主持人的灵感，为节目增加亮点。嘉宾是编导对话题和节目走向预设框架中的重要一环。某个话题需要什么样的嘉宾，需要嘉宾说什么以及如何去说，这些在节目的策划方案中都要有基本的体现。嘉宾是整个节目策划的台前实施者之一，嘉宾和主持人共同营造的访谈场域决定了节目的收视效果。选对了嘉宾，可以说节目就成功了一半。美籍德国社会心理学家库尔特·卢因借用物理学中的"场论"类比心理活动，创造性地提出了心理学的"场论"。"场论"的基本观点是一个场就是整体性的存在，其中每一部分的性质和变化都由场的整体特征所决定，这种整体特征并不等于场内各部分特征的总和或相加。换言之，"场"一旦形成便是一种新的结构实体，而不再是形成"场"的那些个体元素的机械组合。主持人和嘉宾有效组合，就会达到一种放大的作用，使节目达到最佳收视效果。在嘉宾的选择上要注意以下几点。

嘉宾本身的故事性。所谓"故事性"，是指嘉宾是否具有不同于寻常人的特殊经历，这些经历足以引起社会大众的关注和共鸣；或是发生在知名人物身上的生活琐事。这些容易吸引观众的故事元素都是不可缺少的，通过这些普通人或名人的生活经历去窥探整个社会，并让嘉宾们对所访谈题提出自己的见解，与观众进行交流。凤凰卫视的《鲁豫有约》，执着于"说出你的故事"，一起见证历史、思索人生。所选择的嘉宾有未婚妈妈、整容打工女、肥肥女等平民百姓。通过这些普通人的不寻常的生活经历，让观众更深入地了解自己所生活的这个社会。

嘉宾的表达能力。这具体是指嘉宾是否具有一定的口才和辩才，包括表达是否有逻辑、有道理，语言是否简练、清晰，甚至具有幽默感。此外，还包括嘉宾在节目中能否顾及主持人和其他访谈对象，而不是一味地表现自我。

嘉宾的专业性。这主要是针对特邀嘉宾提出的。为了增强节目的权威性和说服力，以吸引观众，进而提高收视率，一些访谈节目会邀请一些针对某一话题进行评论或分析的嘉宾。这些嘉宾的选择必须注重其专业性和知识性。例如，中央电视台的《对话》栏目定位为"新闻性、开放性和前沿性"，致力于为新闻人物、企业精英、政府官员、经济专家和投资者提供一个交流和对话的平台。该节目所邀请的嘉宾有企业界巨子，也有具有强势话语权的政府官员。这些重量级人物不仅吸引了观众的注意，也提升了节目的访谈层次。

另外，根据节目收视特点的需要，选择的嘉宾不能都是持有相同或相近观点的人，必须能够代表几种不同的观点，形成一种交锋。这样在访谈过程中才可能对话题从多侧面、多角度进行深入分析。

第三，观众。在我国电视节目当中，观众尤其是现场观众的作用越来越受到重视，充分调动他们的积极性，使之能够畅所欲言，与嘉宾形成真正的互动，不仅能够增添访谈的趣味性，而且能够弥补主持人的一些盲点。观众的发言可以让访谈节目充满开放性和新鲜感，他们的自我动员显得更具有自发性和感染性。观众和主持人应该互相配合，而不是仅用观众来充场面、当配角，良好的配合能使节目气氛自然轻松，有利于节目更好、更生动地进行。在美国的访谈节目现场，常常能看到观众与嘉宾激烈争辩的场面，如热拉尔多·里韦拉主持的《里韦拉讨论》，正是因其强烈的对抗而名声大噪。

（二）形式方面

电视访谈节目应该以高质量的内容作为节目的收视保证，但随着社会发展越来越多元化，人们的欣赏品位也在向着更为丰富多样的方向发展。因此，外在的形式元素也成为吸引观众的重要砝码。新颖的节目形式能够让观众耳目一新，获得赏心悦目的收视体验。所以访谈节目的形式要轻松、活泼，充分调动现场嘉宾和观众的积极性，形成热烈的访谈氛围。

1.多种视听元素

电视访谈节目自身具备的电视元素和访谈元素是创新的基础，电视元素包括舞台设计、灯光、道具、音乐配置、摄像等，访谈元素包括情节的设计、主持人与嘉宾的互动表演等。访谈节目应该调动所有的电视元素——精心设计的舞台、考究的灯光、特殊的道具、与访谈气氛相符的音乐、多角度多方式的摄像等，使单调枯燥的画面变得丰富生动。在主持人与嘉宾的交流方面，积极调动嘉宾的主动性非常重要，尤其是明星嘉宾。嘉宾的表演既可以增加节目的娱乐性，又能让观众看到嘉宾鲜为人知的一面，满足观众的好奇感。另外，节目在制作过程中，应注意外景的使用，还可以将相关资料以模拟短片的形式播放，把节目的视听元素真正地结合起来，凸显电视媒体自身的特点。

2.后期编排播出

在形式方面，除了通过多种视听元素的运用来创新节目的形态之外，还可以通过后期的剪辑编排来制作出更加新颖别致的节目。电视访谈节目的剪辑和编排可以借鉴电影的剪辑方式，运用蒙太奇的手法，来实现节目播出节奏的舒缓有致。这种接近于电影的编排方式，更能突出电视"视听兼备"的媒介特色，从而真正实现访谈节目交流的目的。另外，在剪辑中插入 Flash 动画、相关的影视资料或图片、文字等进行修饰，能有效增强节目的播出效果。

四、电视访谈节目创新方式

（一）内容创新

1.以主持人鲜明的个性和丰富的阅历拓展节目的艺术空间

主持人的个性和人生经历是节目的一笔宝贵财富，它是最不容易被模仿和复制的，在节目的组成元素中起着重要的作用。主持人既是访谈的参与者，又是访谈的实际组织和控制者，主持人个人的风格和魅力是访谈类节目成功的决定性因素。如时下火热的网络脱口秀节目《晓说》，其成功和主持人高晓松在音乐创作、电视编剧等方面的才气及其丰富的人生阅历密不可分。只有在节目中凸显个性风采，展现自我魅力，才能取得他人无法替代的核心竞争力。这种个性包括主持风格、语言及其自身成长经历、情感体悟和知识阅历的积淀等。丰富的阅历和经验有利于主持人与各种嘉宾和观众进行沟通，使得主持人与嘉宾在访谈中，自然而然地将生活经验和人生真谛传达给观众，给观众以启示。一名优秀的访谈节目主持人不仅需要具备基本的专业知识，更需要不断从生活中汲取"养料"，增强生活实感。只有具备了这些条件，主持人才能在与嘉宾的交流中感同身受，产生共鸣，从而激发嘉宾的表达欲。以《杨澜访谈录》《鲁豫有约》《非常静距离》三档访谈节目为例，它们都是以主持人鲜明的个性和丰富的人生阅历为基础制作而成的三种不同风格的电视访谈节目。

杨澜知性、大气。2001年，杨澜创办并主持《杨澜访谈录》，栏目内容涉及政治、社会、经济、文化等各个方面的热点，以个人的经历和感受为中心，透过成败得失体现百味人生，探讨现象背后隐含的价值观念。杨澜以知性主持人的形象登场，端庄优雅的外形、干练的声音、清新的笑容、充满智慧的发问以及高度概括性和哲理性的话语，是其他节目主持人所不具备的个性魅力。她的节目没有绯闻，没有隐私；同时，该节目坚持走精英路线，受访者均是各领域内值得尊敬的翘楚。通过面对面交流的方式，杨澜与这些嘉宾不断碰撞出思想的火花，让观众近距离地感受他们传奇的人生经历和丰富的内心世界。

陈鲁豫亲民、随性。香港凤凰卫视于2002年开办了《鲁豫有约》，栏目定位为"寻访昔日的英雄和有特殊经历的人物，一起见证历史，思索人生，直指人们的生命体验与心灵秘密，创造一种新颖的记录访谈模式，充满人情味"。主持人鲁豫以邻家女孩的形象示人，机智敏捷、沉稳淡定，她招牌式的微笑和内敛谦和的态度，是降低嘉宾心理防线的"有力武器"。栏目所采访的嘉宾更偏重于平民，他们不一定每个都是名人，但每一个却都是有故事的人。在栏目中，鲁豫邀请观众和她一起聆听嘉宾讲故事，任何职业和阶层的嘉宾到了那里，都只是一个普通的"说故事的人"。

李静娱乐、率真。安徽卫视于2009年开播《非常静距离》，节目名称中的"静"取自主持人李静的名字，也借"静"与"近"谐音，表达最"近"距离接触被访人物的节目特色。节目在选择嘉宾时，紧贴娱乐圈热点并与重点剧目及大型活动互动，分享明星的幸福，关注明星的情感。主持人李静打扮时尚靓丽，带给人充满朝气和活力的感觉。李静为人率真、坦诚，阅历丰富，在娱乐圈中就是一位知心大姐，很多被访对象都是她的圈中好友，因而她对嘉宾的个人资料或相关情况非常熟悉。李静会在节目中适时地插入表演，渲染热闹和搞笑的访谈气氛，进而引起被访人的访谈欲望。她还将话语权交给公众，引导嘉宾走下台和粉丝站在一起，让现场观众谈论对嘉宾的印象、讲一些逸闻趣事，使观众和嘉宾之间真正实现互动。

以上三档访谈节目是由三位个性完全不同的女性主持，这使得它们呈现出三种完全不同的风格，并且都获得了公众的认可。杨澜的大气和沉着，鲁豫的聪慧和随和，李静的率真和坦诚，她们均以自身的个性魅力和丰富的阅历将一档访谈节目打造成充满人文气息的艺术空间。在这个小小的空间内，各自都展示着无限的艺术魅力。

2. 引入民间话语，融合访谈和讲述等多种方式

过去的访谈节目更多注重的就是"谈"，编导设计好问题，主持人在节目中与嘉宾进行对答式的交流。这样虽然也能使观众的疑问得到解答，但是不能很好地体现出嘉宾的真个性、真自我。现在的访谈节目开始注重让嘉宾主动地去表达，并且节目本身会以一种讲述的方式还原真相，用故事化的手法讲述真实的事件。以中央电视台推出的《艺术人生》和《讲述》两档节目为例，它们都很注重嘉宾的自我表达，善于用故事化的方式呈现整个交流过程。

《艺术人生》是中央电视台在2000年年底推出的一档访谈类节目，每期邀请一位文艺界明星，与主持人和现场观众一起回忆过去的艺术和生活。节目追求"用艺术点亮生命，用情感温暖人心"，以人文关怀的视角，与嘉宾共享其人生故

事和心路历程。主持人朱军总是能抓住嘉宾故事里的细节之处，触动嘉宾的落泪点，让其主动展示真实的情感和真诚的自我。该节目还善于调动艺术手段，如运用戏剧元素——分幕、布局、道具等，深入挖掘明星身上的闪光点和矛盾冲突。

《讲述》栏目是央视十套于 2001 年 7 月 9 日开播的，其节目由访问人与被采访人的访谈构成，以被采访人的讲述为主，访问人的声音和形象并不出现在荧幕上。

周末版则有专家、嘉宾以及演播厅的观众对讲述中有疑问的情节和有争议的观点进行讨论。不同于《艺术人生》，它所讲的是平民阶层人士的朴素而又典型的生动故事，注重民间话语的引人。可以说，《讲述》是访谈节目形态的改良版，节目中没有主持人，以故事本身为主，以讲故事的人为辅。该节目所张扬的是个人的情感，强调的是情感本体的最佳叙述。从选题到录制编审，该节目都十分关注故事里面是否蕴含着能够打动人心的真情，情感的流露是否自然，情节的走向是否畅达。人们通常称《讲述》为"一锅用泪水煮沸的心灵鸡汤"，正是因为节目通过讲述的方式流露出的真实情感非常打动人。

3.追求事件的真实性

真实性是电视访谈类节目长期运作的基础，只有尊重事实真相，才能赢得观众的信任和支持。一些访谈节目的嘉宾充当的是演员的角色，在这档节目中是一名医生，在另一档节目当中则可能是一个没有工作的单身母亲。更有甚者，有些嘉宾有专门的经纪人，负责预约不同的访谈节目。所以，要确保真实性，主持人、嘉宾和访谈内容都要做到真实。主持人应该具备平民的气质，秉持最本真的态度。在前期策划的过程中，主持人就要参与其中，主动搜集资料。如果可能的话，主持人最好能到当事人的家里进行深入了解，对人物和事件有自己最真切的体验。做好了这些前期准备，主持人能够更准确地把握嘉宾的背景和情感世界，在访谈的过程中找准切入点，实现真正的互动。为了避免嘉宾在电视镜头前讲套话、空话，主持人要尽快消除嘉宾的恐惧或不信任感，引导嘉宾以最平实的语言说出内心所想。另外，节目还可以通过纪实影像再现的形式，直观地表现出嘉宾的言谈举止，揭示他们鲜为人知的故事和最为平民化的真实本色，这也正是观众所期待的。央视《新闻会客厅》的制片人包军昊认为："伪访谈"不是一个技术层面的问题，而是一个认识或者是意识的问题。脱离真实因素的访谈是不应该存在的，它违背了生活的本真，犹如无根之木，缺乏生命力。

4.体现人文关怀，但要避免煽情或一味地演绎悲情

人文关怀是对人的生存价值、生存意义以及对人类命运和前途的终极关怀。也有学者将"人文关怀"的含义概括为三个方面：对人的存在的思考；对人的价值、人的生存意义的关注；对人类命运、人类的痛苦与解脱的思考与探索。所谓人文关怀，即是以人的本性、人生的意义去追问人的行为的终极价值。体现在电

视节目中的人文关怀则是对人的生存状况的关注，对人的尊严的肯定和对未来的一种思考。它关怀的是我们人类的和谐发展，体现了对所有生命的关切和尊重。在节目的制作过程中，要注重个人心路历程的真实呈现，更要以朋友之心对待嘉宾并给予尊重和理解，避免为讲故事而不断地演绎和煽情。节目的人文关怀是通过揭示平凡人的内在精神、品格、信念、理想和尊严来体现的，它所弘扬的是蕴含于其中的质朴、坚韧、善良和互助这些美德。不断地放大社会中的悲情成分容易误导社会大众，更会加剧不良社会情绪的形成。访谈节目要以一种理性的态度看待社会现象，引导一种乐观、积极向上的生活态度，与观众一起从平凡事件中寻找人生真谛。

（二）形式创新

在TV2.0技术下，将访谈节目与其他媒体相结合，打造立体化播放平台TV2.0的概念最初是由美国《连线》杂志提出的，它把宽带电视（IPTV）、点对点技术（P2PTV）、高清电视（HDTV）等不同形态的电视技术称为TV2.0。TV2.0强调传统电视与现代网络媒体相融合，具有鲜明的互联网特征，其核心精神在于"观众参与，与观众互动，观众决定舞台"。通过这种交互提高观众的积极性，实现电视和互联网的真正融合。在TV2.0制作理念下，上海电视台第一财经频道先后推出了《波士堂》《上班这点事》等具有典型代表性的节目。这些节目大胆整合电视与网络两大媒介，首次尝试网络全球直播，突破了长期以来我国电视访谈节目录播的瓶颈。同时，在播出上也采取了相应的策略：节目制作完成后，电视台和网络会同步播出，实现电视、网络双线启动，例如土豆网会同步播放《波士堂》《上班这点事》的同期节目。利用互联网的广泛传播和网络传播的"置顶模式"，大大增加了节目的收视人数。江苏卫视的《非诚勿扰》在播出过程中，与新浪微博联手，实现电视和网络的直接互动。网友可以通过新浪微博关注节目的进展情况，并与主持人和嘉宾进行实时互动。

节目在形式方面的考究对于播出效果起着非常重要的作用。在这个快节奏的社会环境下，快餐化、碎片化成为消费文化的标签，单纯靠内容来吸引观众已经力不从心，需要吸收一些更加夺人眼球的视听元素来满足观众的需求。把表演、舞台、音乐等元素纳入节目中，并将这些元素进行一定的组合以达到更好的效果，已成为节目创新的一个重要方面。

例如，在天津卫视《今夜有戏》节目中，主持人郭德纲和访谈嘉宾们一起喝茶，形式灵活。节目舞台设计成橱窗样式，每期节目都会根据所邀请嘉宾的不同而变动。邀请穆桂英扮演者苗圃时，橱窗中的人物穿着戏曲服装，同时舞台中还放置了旗、枪等道具，放置茶水的桌子也被替换成大鼓。节目音乐还突出锣鼓叉等戏曲元素。另外，还通过请嘉宾表演小品、演唱小曲小调等营造出浓厚的戏曲氛围。而在邀请演员杨幂时，橱窗的设计又非常具有现代化元素，符合杨幂时尚靓丽的外形。节目通过这些手段，真正做到了将表演、舞台、音乐和节目充分融合。

形式的创新已成为访谈节目的有力武器，但电视节目创作者在追求娱乐化形式的同时，应当全方位考量其可行性，包括安全性、文化性、适应性等。贵州卫视的"水上综艺访谈秀"《非常访谈》，将豪华游泳池变身为演播室，沙发变为弹射座椅。主持人朱丹站在游泳池边提问，4位主持团成员和嘉宾坐在2米高的游泳池边回答各种刁钻的问题，他们时刻要准备着遭遇水枪、水柱、高空弹水等"水上危险招待"。这样的水上访谈形式虽充满刺激，但另一方面，节目的安全性也被质疑，目前已停播，因此，形式的创新一定要慎重。

五、电视访谈节目创新趋势

在长期的发展和探索中，电视访谈节目在自身创作方面不断推陈出新。近几年的访谈节目虽然处于平稳发展阶段，但仍然出现了一些值得借鉴和推崇的创新趋势。

（一）话题的对抗性加强

当今社会，人们对事物的认识和看法越来越趋于多元化，访谈节目在选择话题时，应该更加突出话题的对抗性，甄选出那些社会大众观点不一、持续争论的话题，摆到访谈场中，让不同观点的嘉宾"对簿公堂"，形成交锋。持不同观点的人可以在交锋中不断用事实和真理作为论据驳斥对方，让观众体验到情绪尽情释放的愉悦，同时也能受到一定的思想启发。凤凰卫视的《一虎一席谈》节目可谓这方面的典范，主持人胡一虎抛出具有争议性的热点话题之后，双方嘉宾开始轮流阐述自己的观点，提供有力的论据，正反方展开互斥辩论，舆论场的声势渐起。在其播出的有关"谁在给黄金周添堵"的一期节目中，双方针对"该不该恢复五一黄金周泄洪"展开了一场激烈的交锋。有嘉宾通过数据说明，五一黄金周的取消造成了十一更加拥挤。要在保留小长假，继续积极推动带薪休假中，积极地恢复五一黄金周，从而起到分流的作用。反对的观点则认为这是饮鸩止渴，要靠结构调整才能解决问题；多开黄金周，不是在泄洪，而是在增洪；泄洪要泄在365天中去，不是泄一个口子就能解决掉。场上多位嘉宾表达自己的意见，场下的观众也纷纷提出自己的见解，场上场下互动频繁，现场氛围极为热烈，这种对抗的过程也调动了电视机前观众的兴趣。话题的对抗性不仅体现在辩论类节目中，脱口秀节目也可利用该特质，如东方卫视的《今晚80后脱口秀》，节目中主持人各种幽默风趣的吐槽深受观众喜欢，这些吐槽便是充分利用各种社会热点话题对抗性的体现。

（二）多种元素的组合

访谈节目呈现出多种元素交融的趋势，将传达信息、情感交流、愉悦身心结合在一起，而且在这种组合中各个元素都受到了更多的重视。在选择话题时，更加注重其时效性，针对观众所关注的话题，从不同角度切入引申出各种访谈内容。另外，节目也更加注重"人性化"的理念，关注"人"的生活状况，关注"人"的精神需求，通过情感的沟通去探视"人"的内心世界。访谈类节目用情感温暖人心，为观众提供了一个释放情感、交流思想的有效渠道。与生硬的播报式和记录式电视节目相比，访谈节目更为平易近人，更具人情味，也更容易引起大众的共鸣。在传达信息、释放情感的同时，访谈节目还可以将娱乐元素纳入其中，既能使节奏保持起伏跌宕，又能凸显或喜或悲的氛围，不断激发嘉宾和观众的情感，达到更好的节目效果。

中央电视台《看见》栏目中柴静对《泰坦尼克号》导演卡梅隆的采访就充分融合了多种元素。节目中既有"把《泰坦尼克号》做成 3D 版重新上映，是不是为了赚钱"这种信息类问题，又有"你是否找到了理想的女性"这类能够吸引大家眼球的"爱情"问题。同时还传递了卡梅隆对于节目创作的心理感受。这些使得节目既有人文内涵，同时又不失娱乐功能。

（三）访谈场的扩展

访谈场是指在主持人、嘉宾、观众畅所欲言的访谈现场，各种信息多向流动、不同思想相互碰撞所形成的"场"。访谈节目应该充分利用互联网的便捷性和互动性，将网络资源纳入电视访谈节目的设置当中，扩展访谈场。一些访谈节目开始将网络意见同步直播，并针对自身的受众群，在网络上精准地发布信息，将访谈场从有限的现实空间扩展到无限的网络空间。

东方卫视播出的访谈节目《东方直播室》，就充分运用了网络元素，是一档将电视与网络融合的典型节目。节目在演播室中不仅邀请了现场嘉宾，而且还有网友同步在线，并且以大屏幕的形式将在线网友一一"挂"在现场。他们不仅可以直接与主持人及现场嘉宾或观众进行交流，还可将意见和建议随时发布到网上，和广大网友一起分享。现场观众可以针对话题提出自己的不同意见，并且进行现场投票，形成两种观点对峙的紧张气氛。这一融合既增加了节目的可视性，又拓展了原有的访谈场。此外，在节目播出过程中，屏幕下方会实时滚动播出来自各个论坛或博客的网友的具体看法以及网友意见的统计情况。电视机前的观众可以通过手机发送短信进行投票表决，统计的结果会直接标注在屏幕下方。这些措施将网络、电视、手机多种媒体连接起来，在更大程度上扩展了节目的访谈场，由演播室扩展到观众的现实空间，再到网络的无限空间，极大地提升了节目的影响力，提高了收视率。

（四）可视性的再延伸

访谈节目在可视性方面也在不断拓展新的空间，以满足观众的多种需要。节目开始更多地用影像短片替代主持人的介绍，并且通过后期的剪辑和风格化处理，形成多样化的动感效果，将演播室延伸到更宏大的话语空间。

湖南卫视 2008 年推出的访谈节目《零点锋云》，以电视博客的精神，搜索当下最鲜活的思想，吸引社会精英持续发声、自由表达，以反映精英文化、大众文化、商业文化和青年亚文化。节目在访谈的过程中没有固定的主持人。而是每期选择两位能够在思想上产生火花的嘉宾，针对不同的话题进行探讨，用"时间沙漏"来计时。由于每期选择的嘉宾不同，因此所选的访谈场所也有所不同。比如在"韩寒与陈丹青的求和游戏"这期节目中，访谈是在一个画室里进行的，韩寒与陈丹青两人边吃边聊；在《石康：你赚不到一千万》这期节目中，导演兼编剧郑晓龙和编剧石康是在餐厅里进行交谈的；而在《杨幂、安意如：你会接受潜规则？》那期节目中，访谈场所则选在了客厅。该节目每期都会根据话题和嘉宾的特点选择不同的拍摄背景和方式，有效地扩展了节目的可视性。

第三节　电视综艺节目的创新元素与趋势

一、电视综艺节目的定义

在讨论电视综艺节目的创新历程之前，我们有必要对其定义进行一个梳理。美国是世界上电视业最发达的国家之一，电视综艺节目起步较早，时至今日，仍对各国综艺节目的发展有着极大的影响。"综艺"（Variety）一词也源自美国，所谓综艺就是汇合娱乐艺术，它的内容广泛，几乎无所不包。美国综艺节目具有一套制作规则，就是主创人员必须先找到节目的支撑点，然后设置一个明确主题作为中心，再根据两者完善节目的结构，并把节目的各个部分串联成一个总体。所以，综艺节目包含了各种各样的形式，以表现丰富的内容。美国的电视综艺节目以往被认为是"杂耍表演形式的一种电视版本"，"由一系列短小但不相关的歌曲、舞蹈、滑稽幽默剧组成，是一种带有戏剧性的娱乐表演"。这一定义指出了美国综艺节目的两个特点：其一，节目中往往包括多种表演形式；其二，综艺节目是以娱乐为目的的一种节目形态。

这两个特点在我国电视综艺节目中同样存在。经过多年的发展，电视综艺节目在内容和形态上不断摸索创新，以上对美国早期综艺节目的定义已无法完全适用于现在的综艺节目。此外，技术的发展也为电视综艺节目的制作提供了更大的空间，原先只能停留在想象中的各种创意已变成现实。

高鑫教授在《电视艺术学》中对电视综艺节目所下的定义为："充分调动电子

的技术手段，对各种文艺样式进行二度创作，既保留原有文艺形态的艺术价值，又充分发挥电子创作的特殊艺术功能，给观众提供文化娱乐和审美享受的电视节目形态。"这一定义在国内具有一定的权威性，也得到普遍的认可。

正如高鑫教授所说，如今的综艺节目已不再是单纯地将杂耍和戏剧表演搬上电视的舞台，而是对各种文艺样式进行再创作后的产物。技术的力量被重视，并在电视综艺节目中得到广泛的运用。高鑫教授也在定义中指出了综艺节目的目的，即在娱悦大众的同时，提升观众的审美情趣。这也就意味着，综艺节目不应只是用来提供娱乐消遣的，还需具备一定的价值意义。然而，反观如今众多的电视综艺节目，审美的目的常常被忽视。很多节目一味地追求利益而走向了低俗化的娱乐，依靠丑、暴力、性等元素来夺人眼球。这不仅与审美背道而驰，更可能误导公众的价值取向，逐渐走向"娱乐至死"的境地。

几乎没有一个定义可以完整地涵盖如今的电视综艺节目，越来越多的元素正融入节目中来，节目形态也在不断地发生改变。因此，把它比作是"盛装果实的篮子"是再合适不过的了。但有一点是始终不变的：电视综艺节目既是一种电视减压阀，为观众带去轻松和快乐；也是精彩的文化大餐，让观众在放松之余得到艺术和美的体验。

二、电视综艺节目的创新元素

新的节目元素往往能给受众带来新鲜感，有助于营造出一种"陌生化"的传播效果，从而使节目能够始终吸引电视观众的眼球。大体而言，电视综艺节目的创新元素主要体现在三个层面：形态创新、内容创新和价值创新。

（一）节目形态层面

一档电视节目只有转化成具体的电视节目形态，才能为观众所接受，达到传播和服务的目的。然而一种电视节目形态本身就是一个不断改变、成长、优化、蜕变或衰落的过程。对于电视综艺节目而言，形态创新是节目适应多变的收视需求、丰富节目内容、树立品牌形象和吸引受众收视兴趣的必要手段。同时也是节目得以克服电视节目模式化的重要手段。从近几年综艺节目的发展来看，音乐、舞蹈等元素受到节目的青睐，其他类型节目的元素也开始在电视综艺节目中崭露头角，如故事、采访、纪实等。

第一，场上、场下的互动性。互动性实质上是指在电视综艺节目的制作和播映过程中传者与观众的合作、交流，共同实现传播目的。互动性已经成为现代电视综艺节目的重要特征。观众作为电视综艺节目形态的重要构成元素，应当发挥其积极作用，参与并影响节目。例如河南卫视的《汉字英雄》节目实时互动同步推出 App，使用这款 App 的手机用户可以与节目现场选手一起答题，最终互动积分最高的适龄手机用户将有机会来到终极决战现场，这有效刺激了场外观众的答题欲望，极大地增强了节目的互动性。

第二，网络元素的充分运用。网络的力量已经深入人心，它可以将大量的信息进行迅速有效的传播，并由此成为督促节目改进、变革的重要力量。电视综艺节目要充分重视网络的影响力，可以充分利用各种视频网站和社交网站，作为节目的立足点，以此投放广告，提高节目的知名度和收视率。

第三，综合多种元素，丰富节目形态。综艺节目是集各种艺术形式为一体的节目形态，比其他节目形态具有更加广泛的表现空间。在音乐、舞蹈、杂技、魔术等多种元素的基础上，一些新的元素也不断被综艺节目借用，例如新闻元素和纪实元素等。新闻元素和纪实元素在电视综艺节目中的运用。以中央电视台《春节联欢晚会》《非常6+1》《开心辞典》和《星光大道》等最为突出。新闻元素和纪实元素的成功运用，给电视综艺节目增添了活力，同时也使电视综艺节目的创作之路变得更宽广。

（二）节目内容层面

电视节目的功能需要通过各种内容元素来实现，综艺节目也不例外。音乐、舞蹈、相声、小品、游戏、博彩、益智等内容元素都可以被融入电视综艺节目之中，从而使节目更加吸引观众，并实现其娱乐消遣的功能。

第一，多样化的节目主题。随着经济的发展、社会的进步，观众对于电视节目娱乐性、文化性的需求也有了明显提高，模式化的综艺节目根本无法激起观众的收视热情。因此，综艺节目要想走得更远，就必须丰富节目主题，不断推陈出新。如韩国KBS电视台推出的综艺节目《青春不败》，由韩国女歌手团体中的7位成员重新组成G7（Girl7）固定出演，由资深演员卢珠贤、搞笑艺人金申英和歌手金泰宇担当主持人。他们在"偶像村"里，一边游戏，一边干农活，如饲养牲畜、制作传统食品、修建农舍、服务村民等，体验自给自足的乡村生活，展示农村生活的方方面面。该节目以全新的体验式综艺内容，在播映后不久便成为最受欢迎的节目之一。节目中展示的舞蹈和音乐都是G7所属组合的主打歌曲，G7借助节目平台展示自己的才艺，宣传新作品，扩大了影响力，制造了新流行。同时，她们还在体验农村生活的同时，学习和宣传了大量的农业知识。

第二，平民化的视角。所谓电视综艺节目的平民化，就是指普通观众越来越多地参与到综艺节目中去，与节目进行良好的互动，甚至成为电视综艺节目中的主角。平民化的视角应以反映平民生活、满足平民需求为基本特征，因为平民大众是电视节目生生不息的源泉和灵感，任何一档优秀的综艺娱乐节目都离不开普通受众的支持。娱乐节目应该回归到百姓的日常生活，走进身边小人物的生活当中。如《智勇大冲关》是湖南卫视制作的一档全民体验竞技魅力的节目。这档节目除了以丰厚的奖品鼓励民众参与运动外，还能让观众亲身体会到参与挑战的兴奋和激情。湖南卫视的平民创意舞蹈秀《奇舞飞扬》在节目中设置了OUT区，选手首次被赋予淘汰评委的权利，更体现了以平民为主的宗旨。

第三，人文性与娱乐性相结合。随着人们欣赏水平的不断提高，人们的追求亦不再浮于表面，而是更加注重艺术内涵、人文内涵。以央视《春节联欢晚会》为例，其节目内容的丰富多样、舞台设计的美轮美奂，都是其他电视艺术形式无法匹敌的。晚会中融合了各个民族的独特元素、各种艺术表现形式、不同领域的演员和歌手，将人文性和娱乐性进行了完美融合。二者的结合让观众在充分享受到多种艺术所带来的视觉美感的同时，也体会到了节目所传达出来的人文价值和欢乐氛围。又比如江苏卫视《非常了得》的节目宗旨是"辨人识事长知识"。节目形式打破了智力问答类节目的传统模式，以猜题为载体，通过众多出题嘉宾与各类丰富的题目表述展现了当代各行各业能人志士的风采。通过该节目，观众能够了解到许多之前不了解或不曾留心的知识，从而增长见识，丰富人生阅历。

（三）节目价值层面

电视综艺节目作为娱乐节目族群中的一员，由于缺乏价值深度而发展受限。因为娱乐本身便是一种消解意义、去除深度的行为。出于收视率、商业利益的驱动，电视节目的娱乐化程度不断加深。缺乏意义，甚至充满低级趣味的节目大行其道，电视作为大众传媒工具理应具有的社会责任感和价值追求被逐渐削弱。因此，价值创新业已成为电视综艺节目发展之路上必须探究的课题。应该努力"把娱乐享受与精神感悟连成一体"，让电视综艺节目彰显出别样风采。

例如，湖北卫视的《我爱我的祖国》就将娱乐节目成功地和爱国主题结合起来。每期节目播出东、南、西、北、中五个不同地域的表演，比如广东的醒狮、足球发源地山东的花式足球等。同时节目邀请两队明星参与答题比拼，阵容强大。节目首先请他们参与抢答和节目表演相关的知识，包括民族文化、传统故事等。在每个环节的接歌词单元中，不同歌曲如《男儿当自强》《好汉歌》等与各个地域也有着直接的关系，表达出浓浓的地域和爱国情怀。节目还让明星嘉宾和表演嘉宾进行互动，进行情景展示等。节目综合了戏剧、相声、杂技、歌曲、舞蹈等多种艺术形式，通过爱国主题的串联，传达出积极向上、轻松愉悦的娱乐氛围。

在形态创新、内容创新、价值创新的多重作用下，电视综艺节目才逐渐繁荣发展起来。

三、电视综艺节目的创新趋势

（一）"素人"时代的来临

"素人"来自日语，通常指非专业人士、业余爱好者、业余艺术家。"素人"

本质上是平民，与真人同样具有"真实性"的特征，但他们具有一定的艺术素养，更有美感，并有可能"被造星"。所谓"素人"化则是在平民化的基础上进一步升华。单纯依靠明星并非电视综艺节目的长久之道，从素人中挖掘素材更具可持续发展潜力。目前，素人时代已经到来。如江苏卫视的《非常了得》《一站到底》，浙江卫视的《我爱记歌词》《冲关我最棒》，中央电视台的《黄金100秒》《星光大道》等多个节目均为具有一定素养的平民百姓提供了舞台。

（二）娱乐专业化

近年来，综艺节目娱乐的专业化趋势尤甚，不再是谁都能玩的游戏，而是专业性的比拼、精细化的制作。如江苏卫视的《星跳水立方》中，跳水从动作、打分、赛制、场地都堪称专业，均按国际标准实施。各位不会跳水的明星，进行专业的跳水比拼，充分体现了娱乐专业化趋势。

从电视节目主持人的设置上看，这一趋势也逐渐明显。主持人不仅需要过硬的语言功底，同时还应当具有和节目相匹配的专业素质。如天津卫视的《军歌嘹亮》是为八一建军节献礼的特别节目，以一位军旅歌手搭档一位地方歌手配对的形式进行歌唱比赛。节目的主持人为韩红，她口语表达能力强，本身为军旅歌手，让其主持更有说服力。

（三）继续依赖名人效应

尽管素人时代到来，但名人仍旧是电视综艺节目发展的制胜法宝。深圳卫视的《男左女右》以知名主持人李湘和张宇搭档，参加者为男队、女队两组明星，他们通过一系列PK环节和互动环节呈现男女不同的视角与观点。另外，目前很多综艺节目都选择将名人和素人组合搭配，吸收双方在人气和地气方面的优势。如天津卫视的明星模仿秀栏目《天下无双》，节目每期邀请一位国内一线歌手与5位模仿者同台飙歌，共同演绎6首该歌手的代表曲目，接受6组神秘评委的盲选淘汰，成功地融合了名人元素与素人元素。又比如2013年的《我要上春晚》，与以往节目不同，节目首次推出了"明星上春晚"板块，将明星也置于比赛的激烈环境中，更具名人效应。

（四）人文化趋势凸显

综艺节目的人文化走向主要体现为以人为本，关注观众，强化对观众的服务意识。江苏卫视的益智类游戏闯关节目《芝麻开门》，在娱乐的基础上引进了"心愿""为他人而战"等概念，充满温情，带有人文色彩。湖南卫视的《天天向上》关注中国千年礼仪之邦的礼仪文化，节目寓教于乐，具有人文气息。包括以慈善、公益为目的的综艺节目的兴盛，如《梦想合唱团》《天声一队》等都体现了综艺节目的人文化趋势。

（五）新技术引领跨媒体传播

　　跨媒体传播已成为时下综艺节目发展的必然趋势。通过二维码连通手机与电视等技术创新手段不断涌现。江苏综艺频道的全媒体互动音乐游戏节目《都来唱吧》，同样也引入了社交 K 歌手机 App 应用"唱吧"，成功地带动了节目的模式创新。观众通过"唱吧"唱歌，可以获得智能系统打分和挑战者实时互动，获得奖品。节目借助新技术，打通了手机—网络—电视三大媒体，成功地应用了多屏时代多终端全新联动模式。

第四节　电视纪录片节目创新案例分析

一、美国探索频道《流言终结者》

　　《流言终结者》是美国探索频道于 2003 年推出的一档科普纪录片节目。节目主题来自各种广为流传的谣言、都市传闻、网络神话、历史传说以及影视中的表演片段，一般每集会有一个专题，解决 2 ~ 4 个相关的流言。主持人运用科学的方法，通过时而动感十足、时而有悖常理的古怪表现方式，进行合理的实验，从而揭开流言背后的真相。节目从 2003 年开播，采取季播形式，受众群庞大而稳定。该纪录片节目有 5 个主要创新点。

（一）以科学严谨的态度，用实验终结流言

　　主持人杰米与亚当都对科学真理有着疯狂的追求，他们针对所有流言都会用科学的思维方式来审视，并且会通过自身掌握的科学知识与经验来解决节目中遇见的各种迷思。"我拒绝接受你提供的事实，我要自己证明它的真伪"是主持人亚当的口头禅。在对每一则流言进行验证的时候，主持人首先会在专门的实验室里进行前期的理论性验证。在这个阶段，主持人将运用相应的科学原理和精确的测量工具进行探索性实验，当理论性的探索被通过时，接下来主持人将搭建真正的实验场地进行真人实验。例如在第八季的一集节目中，两名主持人要验证在 Youtube 上的一段备受关注的视频，在一段弧形的滑板上，一名男子通过高速运动的冲力，准确地滑进 33 米以外的一个小型的便捷式游泳池里。于是主持人首先在实验室里根据实物的比例做了简易的滑道、游泳池和小人，反复进行实验。之后，他们选择了一片广阔的外景地，在湖边修建了一个与视频中相同的大型滑道，两名主持人冒着危险进行了现场的实证表演。最后对该流言进行了评论，得出自己的实验结论。

（二）选题天马行空，充满奇思妙想

节目的选题来自各种流言，选题范围广泛且充满了奇异色彩。例如，往期的选题有"单凭人类的声音能震碎玻璃""从高楼掉下的硬币会砸死地面上的人""潜入水中能掩护人不被枪射中""坐飞机上厕所，坐在马桶上就冲水的话屁股会被吸住""一辆汽车全速撞向扫雪机会被劈成两半"等等。这些选题有些观众经历过，大部分人都只是道听途说，但是很少有人知道它们的真伪。节目在主持人的带领下，通过各种创意性的实验和奇思妙想的方式，解答观众的疑问。

（三）主持人个个身怀绝技，各具特色

节目的主持人共有5位，动感双人组亚当·沙维奇（Adam Savage）和杰米·海纳曼（Jamie Hyneman）负责主要的实验部分，另外有托里·贝莱茨（Tory Belleci）、卡丽·拜伦（Kari Byron）和格兰特·伊玛哈拉（Grant Imahara）组成的三人组，两组主持人同步进行不同的实验，交叉播出。这5位主持人个个身怀绝技，各具特色。头戴贝雷帽、身材魁梧并留着稠密胡须的杰米，是一位传奇人物，有野外生存专家、船长、潜水员、语言学家、放牧人、机械师和厨师等多种头衔。他从事视觉特效工作30多年，为上百部广告片和电影制作模型和特效，并创办了M5实业公司。他在主持中以严肃、严谨的风格，与亚当形成鲜明对比。亚当曾做过电影放映员、动画师、绘图设计师、木匠、舞美、室内设计师、玩具设计师、焊接工和风景画家等，这些从业经历让他对诸多材料和技术领域特别熟悉。他技艺高超，能把头脑里的一切东西变成现实。亚当于1993年开始从事特效行业，参与过《星球大战》第1集和第2集、《太空牛仔》《银河访客》《魔鬼终结者3》《黑客帝国3》《人工智能》和《小飞侠》等片的制作。他戴着标志性的黑框眼镜、留着红色头发和山羊胡，说话总是妙语连珠，负责搞活节目气氛。托里·贝莱茨毕业于旧金山州立大学电影学院，曾为《星球大战》第1集和第2集等电影制作模型。格兰特是电子学和无线电控制专家，曾是一位电子动画工程师，为工业光学魔术公司制作模型和特效，曾参与拍摄制作的电影有《侏罗纪公园》《星球大战》第1集、《魔鬼终结者3》《人工智能》和《狙魔人》。卡丽·拜伦则以自己丰富的科学知识和无穷的创意解答各种流言。另外，她外形靓丽，活泼而充满野性，在这个以男性为主的主持团队中，起到了一定的平衡作用。

（四）实验场地丰富多样，演播室被大大拓展

对每则流言进行实证时，该节目会根据实验的具体要求搭建真实场景，这就扩大了表演的空间，拓宽了演播室的范围，突破了传统电视节目的空间限制。节目的拍摄场地除了有固定的实验室外，还包括郊外的山坡、湖泊、荒地、专门的消防训练楼、机场以及游泳池等地。在重现"企图刺杀希特勒"这集中，杰米和亚当带领节目组来到一片荒地，搭建场景还原了流言中传说的刺杀方式。节目组

找来挖掘机挖了一个 3.7 米深的坑，将代表房间的一个大的卡车集装箱埋进去，进行爆炸性实验。在验证"车总往右转会省油"的一期节目中，主持人亲自开车环绕当地的一座名为金银岛的城市进行了实验。在验证电影中屡次出现主人公用手抓住飞机和高楼的边角却能坚持很久的实验时，节目组分别到机场和游泳池进行了实验。

（五）真实记录实验的全过程，突出纪实和实验性

节目中实验的整个过程会被全程记录下来，从一则流言被提出，到制作模型验证，再到实地验证，每一步都被详细记录。在录制过程中，由于实验的不确定性，经常会出现一些出乎意料的结果，这时整个节目组包括主持人的表现和反应都会被真实地记录下来。例如在《超级英雄实验》一集中，由于杰米被挂在天花板上无法下来，只好切断绳索，结果鼻子被自制的小型爬绳机割伤；在考证"便宜水陆两用气垫船"的流言时，亚当的下嘴唇被吸尘器马达吸入并割伤；在验证手的支撑力的一期节目中，贝莱茨的膝盖也在下降的过程中，被楼房的窗台严重磕破。但主持人的反应却是镇定而幽默的，总是能够处变不惊，过渡自然而真实，让观众感同身受，紧张而刺激。

二、浙江卫视《浙江文化地理》

《浙江文化地理》是由浙江卫视于 2009 年 9 月 13 日推出的一部纪录片，总共分为 10 集，包括《寻舟记》《寻剑记》《寻琴记》《问茶记》《问城记》《问帖记》等。它不仅展示美丽多姿的自然景观，探寻环境与人类之间的依存关系，更着力探究人与社会因素和浙江文化地理形成的关系。它把构成浙江文明的书法、剑、曲、僧、琴、舟、茶、宅、藏书、青瓷等作为故事的内核，融合了天文、历史、地理等元素，综合了新闻、纪录片、电视散文等电视语言，全景式描绘了浙江 7000 年人文地理的变迁，并将其置于整个中华文明的体系中加以观照，深邃而不失通俗，繁多而不见零乱，呈现给观众非同一般的视觉观感。这部纪录片主要有如下创新点。

（一）用历史真相颠覆传统认知

从各个分集的名字中我们可以看到，整部纪录片以"问"和"寻"为基调，除了展现浙江壮美的自然景观外，还通过对历史故事和典故的深入研究和解读，揭示背后不为人知的真相，颠覆观众传统的认知理念。创作者根据器物在浙江出现的时间和相关历史进行调查和考证，针对史书和民间口口相传的一些故事和观点，聘请文化学者、历史学家、考古专家、地理学者、文学作家、艺术家等多个领域的专家学者共同探讨，从而确保颠覆传统的观点有据可查，有理可推。这种开放的格局、多点的观照以及贯通的思维，丰富了作品的思想内涵，使得作品找寻到了一个独特的解读历史的思维和方法。该节目克服了以往纪录片对事件和人

物挖掘不深、浮于表面"事实"这样一种顽疾，用真凭实据打破固定的理论体系，将故事背后的蛛丝马迹呈现给观众，让真相大白于天下。

例如，关于王羲之的《兰亭集序》，人们所知道的故事情节一般都是一批文人墨客在一个天朗气清的日子里"曲水流觞"，"把酒作诗"，兴趣大发之时成就了这个传世佳作。然而真相仅仅如此吗？这是在怎样的一种环境下产生的呢？

《问帖记》本着探索原则，通过不断地采访绍兴当地研究王羲之的学者和晋代历史研究专家，获得了充分翔实的第一手资料，从而拨开单纯的"曲水流觞"的画面，将叙事视角放在历史大背景和人物的关系当中。事实上，这是永和九年东晋与前秦在开战前的一次军政内部缓和各方利益关系的集会，有东晋最高军事将领桓温和北伐统帅殷浩，而王羲之则兼任北伐右将军和会稽内史的职务，他是两者关系的协调者。其实这是一次不折不扣的军事会议，与会者都是有一定军事级别和身份的掌权者。这就是通过调查和考证，颠覆了人们的传统认知，挖掘出不为人知的历史真相。

（二）文本考究，画面制作精良

《浙江文化地理》的文本语言在突出文学化、诗意化格调的同时，还具有一定的哲理，通过诗意化的文字传递一种独立的文化思考。在影像的制作方面，《浙江文化地理》注重画面的质量和美感，采用最新的高清摄像机拍摄，利用航拍、大摇臂等拍摄手法。为了使画面更美观，该节目对于颇具江南文化意蕴的写意性书画元素进行创造性处理，既完成了叙述的功能，也保持了影像的美学化风格。在后期制作中首次采用高清剪辑机剪辑，用三维动画创新地再现历史图景，并在保证画面质量的基础上，进行了整体的调色处理。这个节目对于历史图像的再现不是简单的克隆，而是通过对考古文物的发掘研究去推理、去发现，在专家的指导下运用想象思维去创造性地再现人们所没有见过的图景，让观众有一种新奇的审美体验。例如在《问城记》这一集中，节目从一批出土的文物入手来研究良渚文化，经过对古遗址的探索考究推测出了良渚古城的所在地，每一步都经过专家学者的分析和解读。《寻梦记》中运用了大量的景观镜头，一系列构图考究的镜头将汤显祖创作《牡丹亭》的浙江遂昌完美地展现了出来：云雾环绕的青山、姹紫嫣红的杜鹃花、飞流直下的瀑布等如此清丽的画面，再配上《牡丹亭》的吟唱，不仅增强了画面的美感，还给观众以充分的想象空间。

（三）叙事结构开放多样

《浙江文化地理》根据不同的题材和情节发展而采用不同的叙事结构，在故事的讲述中不轻易下结论，而是通过资料去引导观众亲身感受和思考，充分调动观众的质疑精神，这不但增强了节目的趣味性，而且有利于观众重新认识历史。节目的各分集纪录片在叙事上摈弃了一味地追求故事的情节化和曲折化的做法，每集节目都有一种内在逻辑上的牵引力在推动情节的发展，故事情节布满悬疑色彩，故事结构一波三折。中国传媒大学何苏六教授在谈到《浙江文化地理》叙事的多样性时说："如江南之建筑，依水形而建，借山势而立；似江南之景色，绰约有致，同为主体，互为背景。时而大环中套着小环，环环相生，如西湖景色，问而不答，像《寻剑记》；时而在波涛中激荡起朵朵浪花，裹挟前行，汹涌而至，轰然释放，似钱江潮，像《问帖记》；时而又层层叠加，逐步累积，如登临六和，登高望远，豁然开朗，如《寻舟记》，等等，不一而足。"

此外，创作者不再将重点放在介绍上，而是围绕着物件串联故事，将历史故事注入新的元素，用现代视角解读历史。主创人员用寻访和发现的姿态周转于浙江各地，在遗留千年的古籍、遗址、山水、书画中找寻历史与当前在精神上的契合点。该节目还充分运用各个学科的最新研究资料和成果，采用多种手法，用影像手段书写出独特的文化地理演变轨迹。

第五节　电视体育竞技类节目的创新元素与趋势

一、电视体育竞技类节目的创新元素

电视体育节目以其独有的激烈性和不可预知性吸引着众多电视观众的眼球。在"80后"与"90后"慢慢占据电视体育节目收视主体的今天，体育已成为越来越多人津津乐道的话题。电视体育节目形态创新的基本元素主要有以下几种。

（一）受众元素

电视节目的受众定位是指节目为哪个目标受众群而设置的。体育节目的受众非常明确，那就是不同类型的体育爱好者。

西方电视体育节目编排以尽量迎合受众的趣味、争取最大的观众市场为宗旨。以美国电视节目的编排为例：在美国最受欢迎的比赛是职业橄榄球比赛，通常有1/3以上的观众收看；然后根据受欢迎的程度依次是职业棒球赛、大学生橄榄球赛、拳击、大学生篮球赛和职业篮球赛。相对来说，看高尔夫、赛车、足球、曲棍球和保龄球的人要少些，因此它们安排的时间段、位置也会不同。美国电视甚至介入体育比赛。由它们来安排体育比赛时间。比如为了争取最大量的太平洋西岸观众，将东部比赛安排在夜间灯光下进行。

中国体育在几十年的成长历程中，一直是政治宣传的重要工具。在国际赛场上，中国运动员的重大胜利都成为制度优越的重要成果。作为政府喉舌的电视台自然地将电视体育的受众定位为全体国人。随着社会的进步和传播观念的转变，电视体育受众定位逐渐细化，开始定位在真正热爱体育、关心体育事业的体育爱好者身上。20 世纪 90 年代后，中国电视体育发展的一个重要现象是受众意识逐渐增强。具体表现是，栏目为适应受众的需求而进行"聚变"和"裂变"的过程。所谓"聚变"，就是将各种各样的体育事件、现象进行集中，以相对固定的方式将各种竞赛项目集中起来呈现给受众，这种"满汉全席"的方式，满足了受众全面了解体坛状况的需求。中央电视台的《体育大世界》、北京电视台与其他电视台联合制作的《中国体育报道》等就是如此。此类栏目仿佛是镜头中的"大全景"，透过它可以全方位地了解各种体育消息。而当受众需要具体了解某一类体育赛事较为详细的情况时，"裂变"就开始了。这是一个将"大全景"推成"近景"或"特写"的过程，这个过程从中央电视台体育频道和继之而起的各地方台体育频道、体育板块的设置之时开始。以电视足球节目为例，它是最早实施裂变过程的。自 1994 年开始的中国足球联赛极大地丰富了电视荧屏，以此为突破口，一大批足球栏目脱颖而出。《足球俱乐部》《足球之夜》《足球纪事》和各种展现国际足球风貌的栏目《国际足球赛场》《足球集锦》，以及意甲、德甲、英超的赛事转播等，纷纷抢滩荧屏。就足球这样一个中心话题，为适应各种不同类型、不同欣赏口味、不同需求的受众，可以裂变出形态各不相同的栏目。以《足球之夜》为例，栏目创办伊始，就喊出了"《足球之夜》，球迷每周的节日"的口号，一时间球迷受众趋之若鹜。有人统计，《足球之夜》在中等以上城市收视率超过 20%，迅速成为电视体育栏目的一座重镇。事实上，电视体育节目一方面不断地满足受众的需求，另一方面又因对喜爱体育的受众的明确定位而又不断地促进其产生新的需求，不断地提高受众的欣赏水平。这是一个良性的循环状态，在这一过程中，受众定位也将越来越明确。

（二）栏目类型元素

就栏目定位来说，体育栏目以体育人物、事件及相关现象为主要内容，体育是其核心，注重新闻时效性是其重要特征。

电视是体育的天然媒体，它能将正在进行的赛事和刚刚发生的比赛结果在第一时间传达给受众，因此直播或对赛事进行剪辑的形式在电视体育栏目中居于主导地位。

（三）栏目包装元素

栏目包装是指各种丰富栏目形态的手段和形式，其目的是提高栏目的形式美感，使节目更加深入人心。栏目包装通常包括栏目的片头、片花、栏标、演播室等。体育栏目在包装上要突出体育竞技的运动感、对抗性和超越精神。

体育竞赛是强者之间的竞争，电视呈现给受众的大都是有一定级别的赛事，那些激烈的强对抗体育赛事就成了引人注目的焦点。所以，突出强对抗和运动感并突出体育竞技的超越精神，是保证体育栏目包装成功的重要因素。

球类运动的专题栏目在这方面表现得尤为明显，特别是片头和片花。如大型专题栏目《足球之夜》在25秒长的片头里，音乐强劲有力有如进军的号角，而整个片头的十几个镜头里所呈现的恰恰是绿茵场上最激动人心、最引人注目的场景：巧妙的带球过人、漂亮的凌空抽射、精彩的险球扑救，还有进球球员兴奋的狂奔、飞吻，获胜的球队幸福地拥抱、合影。可以说，《足球之夜》的片头将足球场上的各种精妙之处悉数展现，同时也是对足球内涵的简洁诠释。

由北京电视台、原上海东方电视台和广东电视台联合制作的《中国体育报道》，在片头和片花上都撷取了体育场上的精彩镜头：王军霞于1996年在亚特兰大奥运会获得冠军后身披国旗向观众致意的经典时刻，百米赛跑冲刺的关键瞬间，赛马运动员跨越横栏的矫健身影等。也就是说，在这个以各种体育比赛为对象的栏目中，《中国体育报道》力图通过多种运动项目来全面展示体育的精彩。而中央电视台体育频道的《体育快讯》(《体育新闻》)的片头里，快节奏的音乐伴以投掷铁饼、奋臂扬波、挑射足球的简短画面，刺激着受众的收视欲望。

在演播室置景方面，由于演播室空间的限制，在展现体育的运动感和对抗性上存在先天的不足，但虚拟演播室的出现克服了这一不足，使得体育栏目的演播室可以突破空间的局限性。它运用多媒体的虚拟技术制作出虚拟的模型背景和模型形象，与实景画面同步结合，营造出亦虚亦实的演播现场。《足球之夜》在1998年世界杯足球赛期间所做的特辑节目《法兰西之夜》在对演播室的利用上更具创造性，它所采用的演播室形式能最大限度地贴合节目所要展现的内容。在多期节目中，虚拟演播室制造的虚拟空间将远在法国的一个个物件都"搬"到了演播室，看上去主持人仿佛身临比赛现场。体育的精髓即在运动，对于足球这一对抗性极强的竞技项目来说，展示运动尤为重要。虚拟演播室的引进，打破了传统演播室的静态形式，突出了动感效果，创造了一种新鲜感，充分调动了受众的收视热情。

体育栏目的包装近年来又有新的变化。中央电视台的体育频道最近几年对栏目所做的整体包装效果突出。它注重频道的整体形象，注重通过栏目之外的手段鲜明地体现出体育运动的特征和吸引力，这主要表现在穿插于栏目之间的《请您欣赏》《欣赏与预告》等节目中。各个栏目在包装上对体育特点的强化，以及体育频道整体包装的加强，使体育频道的专业特点越来越突出，受到越来越多受众的认可。

（四）主持人元素

1.专业化程度要求高

与其他类型栏目的主持人相比，体育栏目主持人的独特之处在于：节目属性决定了主持人需要具有较高的体育专业知识。

在体育栏目中，除了一些常规的在演播室中完成的栏目如《体育大世界》《足球之夜》《中国体育》《中国体育报道》等之外，还有大量的赛事直播，有固定时间、固定演播形式和主持方式，如足球中的中超、中甲联赛、排球联赛、乒乓球联赛以及各级国际体育赛事等。主持人往往要与嘉宾一起对比赛进行解说、评判。这要求主持人要有全面的体育知识以及相关体验，熟悉体育赛事的相关规则，只有这样才能对赛事做出准确迅速的评价。例如，孙正平对排球的解说之所以受到大家认可，和他丰富的专业知识积累密不可分。他热爱体育，曾经是学校排球队员，还曾通过排球二级裁判考试。同样，主持解说过国际国内各种级别乒乓球比赛的蔡猛，4 岁进入河北少年乒乓球队，20 岁考入河北师大体育系，还获得过全国性乒乓球比赛的奖项。正是因为他们体育知识的精深才造就了精彩的体育解说。

当前，体育栏目主持人已呈现出专家化趋势。如《国际象棋》栏目常常由国际象棋大师叶江川、谢军担任主持人。北京电视台《中国围棋报道》的主持人王元是围棋八段高手，专业知识的精通和个性化的主持方式，使其解说引人入胜。这些主持人的共同特点是：他们都是所在领域的专家，能最大限度地获得观众的认同，这成为栏目吸引观众的重要原因。可见，对体育专业知识的严格要求是体育栏目主持人的一大特点。

2.主持形式丰富多样

电视体育开放的特点决定了主持形式的多样化，主持形式可不拘一格。

第一，"独立主持"式。即由一个主持人单独面向受众主持。主持人或正襟危坐，播报刚刚结束的比赛结果，如《体育新闻》；或进行串场主持，在节目中起过渡作用，如《世界体育报道》《中国体育》《体育大世界》《天下足球》《篮球公园》等。

第二，"对口侃谈"式。即将体育现象、体育事件作为讨论话题，在交谈中澄清事实，说明道理，传达节目主旨。这种形式主要针对"问题性"话题来做，如《足球之夜》就是以谈话的形式来评论足球现象。

第三，"三驾马车"式。即一个主持人同另外两个体育专家、顾问或体育界知名人士在演播室内一起主持节目，这常常是转播大球（足球、篮球）的主要形式。如中央电视台转播德甲、意甲这些高水平的赛事，就推出了"三驾马车"式的主持形式。这一形式首先从韩乔生转播意甲时开始，他和足球专家、理论家张路、张慧德相互补充，配合默契，到后来又有了黄健翔和李惟淼、于大川的搭档以及各地方台所采取的类似形式。这种主持形式的主导思想是在互补中达成主持人和专家、顾问的和谐配合，提高转播评论、解说的水平。

第四，"主持访谈"式。即电视谈话节目中主持人和嘉宾在演播室中围绕一个体育事件展开讨论，如《五环夜话》《足球纪事》等。

第五，"现场主持"式。即在活动现场进行实地主持。这既包括以综艺形式进行现场主持的《城市之间》，又包括各种体育知识教学栏目，由主持人现场教授学员各种体育技能，如《黑白世界》《跟我学》《健美 5 分钟》等。

以上是电视体育主持的几种常规形式，有时为了节目的需要还会采取其他形式，如借助虚拟演播室进行的异地主持，在 1998 年世界杯足球赛期间使用过，还有非演播室的室外主持等，都灵活地运用于电视体育节目中。

3.赛事直播讲求即兴主持

在体育节目中，赛事直播是一种形式特殊的节目，比赛结果不可预测，主持人和受众平等获得赛事信息。主持人面对画面或赛场即兴主持解说，不但要和受众同时观看比赛过程，还要将各种相关信息传递给受众，以便受众更好地欣赏比赛。这时的主持人实质上具有双重身份：一方面，他应是一个体育爱好者，和屏幕前的受众一样对比赛本身兴味盎然。只有这样，才能保证解说过程中所需的热情，从而与比赛现场、电视屏幕前的气氛保持和谐。另一方面，主持人又不得不控制自己的情绪，在解说、议论时照顾好整个比赛，将对运动员、运动队伍、比赛背景材料的介绍与对比赛进程的现场评价有机结合起来，做到搭配合理、张弛有度。也就是说，对于现场赛事直播的主持人来说，既要有植根激情的理智，又要有理智约束的激情，二者缺一不可。有些赛事直播的主持人之所以得不到受众的认可，或是因为主持人过于理智，没有真情投入，完全跳出比赛，和受众之间人为造成一种"隔离"的感觉；或是因为主持人情感投入太多，完全等同于一个普通的体育爱好者，不能很好地引导受众。

（五）语言元素

电视语言是指用来传达电视节目理念的基本表意单位，具体指诉诸人的视觉器官的画面和听觉器官的声音。

1.画面

从画面语言来说，电视体育栏目中所使用的语言在多数情况下为常规语言，但由于体育本身的独特性，电视体育形成了自己独特的语言规范。

运动是竞技体育的重要特征，适应摄录对象自身的特点，运动镜头就成为体育节目中演播室以外镜头的主要形式。其中，移动镜头的运用比较普遍。足球、篮球、排球、橄榄球、冰球、羽毛球、乒乓球等攻防转换频繁、对抗性强的球类项目，田径运动中的赛跑、跳远、投掷等有明显位移变化的竞技项目等，摄录均需要借助大量的移动镜头。这种镜头能最大可能地记录动作完成的全过程而不破坏动作的完整性。如在排球比赛中，镜头会随着排球的上下翻飞而不停运动。从排球发出到排球落地，一般从不切换。即使切换，也只是在机位、景别、角度上稍有变化而已。篮球比赛的活动范围稍大，从后场发球到前场进攻完成一个回合较量，镜头则一直跟踪篮球运动的轨迹。篮球转播中常常有这样的镜头：篮球在空中划出美丽的弧线一举中的，这一过程可以借助慢镜头舒缓地展现出来。在足球、棒球、橄榄球等攻防范围非常广的比赛转播中，镜头往往要进行多角度切换，但镜头的移动不会停止。运动镜头拍摄运动场面，这种通过镜头内部蒙太奇实现的场面调度，能够达到画面内的平衡与和谐。赛事转播如此，在各种专题栏目中同样能看到大量的运动镜头。这是体育节目镜头采用的重要形式。

在各种专题节目中，根据节目所要表达的主旨，也会在重要之处适当穿插慢镜头回放。例如在当年"飞人"乔丹宣布退出篮坛时，许多专题节目都在不断地展示他高超的球技，他的精彩跳投、大力灌篮、巧妙传球等动作，借助慢镜头一遍又一遍地分解、组合，让受众饱览一代巨星的迷人风采。同时，体育节目还借助倒放的慢动作镜头（即将录像资料按动作完成的相反方向进行放映），关键瞬间还用正放、倒放相结合方式，让受众看清楚比赛的细节，如进攻一方队员是否越位、是否违规、是否进球等。

随着科技的进步，各种新技术逐渐应用到体育节目中。如2012年伦敦奥运会中的"双胞胎"摄像机，为花样游泳比赛的电视转播提供了突破性的新视野。一般情况下，如果用单一摄像机来拍摄，由于水的折射，运动员水下的身体部分一般比水面大。而这种"双胞胎"摄像机分为两个部分：一个在水上，一个在水下。通过修正这种视觉误差，将两个摄像机拍摄出的画面合成为一个画面，让观众能够同时看到队员水上水下的动作，通过画面语言实现了节目创新。

2.声音

在声音的运用上，解说词和同期声是体育节目中最主要的声音形式。

观众的喝彩和掌声是比赛的重要组成部分。在国外转播的体育比赛中我们能看到，转播机构为了让体育比赛最大限度地呈现真实效果，专门派人拿着特制的设备采集现场观众的欢呼声和喝彩声，这种转播条件下提供的赛事看起来非常真实。近来，国内的电视节目也开始注重运用更真实的同期声来还原体育赛事现场的真实感。

体育比赛的现场解说是赛事直播的重要组成部分。在赛事直播中，解说员的解说词基本上不可能事先准备好，而是要根据比赛现场发生的实际情况做出恰当的解说，它给解说员相当大的自由空间。这种解说应该以声画对立为主，声画对位为辅，即解说员不必将画面所呈现的东西再重复一遍。受众所要听到的解说词，是在画面上看不到或看到了而没有意识到的信息。这些信息包括：比赛中的盲点、疑点及场上的纠纷，如足球中的越位、篮球中的3秒违例、乒乓球的发球、羽毛球馆中看不见的风向等；背景材料，如运动员的身高、体重、年龄、特点、风格、场馆介绍、场地状况等；体育知识，包括比赛项目的历史演进、现行规则、风格流派等，另外还有根据现场情况所做的各种评点等。而所有这些都是画面以外或与当下画面没有直接关系的内容，属于声画对立的范畴。好的解说员会将这些内容根据现场的形势变化提供给受众，同时将自己的点评表达出来，与受众进行交流。优秀的解说词会因自由空间较大而打上解说员的个性烙印，电视体育现场解说词中不乏这类上乘之作。

（六）审美元素

体育的魅力在于其与人类生存法则异质同构的优胜劣汰，在于其在公平规则之下进行的竞争结果的不确定性。胜与负对于任何团体和个人都是难免的，"常胜将军"在竞争日趋激烈的赛场上是不存在的。尽管体育精神提倡的是"胜不骄，败不馁"，但电视体育集中关注的永远是胜利者的姿态，是对强者地位的不断强化和张扬。崇拜强者已形成一种集体无意识，构成了体育价值取向的基础。在从中央到地方的各级电视台中，集锦类栏目是强者崇拜的集中表现。以中央电视台的《足球集锦》为例，电视画面所呈现的都是那些抢点射门、配合巧妙、脚法纯熟的镜头。"进球"成为唯一的法则和评价标准，而那些完美精彩进球的人物和球队，则成了绝无例外的聚焦点。罗伯特·巴乔、罗纳尔多、齐达内、英扎吉等一个个闪光的名字，曼联、尤文图斯、国际米兰等球队，巴西、英国、意大利等足球强国，在电视屏幕上得到一遍又一遍的强化。而一旦被击败或表现较差，昔日曾经拥有的光环便被摘掉。其他体育项目也是如此。在篮球项目中，当乔丹带领芝加哥公牛队在赛场上叱咤风云时，他们享受着无比的荣耀。而在今天，乔丹早已退出篮坛，公牛队也雄风不再，代之而起的是其他篮球巨星和球队。不过在强调人文关怀的今天，电视体育除了关注冠军、胜利之外，也开始关注失败者的心路历程，反映体育中的失败、挫折、艰辛、懊丧、泪水，强调参与的重要性等，以此来彰显体育的独特魅力。

从价值判断上来讲，电视体育节目不仅包含正面褒扬，还包括对违反体育道德和体育精神现象的大力挞伐。维护体坛正义和体育纯洁是电视体育承担的另一重要使命。足球类节目不遗余力地打击"假球""黑哨"，篮球节目关注的裁判回题，田径节目中不时提及的兴奋剂事件等，成为体育栏目的另一重要组成部分。这是维护体育道德和体育精神的重要环节，体育节目由此弘扬积极健康的体育精神。

二、电视体育竞技类节目的创新趋势

（一）新闻本位意识回归

新闻本位意识的回归实质上是对电视新闻定义趋于本质化的解读。电视体育节目的新闻本位意识主要表现为两个方面。

首先，体育新闻栏目全天滚动播出，新闻信息量越来越大，新闻时效性越来越强。随着体育国际化和体育赛事资源的极大丰富，体育爱好者表现出旺盛的信息需求，求新、求变之心表现得尤为强烈。因此，电视体育节目更加注重传递丰富的信息，并挖掘独家新闻来满足受众需求。CCTV-5全天24小时滚动播出新闻，其品牌栏目《体育新闻》更是一档名副其实的每日体育新闻资讯总汇栏目。此外，电子摄录、数字压缩、微波传输和卫星发射等高科技的发展，为电视体育新闻在时效性上的飞跃提供了技术支持。目前，国内电视体育新闻体现时效性的手段主要有新闻栏目滚动播出、多视窗连线报道、字幕滚动以及现场直播报道等。

其次，各级电视体育频道更加重视赛事的现场直播和现场报道工作，力求将赛事直播工作常规化。由于现场直播能直接摄取新闻现场的人物、事件、音响和环境氛围，与正在发生的新闻事件实现同步共时，保持事件发展的延续性、过程性和不可确定性，因此重视赛事转播，突出赛事特色，成为吸引观众的关键性砝码。体育赛事的直播化是电视在传媒竞争中真正的独家优势，因此，电视体育新闻记者应最大限度地接近现场和深入现场，更好地满足观众的视听要求。

（二）娱乐化、故事化趋势日益明显

现代电视体育的一个重大变化就在于体育中所附带的政治意识和民族情感逐渐为娱乐性所代替，更注重以体育竞技的生命本质去激发人的审美愉悦，即消除了功利心的自由愉快。类似于NBA直播所引起的收视狂潮，不仅在于竞技本身的魅力，更在于电视赋予NBA等体育竞技的全新意义：意想不到的镜头设置、超乎想象的拍摄角度、或急或缓的速度安排，给人全新的感官享受。电视媒介的技术美感和人体的生命美感可以使观众如身临其境，尽情享受体育带来的单纯与快乐，大大缓解了现代社会的激烈竞争带给人们的压力。在娱乐经济的大潮下，电视体育节目也日趋娱乐化，主要表现为以下两个方面。

首先，传统的体育节目越来越娱乐化。以赛事直播为例，与以前播音员般的解说相比，现在的直播解说更讲究个性与幽默，更富激情与活力，更注重发掘赛场上的有趣现象。新闻类节目则将重点从赛场内转移到赛场外，从单纯关注比赛结果转移到介绍选手以及与赛事相关的人或事、比赛前后及比赛期间的花絮上，光线传媒的体育资讯节目《体育界》更是以"体育娱乐化、体育明星化、体育故事化"为口号，力争做娱乐化的体育新闻。

其次，专门的体育娱乐节目日益增多并成熟。如湖南卫视的《我是冠军》、北京电视台的《我爱我的2008》之类的体育真人秀节目，CCTV-5的《城市之间》《全明星猜想》之类的体育游戏节目等大量展现屏幕。在2010年足球世界杯比赛期间，CCTV-5的《球迷世界杯》《欢乐世界杯》以及《豪门盛宴》等世界杯题材栏目都成功地将娱乐元素注入其中。此外，有些体育频道创办之初就定位在体育休闲上，注重体育的娱乐休闲性，如江苏体育休闲频道等。

（三）受众意识日益突出

受众意识的日渐提高是中国电视体育进入20世纪90年代以后的一个重要转

向。受众意识的日益突出首先表现为我国电视体育节目形态丰富多彩，基本上满足了观众对体育的全方位、多层次需求。对于电视体育来说，观众的收视需求主要是获取体育信息，了解体坛动态，关注体育人生，以及在此基础上的体育价值判断、意见表达和精神享受。为了满足受众的多层次需求，电视体育新闻不仅要在第一时间、第一现场报道体育事实，还要对事实进行多侧面、多层次、多角度的分析和解读，并努力创造多种途径与观众形成互动，满足观众进行意义判断、渴望参与表达等需求。此外，我国电视体育新闻由最初的口播新闻、图片新闻到声画结合的多样化报道方式，也体现了电视体育受众意识的加强。

现代科技的创新与发展为电视体育尊重受众、满足受众需求提供了技术支持。特别是互联网技术和多媒体技术的普及与进步，已经成为进行远程、快速、互动式传播和促进体育国际化发展的关键，并且已经广泛应用到体育节目的制作中。电视体育传播与网络的结合为电视体育节目实现互动交流提供了最大的空间。随着赛事直播的增多，让观众通过手机短信、微博等及时进行信息反馈，同步参与到赛事直播中进行点评的方式也越来越普及。同时，随着数字电视时代的到来，数字式采编设备的全面运用将使体育报道更快捷方便、内容更加丰富、节目更富个性化，与观众的互动交流沟通也将有更大的开拓发展空间。

（四）专业化趋势日益加强

专业化是指节目内容定位专一，适合目标观众的需求。在当前电视传媒的产业化、市场化发展进程中，栏目专业化、频道专业化是电视业的发展趋势和方向。当然，专业化的栏目不一定要以受众群体的减少为代价，特定的播出内容只要做好做透，同样可以吸引广义层面上的观众。

（五）重大赛事多媒体联动

多媒体联动在体育赛事的直播中已成为一大趋势。这也是三网融合背景下电视媒体更好生存的策略之一，在观众注意力越来越稀缺的新媒体时代，加强新媒体和传统媒体间的互动，已成为吸引受众的关键。

2012年伦敦奥运会，中央电视台共投入了包括综合频道、体育频道、军事频道等八个频道进行转播，还购买了伦敦奥运会3D电视报道权，通过有线电视网在央视3D频道进行开闭幕式、田径、游泳比赛等直播。雷欧尼斯公司还通过3D信号转换器Trans 3D实现了中央电视台3D频道在影院3D影厅进行3D放映。同时，所有的直播点播视频、现场报道和原创内容都通过CNTV网络、IPTV、移动终端全媒体平台进行传播，真正实现了多媒体联动。

第七章　电视节目跨文化传播与交流的现存问题

第一节　跨文化交流中的语言障碍

　　如今语言数量众多的现实也给跨文化传播带来了极大的困难，语言在各国间的文化传播与交流中扮演的角色是绝不可小觑的。然而，在经济发展不平衡的影响下，跨文化传播活动中也已形成了一种语言地位不均衡的现象。比如美国利用其语言与技术优势及雄厚的经济实力，在对外传播中占据垄断地位，大力传播美国的文化和价值观念，将美国的文化和思想渗透到世界各地的人们的意识中，实行他们进行文化侵略的目的。虽然这种语言霸权和文化侵略的现象虽然是极不合理的，但却是在短时期内无法改变的。英语已经在国际传播活动中取得了名副其实的霸权地位，这背后隐藏着复杂的政治、经济和社会胶着在一起所形成的历史根源，不是任何一个从事跨文化传播活动的某个组织或者个人轻易能够撼动的。

　　非英语国家为了能够进行正常有序的国际传播活动，需要克服无法把另一种语言学到完全能够应用自如、准确无误的客观现实困难。这样才能更好地融入当今的跨文化传播大潮中。可以说文化间的差异很大一部分呈现的是语言上的差异，语言提供的并不仅仅是语义而已，很多时候，语言包含着语境和诸多隐性信息；不懂这门语言的人除了不懂表象的含义以外，也错过了很多文化信息。

　　电视谈话节目如果真正想传播到另一个国家的观众中，需要解决语言的障碍问题，英文字幕或者双语主持两者必备其一。真正能做到这两点的节目很少，无论增加哪一种方法，都会增大节目的运营成本。初期的《国际双行线》采纳的是主持人姚长盛双语主持的方法，现在的《文明之旅》使用的是中英文双语字幕的方式。如果真的明确要做一档传播到异国的跨文化电视谈话节目，可以英语同声播出，主持人也用双语，在国内播出时把英文打上中文字幕，要在国外播出，只要反过来，即将中文打上英文字母。

第二节　文化差异导致传播交流不畅

全球化浪潮已经袭来，跨文化传播使得文化呈现某些程度的同化趋势。外来文化借助大众传媒的平台，通过影视、报刊、网络等多种媒体对本土文化产生一定的冲击与影响。跨国传媒集团往往生长于发达国家，因而发达国家利用传媒传递文化与价值观比发展中国家更具优势。"文化侵略""文化霸权""文化帝国"在现实的跨文化语境中确切存在着。发达国家的跨国传媒集团用平台的优势，将本文化的价值观用影视作品、音乐作品的形式输出，对于输入国的年轻一代影响颇深。

用美国专栏作家约翰·热伊尔的话说：文化帝国主义通过影视、电视、广播等渗入其他国家。它通过宣扬衍生其信仰和行动的根基，直接接触文化的精髓。它貌似城里来的"好心人"，而实际上却是"魔鬼"。无论热伊尔说的是否偏激，都提醒了我们发达国家通过其先进媒体传递了他们的文化，然而这个过程并不完全对等。且不说发展中国家的价值观传递，只说对于国家现状的真实反映在异国媒体上都鲜有机会。在文化帝国主义主导下的跨文化传播，已经失去了传播要求是平等、双向的交流的本质。取而代之的是单向的文化输出与信息垄断。第三世界的民众通过对外来文化产品的消费将在不自觉中接受发达国家的文化模式、意识形态、价值观念等，而后果将是削弱这个国家的向心力，淡化本土文化，文化漠然的时候国家就会变得不堪一击。当然，文化的竞争不是靠排斥和对峙来实现的，它需要不同区域、不同民族、不同国家的沟通和理解。这是一种跨文化的交流，也是一场没有硝烟的战争。

虽然跨文化传播语境中"文化帝国主义""文化侵略"真实存在，跨文化交流仍然是一个国家文化传承与发展的必经之路。世界总是处于变化之中，这一持久的过程不断产生新的我们必须学会应对的社会前进的驱动力量。文化也从不是静止的，它会自主创新，也会吸收外来文化，虽然文化的许多部分都经常改变，但是文化的深层结构却拒绝根本性的改变。也许服饰、饮食、娱乐方式很容易受其他文化的影响而变化，然而伦理、道德、世界观都深深地根植于文化中，且世代延续。文化的发展是一个动态过程，既要保持自身特性又要敢于吸收外来文化。而跨文化传播也能促使文化融合，使一个文化实现价值增值、文化分层和文化变迁。在跨文化传播中处于弱势的国家，一方面需要本国受众具备一定的媒介素养，能够甄别来自另外一个国家的文化产品好坏，不被外来文化的糟粕影响；另一方面应该想办法建立属于自己的国际型媒体向世界发声，也寻求他国媒体的合作，推出本土文化作品等。

文化之于一个民族而言似灵魂一般，在它的基础上才有民族今日的一切。对于个人而言，每一个行为每一句言语每一种思想都深深地打上了文化的烙印。如霍尔所说"人生没有哪一个方面不受到文化的影响和改变"，文化无所不包并且无所不在。当面临另一种文化的进入，本土文化会随之改变吗？答案是明朗的，必然会发生变化；即使假设完全没有外来文化影响的情况存在，文化本身也是随着人类发展而调整的。而当今多个外来文化共存的情况下，本土文化吸收和融合外来文化的过程并非一朝一夕，而需要一定的时间和条件。并且在外来文化传入之后，往往是自发地从某些方面适应原有文化的需要，在原有文化中寻找结合点。传统文化的力量在多元文化的洗礼下，依然将保留其最本源的特色。"传统文化所蕴含的代代相传的思想方式、价值取向、伦理观念，一方面具有强烈的历史性和遗传性，另一方面又具有现实性和变异性。"文化之间的交流充斥在这个时代人们生活的方方面面。既要在多元文化共存的现状下维持本土文化独有的特征，又要吸收外来文化的先进部分，跨文化传播实际上推动了人类各种文化的发展前进。

电视谈话节目的出现不仅给辨通大众提供一个表达观点的大众媒体平台，从某种程度上赋予了普通民众以"话语权"，这在传统媒体中是难得出现的。电视谈话节目中的跨文化交流现象对于文化交流有着特殊的意义，不同文化背景下观点的交锋碰撞，不仅能够明朗地体现出文化间的差异，甚至能够展现出相去甚远的文化间存在的惊人相似。因此这个类型的节目可以负载跨文化交流中的任务。具有跨文化交流内容的电视谈话节目会潜移默化地开拓受众国际交流的视野，提高与外部世界交流的能力，这一点对于当代的中国有一定的现实意义。每一个个体的国际交往促成了国家间的交往，每一个公民在跨文化交流中所代表的都不仅仅是自己，也代表了整个国家。对另一个文化的了解、对外交流中应该具备的技巧，这些都在交往中起着关键的作用。经济带来的文化交流上的不平等，使发展中国家面临着文化霸权、文化侵略、文化帝国主义的风险，作为发展中国家一员的中国，在高速发展的情形下，应该关注与异质文化间的交流。当然不容忽视的现存问题需要时间和方案去解决，这与中国社会进一步的民主进步有关。当社会环境更文明、更重视文化的力量，对于跨文化的关注也会整体加强。

总之，在全球化的语境下，多元文化共存的局面已经形成，文化间的不理解会造成政治和经济上交往的影响，所以文化间的交流极为重要。电视节目应该发挥自己的媒体影响力，推动文化间的交流，即使再小的力量也是使跨文化交流前行的动力。用兼容并蓄、理解包容的态度去构建跨文化交流的平台，符合各国人民的共同心愿，也是为了世界的和平、为了文化更好地发展前行。

第三节　缺少有力的传播与交流平台

　　每年我国各家电视台或传媒公司都会从美国、日本、韩国、泰国等各国引进一些文化产品，之前引进的基本都是影视剧，然而近年来，我国的电视台会播出国外制作的电视节目。像旅游卫视引入美国 CBS 的真人秀节目《极速前进》；更值得一提的是中央电视台财经频道每周六、日中午 12 点 30 分播出的《环球驿站》栏目，以引进国内外符合财经频道定位的优秀电视节目为主要内容，作为国内、国际新近流行节目的第一播出窗口，先后引入了真人秀节目《全美超模大赛》《超级减肥王》和《保姆 U9》等外国电视节目。与我国引进数量不少的国外电视节目相比，虽然我国的文化产品输出这几年一直呈上升趋势，但输出的产品中大部分是影视剧类产品，电视节目占的比重并不大。缺少国际性的播出平台正是跨文化电视谈话节目的局限之一，节目的受众群就只是本国观众和少量的在本国懂中文的外国观众。《国际双行线》的导演宋民在对于节目的未来规划时曾说："既然叫双行线，目的在于促进中外的互相了解，我们将来发展的主要想法就是发展到国外去。……我们的目标是在国外的主流电视台播出。"最终《国际双行线》没有找到这样的播出平台，节目也未能成功输出。这也成了节目的一大遗憾。

　　其实相对于卫星电视技术而言，网络的发展更适合做电视节目的国际性传播平台。版权的不完善，使网民可以看到诸多外国电影、电视剧以及各种类型的电视节目，接受外国文化产品的洗礼。我们用网络可以毫不费力地搜索到在美国刚刚播出的最新一集的电视剧，韩国最新一期的综艺节目，时差弱化了、文化接近了。虽然传统媒体都感受到了互联网作为新媒体领头羊来势汹汹的威胁，报纸有了电子版，电视台有了自己的网站；然而新闻门户网站、视频网站的发展似乎更为迅速。对于电视而言，视频网站的前行未必是一件坏事，目前视频网站的内容来源很大一部分来自与电视台的合作。国内电视台的电视节目为视频网站的流量做出了很大的贡献，无论优库网、土豆网，还是腾讯视频、新浪视频、搜狐视频，国内的电视节目《非诚勿扰》《快乐大本营》《天天向上》《鲁豫有约》的点击量都居高不下。很多人错过了这些节目在电视台的播出，但是因为对这个节目有收视习惯，故而即便上互联网，也会去试图找一些错过的电视节目。可以说电视台与视频网站的合作是互利的，一方面电视台的节目给视频网站带来了流量与人气，另一方面视频网站也进一步推动了电视节目的传播。不仅是在国内通过互联网可以更多更快地看到国外的电影、电视剧、电视节目等文化产品；外国人通过他们的视频网站也可以看到我们的电视文化产品。世界最大的视频分享网站 YouTube

上，可以轻松地找到国内的电视节目，同在国内的视频网站一样《快乐大本营》《非诚勿扰》等也都有不俗的点击率；而且 YouTube 对于某些节目的更新速度与国内的视频网站基本同步。如果我们拥有附加跨文化传播手段（比如双语或英文字幕）的电视节目，在国外的视频网站上分享、传播，也是一个很好地向世界传递我们的声音的渠道。

第四节　媒体资源占有比例不均衡

多渠道的宣传会使人们更容易获取到媒体所要传达的信息，如此一来，可更好地塑造节目效果，以便于人们更好更准确及时地获取想要得到的资讯内容，现如今的网络时代，已经不能单单只靠传统媒体的旧形式，旧瓶装新酒，宣传面宽了，所赢得的收获必将也是加倍的，采用多种形式的载体，进行多角度深层次的宣传，同时也是拓宽媒体宣传渠道的上策之选。

传播媒介是传播过程中的重要渠道，它是传播内容得以扩散的重要工具。《汉语桥》节目在传播过程中懂得发挥每一种媒介的优势、劣势以及运作规律，14 年来不断对节目传播渠道进行拓宽更新，现已形成以传统媒体中的电视媒体传播为主，多种新媒体传播渠道围绕这一主线进行的传播活动。

无论是传统媒体还是新媒体，两种传播渠道都拥有一定的传播优势与劣势。在 2015 年第十四届"汉语桥"世界大学生中文比赛的传播过程中，其传播主线无疑为传统媒体中的电视媒体，而在电视媒体中目前集娱乐性、知识性为一体的最受广大观众喜爱的也当数湖南卫视，其认可度、受关注度、可信性占据绝对优势，这也就奠定了其一定的受众基础。电视媒体的优势在于视听合一，丰富的图像、画面和声音能够涵盖许多信息传播内容，因而具有较强的形象感、现场感和过程感，具备生动、及时等特点和优势。但它也有其不足之处，如传播信息转瞬即逝，难以保存，选择性较差等劣势。但即便如此，目前"汉语桥"世界大学生中文比赛节目传播的主线依然是传统媒体中的电视媒体，其他渠道均围绕这一主线进行传播。

在新的媒介环境下，以网络媒体为代表的新媒体可以归纳为以下四个方面的特点：互动性强、传者和受者界限模糊、具有多媒体性和强烈的个性色彩、传者自主性强并有强烈的话语权。作为一种"多媒体"传播工具，其具有时效性强、保存性强、选择性强的优势。2015 年第十四届"汉语桥"世界大学生中文比赛借助孔子学院网站、"汉语桥"官网、芒果 TV 客户端、"汉语桥"官方微博等网络媒介进行同步传播，网络媒体多向性、发散式的传播方式使得传者和受者成为真正意义上的平等，受众选择信息、参与互动的程度更高，比赛利用新型媒介渠道的传播速度更快，传播范围和影响力也会更广。但另一方面，随着新媒介信息传播的即时性、便捷性，每个人都有可能成为传播信息和观点的"自媒体"，因而产生和反馈的信息数量呈几何式增长，这就大大降低了传播者"把关"的可操作性。总而言之，无论是传统媒介传播渠道还是新媒介传播渠道，都要尽量遵从媒介的物质特性及规律，找到两者之间最佳的平衡点，才能在新的媒介形势下，达到多种媒介传播渠道的平衡与融合。

第五节　对外节目形式和内容易水土不服

一、本土化流于形式，缺乏原创力

中国内地的电视选秀节目是在借鉴国外以及港台地区综艺节目的基础上发展和成熟起来的，这种先天的不足在一定程度上决定了中国内地的电视选秀节目很难摆脱形式雷同或趋于雷同的诟病，节目策划和包装上的同质也导致了节目手法单调，没有新意，给人千篇一律的感觉。除了先天的克隆之外，许多节目也是在同质节目流行开来后跟风而上的，甚至可以说，"跟风"办节目，已然成为国内电视媒体的一大恶习。

自从《美国偶像》的"中国版"——《超级女声》登陆湖南卫视后，各大选秀节目便开始冲击观众的眼球，东方卫视办起了《加油，好男儿》《我型我秀》，央视办起了《星光大道》，此外，还有江苏卫视的《绝对唱响》，重庆卫视的《第一次心动》等节目，打开电视随之见到的是可怜巴巴的选手，尖酸刻薄的评委以及疯狂热情的歌迷。节目赛制方面的克隆更是蔚然成风，"PK""待定"这些赛制已经被各大节目用滥，于是便有更复杂的，如"复活""拯救"等更加冗繁的赛制。国内各大电视媒体之所以出现"跟风"办节目，根本原因还是看中了选秀节目所能集聚的"人气"。而在现实的社会文化语境下，这种"人气"往往意味着收视率和可观的经济效益。但是选秀节目的滥觞，还是在一定程度上挫伤了观众的收视热情。为了营造看点，吸引眼球，提升节目人气，各式选秀节目都不遗余力地在节目中渲染和炮制煽情与媚俗成分，如主持人在节目中互相挖苦、调情，故意爆出隐私；评委、嘉宾打扮古怪、另类，点评出格，甚至导致"语爆"；至于参赛选手，为了获得"出位"的机会，也常常有人不惜在节目中大胆做出越位之举，如向评委示爱、求取礼物等，这些煽情与媚俗的"创新"之举，致使内地的电视选秀节目走向了庸俗和低俗，超越了公众的心理承受能力和包容度，引发了多方人士对选秀节目的质疑和批评声浪。

姑且不论这样盲目的克隆和照搬是否能取得良好的收视效果，单从节目的制作以及包装角度来看，盲目地照搬和克隆也是不值得提倡的。群起而上的"克隆"的结果，不但使得原先较为优秀的节目之个性消失在众多的模仿者的阵营中，而且各个电视台也在互相竞争、对观众的争夺战中两败俱伤，既降低了节目的档次，也造成了资金上的浪费，况且电视观众从来就有"喜新厌旧"的本性，各大电视台的这种盲目跟风，直接导致了观众的新鲜感丧失，加之大批选秀节目中，"绝大部分的后来者都模拟了成功的先行者所设立的模式与框架，只是在细节上修修补补"。程式雷同，缺乏新意，使选秀的本土化流于形式，严重地影响了观众对此类节目的整体评价。

二、话题内容的广度与深度尚待挖掘

电视谈话节目的灵魂是话题的选取，作为靠言谈来吸引观众的节目，谈话的中心是什么、是否能引起观众的兴趣显得十分关键。话题是谈话节目的生命线，也是最能吸引受众观看节目的主要因素。无论是新闻评论类的谈话节目，对重大新闻事件的讨论，还是侧重于娱乐、情感方面的谈话节目，对名人或普通人的生活问题的讨论；话题都是决定节目是否受欢迎的一个重要因素。跨文化交流的电视谈话节目应该进一步挖掘人类共同关注的问题，情感、婚姻、职场等延展出的话题众多，当受众看到谈话节目中讨论的话题是他自身处境中常见的，一方面他希望知道应该如何处理好这些问题，另一方面也会关注其他人对于这些会有怎样的态度、他们又是如何解决的。所以跨文化交流的电视谈话节目可开发的话题很多，既有人类自古以来一直面临的问题，也有随着社会发展而新近出现的问题。

除了对于话题的广度延伸，话题的深度挖掘也有上升空间。目前常见的涉及跨文化交流的电视谈话节目，谈到的话题往往浅尝辄止。当然有无法避免的节目时长限制，另外还是只注重文化间表现出的差异与冲突，而忽视了进一步产生不同观点的原因。如果节目中更突出来自不同文化背景的人具有相斥观点的缘由，会让受众更能体会另一种文化，而不是停留在观点之上。

第八章 跨文化传播视野下电视节目创新发展启示

第一节 增强电视节目的跨文化传播意识

一、节目内容淡化官方色彩

由于东西方文化的差异，西方受众对中国由政府控制媒体的现状一直存在偏见，因此中国的媒体很难得到西方观众的信任。此外，西方社会长期以来一致认为中国媒体是官方的宣传工具，也使我国的电视英语节目在国外难以得到真正的认可和接受。在引用中国媒体，比如新华社的新闻报道时，包括路透社、CNN 在内的外国媒体往往要加上这样的定语——"thestate-run"，即由国家运作，以此来区别消息来源。国外受众对 CCTV-NEWS 的认知也往往停留在"工具性"的媒介形象上，这样的思维定式对我国电视英语节目树立新闻公信力提高媒介影响力，造成了非常大的阻碍。想要消除这种偏见，争取国际受众的信任，从而提高我国英语媒体的国际影响力，就要逐渐淡化我国电视英语媒体的"工具性"特征。

CCTV-NEWS 在目前的发展状态下，已经逐渐采取一系列措施消除西方受众的偏见。聘请外籍主持人提高节目的亲和力，聘请外籍制作管理团队参与节目制作和频道管理，进行市场化运作，招募商业广告所有的努力都是为了与国际接轨。此外，允许娱乐明星作为《对话》节目的嘉宾出镜接受采访，减少对中国政治性新闻的报道等，也都在展示开放、自由的媒介形象方面取得了良好的效果。在未来的发展中，我们要坚持淡化"国家运作"的色彩，使我国电视英语节目和英语媒介的形象为更多国际受众所接受。当然，在这个发展轨道上，我们还有很长的路要走。

二、以中国特色为核心

文化是"每个民族特有的精神根基，是不同群体之间表现认同的最重要方式"。中华民族的文化有悠悠 5000 多年的历史，是人类最古老的文化之一，在世界文化中占据着不可取代的位置。我国的电视英语节目想要扮演好跨文化传播这一角色，就必须始终坚持有中国特色的文化价值观。在激烈的全球媒体竞争之中，把独特的中国形象、中国声音展现给世界各地的观众，是我们能够屹立不倒的坚实力量。

中国的电视英语节目要把重心放在民族传统文化和价值体系之上，抓住中国以"和"为中心的价值观念，注重平等的传播关系。具有中国特色的文化具有强大的思想能力和伦理诉求，在调节理性思维与感性思维、物质追求与精神信仰、自然科学与人文科学的关系上，有着绝对的优势。中国自古以来推崇"兼容并包"的思想，在文化多元化的新时期，"容"和"包"也有着不可磨灭的现实意义。在全球化的国际媒体市场，大胆展示自身的文化特色，树立文化自信，相信也会赢得全社会的赞誉。

过去的几年中，我国的电视英语媒体迅速成长，得到了一定的发展。我国的电视英语节目也取得了突出的成绩。但是在国际传播环境中，依然存在着西方文化对我国文化的强势冲击。中国的电视英语节目必须找准定位，树立自信，发掘和弘扬自身优秀的文化，使我国的电视媒体跻身世界强势媒体之列，为中国争取到属于自己的话语权。

三、力求语言的准确运用

中国的电视英语节目观众，他们中的大多数并没有丰富的与外国人交流的经历，因此对不同文化背景、不同社会环境、不同生活方式、不同风俗习惯条件下的语言表达的理解会有一些障碍。像教科书、平面媒体上的英语，是固定的，在理解出现困难的时候可以借助词典等工具，而电视媒体中出现的英语是"活"的，即时性的，所以观看电视英语节目不光需要好的英语听力，同时对观众的应变能力、理解能力也是一种考验。而对于外国观众，单纯对英语语言的理解不会出现太大的问题，关键要避免出现歧义。同时涉及中国文化的一些专有名词或者对中国所特有的表达方式，例如古诗词、谚语等的理解，就会面临很大挑战。

对于英语节目从业人员，除了扎实的语言基础，还要掌握完整的英语语法、语言知识，熟知汉语和英语在语法结构、构词原则、表达方式等方面的相同点和不同点，同时了解中英文的对应关系。作为电视英语节目播报语言，需要协助画面向受众传递文化，因此电视英语节目编辑除了需要对英语和汉语在文学层面上精通以外，还要广泛涉猎包括政治、经济、历史、地理、科技、旅游、时尚、饮食等多方面知识。在电视英语节目的制作和播出过程中，编辑要做到运用精确的词汇、遵循严格语法规则，同时尽量使语言通俗易懂，内容深入浅出。播音员主持人在节目播出过程中在规范发音的基础上力求达到语调的形象生动，真正做到"表情达意"。

第二节　培养高素质的文化传播人才

一、配备优秀的外语传媒专业队伍

跨文化传播，是一种跨越国界、文化、语言的信息交流传播，在传播过程中，需要克服诸多差异，比如：风俗的差异、语言的差异、接受度的差异。因此，跨文化传播电视节目从业人员的要求比一般电视媒体人的要求更高。除了过硬的外语功底，国际化的视角、地道的英语思维方式等也是必备的专业素质。国际媒体的竞争归根到底就是人才的竞争，我国是否能在国际媒体这方大舞台上绽放光彩，取决于我国电视节目工作者对外交流的能力和水准。

跨界、有针对性地选拔人才不失为一个好办法。例如：CCTV-NEWS 的主持人于泽，毕业于美国佛罗里达州州立大学并获得 MBA 工商管理硕士学位，工作之初，任职于美林集团，从事经济金融类的相关工作。加盟 CCTV-NEWS 之后，于泽发挥其职业的判断力，透析全球经济形势及第一手金融新闻，以其专业的金融知识及高度的责任感，很快被批准上镜，快速历练成为一线电视英语节目主持人。从于泽的经历我们不难看出，扎实的专业知识、海外留学的背景、良好的语言面貌成就了一位出色的英文主播。当然这个例子也给我们带来了一些启示：对于兼具某一领域专业知识和英文素养的人才，我们可以培养其主持方面的专业素质，弥补他们在口语表达和控制节目现场方面的不足，从而培养出具有高知识水准的专业主持人。

除了主持人之外，节目编创人员的素质也关乎电视节目的质量。对外电视节目和汉语节目相比，在制作播出上，更需要思维的连贯性、表达的一致性，因此复合型的编创人员更加能够促进我国电视英语节目的进步和发展。就需要我们注重培养编辑、记者等采编人员的新闻报道能力，实现由单纯"翻译新闻"向用英语"制作新闻"的转变。另外也要培养出一批具备记者采访能力的节目后期工作人员，使他们能够达到"入则为编辑，出则为记者"的水准，使每个人都有能力参与节目创作的各个流程，形成完备的创作体系。

二、保证人才的可持续发展

对于从业的主持人和编创人员，要建立培训机制，对新入职的工作者进行系统的培训，使之能够快速投入到工作中。同时对于非新入职的工作者也要不断提出新要求，使其能够不断学习，保证随时可以接收到来自各个领域的最新信息，确保与时俱进。此外，也要建立健全科学系统的考核制度，以便促进电视英语节目从业人员的持续发展。例如：对英语电视媒体工作者进行跟踪考核，制定奖惩分明的规则制度等都不失为好的措施。当然，实现高水平、优秀人才的储备也是必需之举。后备双语人才从一定程度上保证了我国电视英语媒体的持续健康发展。

第三节　发掘电视节目在跨文化交流中的新价值

不像文字可以沉静人的心灵、也不像电影给人一种影像艺术的享受，与他们相比，电视在很多人眼中是一种肤浅的媒介。电视一直是精英们所不屑的媒介：没有深度、没有思想、追求浅薄、制造娱乐。没有思想是因为电视在大多数时候充当了国家与政府的舆论喉舌，而失去了自主的能力，充斥娱乐是电视为了提高收视率、迎合受众而大量制造仅供娱乐没有深度的内容。但是通过对电视谈话节目的跨文化现象的讨论中，电视的价值不止于此。

一、不只做喉舌

1901 年 12 月，梁启超在《本馆第一百册祝辞并论报馆之责任及本馆之经历》的文章中说"报馆者，国之耳目也，喉舌也，人群之镜也，文坛之王也，将来之灯也，现在之粮也"，首次明确地将报馆比作是国家的耳目喉舌。受我国的国情影响，"耳目喉舌"论对中国媒体的影响至今。国家级媒体与党报必然是政府的直接发言人，而其他各级媒体也由于受到对应的各级政府的制约、受到新闻办的指示，不能做违规的报道、不能播有损于社会稳定的内容。电视媒体由于覆盖面广、受众群庞大，政府对其的监管从未放松。至今，中国的电视依然是代表着中国主流意识的形态工具，为了"政府"发声。然而通过对电视谈话节目的跨文化交流现象的研究，我们看到电视人主动的承担起了文化传承与交流的重任，认识到电视可以发挥的新价值——跨文化交流的最佳平台，做文化交流的桥梁，沟通中国文化与其他异质文化，用电视的媒体语言，让受众感受到另一种文化。当立足于为文化服务时，就摆脱了只做政府层面喉舌的阴影。电视也可以纯粹地为了人类文化更好地交流、为了本土文化更好地发展服务。

二、不只是娱乐

电视文化一直被认为是一种快餐文化，在快节奏的今天为大众提供一种"快娱乐"，不仅更新"快"，更是带有"娱乐"的本质。电视对于很多人来说只是一个娱乐放松、消遣时间的工具，甚至和扑克与麻将相同。在《北京青年周刊》对于台湾著名电视人蔡康永名为《关掉电视，打开情怀》的专访中，蔡康永称自己作为"所谓的读书人"在面对电视这个媒介，一定会觉察出电视本身有堕落的天性"如果你想找深度，请你关掉电视，打开书，或者你自己的人生"。同样是大众媒介，纸媒如报纸、杂志却似乎比电视承担了更多的文化责任、更具备思想的意义。尼尔·波兹曼的《娱乐至死》中表达的印刷术时代步入没落，而电视时代蒸蒸日上；电视改变了公众话语的内容和意义——政治、宗教、教育和任何其他公共事务领域的内容，都不可避免地被电视的表达方式重新定义。电视的一般表达方式就是娱乐。一切公众话语都日渐以娱乐的方式出现，并成为一种文化精神。一切文化内容都心甘情愿地成为娱乐的附庸，而且毫无怨言，甚至无声无息，"其结果是我们成了一个娱乐至死的物种"。视听兼备、受众广泛且没有文化要求的媒介特性决定了电视的娱乐特性，打开电视寻求娱乐成为大多数人的习惯，电视的出现改变了人们的娱乐方式，它使夜晚更精彩，使无聊时光不再漫长。

"娱乐"成了近年来电视身上贴着的最显著的标签，选秀节目、相亲节目的一度风行也印证了电视的娱乐节目可以带来多么火爆的收视率，这是贴着"人文"类标签的电视节目不可比拟的。然而《国际双行线》与《文明之旅》的存在就像给电视市场带来一阵清新风，抛却收视率、放弃恶俗，单纯地为了不同文化之间更好地交流。

"不只做喉舌、不只是娱乐"，电视的新价值还可以体现在跨文化交流中，是一座连接中外文化的桥梁——引进外来文化、输出本土文化。让为数众多的没有机会亲身与外国人、外国文化接触的受众，通过电视感知到了另一种文化，为以后可能进行的文化交流打下了基础。

第四节　探寻电视节目跨文化交流的传播机制

根据对电视谈话节目的跨文化现象的观察，发现原本的中国电视业的传播机制需要为了进一步做好跨文化交流而做出些许的调整，为了适应文化交流中开放、平等的要求，建立一个全新的传播机制。

一、由来已久的"宣传"机制

"文化大革命"十年对中国媒体尤其是国家级的媒体影响深远，媒体更像是一个主流意识形态的高级工具，在报道中强调以"以正面报道为主"。当然不能否认的是"正面报道"为主的报道政策在对内传播中有一定的益处，如此庞大的国家，一点的纷乱就可能散播成全国性事件，为了维持社会的和谐稳定，这种报道政策有其存在的必然性。然而将这样的对内传播方针运用到对外传播中时，用生硬的宣传性语气继续坚持所谓的"正面报道"在国际社会并没有获得"正面效果"，反而带来了外国受众对我国对外报道的不信任。针对性不强的对外报道并不能满足国际受众对来自中国信息的真需求，进而使我国媒体失去影响国际受众的机会。而美国的对外传播策略值得我们学习，美国政府经常在国际事态不明朗时，向美国国际性的新闻媒体传递消息，根据国际社会对这个讯信息的反应做出相应的调整。既保证了国际事件报道的及时性，又充当了政府借以做出快速反应的试探气球，因此如今美国的大型新闻传媒集团在世界有极高的影响力。中国传媒也只有占领国际新闻传播的前沿阵地，才能在国际受众中获得信任与关注。

在跨文化传播中一个突出问题是不同文化间在交流和沟通的过程中出现理解上的障碍，导致相互间对彼此文化的理解有偏差，进而导致文化冲突以及文化冲突带来的对经济、政治等各方面的影响。在这种情况下，媒体可以发挥的空间是巨大的。中国对外开放的不仅是庞大的商品市场，还有中国的信息市场。如果我国的对外传播无视这一现实，仍然沿袭过去对许多国际敏感事件封闭不报、推迟报道、省略报道等传统运作手段，也许我国的电视媒体失去的不仅仅是重大事件的传播时效，更甚的是失去在国际受众中的信誉，加深他国对我国媒体国际形象的误解。这也因此必然削弱中国电视节目的对外传播在世界传媒中的竞争力和影响力，会被孤立于全球信息一体化的传播体系之外。因而我们应该明确树立正确的跨文化传播理念，改"宣传"为"传播"。

二、走下神坛的"传播"机制

在跨文化交流中，电视应该抛弃此前"高高在上"的传播语气，"魔弹论"早已不适合现在的媒体受众，"5W"的线性传播模式也早已不适用于而今的传播走向。电视机前的观众会思考，更会借助而今互联网的微博与论坛公开发布自己的观点。"宣传"的传播方式在网络发展迅速的今天面临巨大的威胁——也许媒体可以隐瞒事实，但是总有接触到真相的人通过公开的网络平台揭露真相；当真相揭开之时只会减少受众对于这个媒体的不信任。

当媒体真正地与受众民主、平等地交流，倾听受众的心声，才能取得更好的传播效果。特别是在跨文化交流中，媒体与受众之间信息的双向流动既有利于受众接收外来文化的信息，也有利于媒体知晓受众希望知道异质文化的哪些方面，他们对于跨文化的交流又有哪些要求。对于外国受众而言，中国媒体用客观中立的态度报道事实，远比逃避事实、美化现状而更有吸引力。

机制传播机制的建立，一靠体制，二靠制度。电视节目的跨文化交流传播机制的形成，首先需要电视媒体走下神坛，惯用的"宣传"手法也许有利于维护社会的和谐稳定，但是它未必适合互联网科技发展带来的信息透明化现状。电视的体制取决于社会的制度，在我国社会主义初级阶段的国情之下，电视媒体私有是暂且不会出现的情况，国家所有的媒体难以去除党政"喉舌"的形象。如何在保证政党宣传的基础上最大限度地发挥电视的自主能动性？需要国家相关部门给电视行业一定的自由，在不涉及政治的方面，鼓励电视发挥文化层面的特殊作用。

电视奉行的体制由国家制定，而电视所执行的制度由行业自身决定。新闻媒介同时具备"事业性"和"产业性"的双重属性使电视不仅是事业属性的服务行业，还有营利的企业性质。在电视的运作中，商业广告以及电视节目中对企业产品的植入与宣传都是为了电视"企业化管理"的表现形式。在营利的前提下，电视依然应当注重其作为文化载体的文化层面意义。电视作为信息传播者对于传播的信息有自主选择的作用，要建立起电视节目跨文化交流的传播机制，则电视必须在选择传播的信息时注重跨文化交流方面的内容。当这部分的信息传递出去后，应该及时地注意受众的反馈，反馈中更看重哪方面的内容、更适应哪一种节目形式，在经过对反馈信息的分析后，再对跨文化传播的内容不断调整。

第五节　积极搭建跨文化传播与交流的新平台

一、节目的定位：跨文化交流的桥梁

《国际双行线》的导演兼制片人宋民在谈到节目的创作初衷时说到节目组在出国考察初期，外国人对中国人的不了解，甚至有些人认为中国人都是又瘦又小，稍微体面点的都是日本人。虽然国内出国的人不少，但中国人的整体形象外国人不知道；与此同时中国人对外国的了解更是只知皮毛，故而制作团队想做一档文化交流为主旨的电视谈话节目，"想做一道桥梁，让中国人和外国人的思想真正的交流"。《文明之旅》依托于中央电视台的国际频道，秉承"传承中华文明，服务全球华人"的频道宗旨，旨在搭建中外文明对话的平台，为海内外的观众开启一场"思想之旅"。

（一）让文化在节目中往来

跨文化的"跨"字强调"你来我往"的一种动态交流过程，不仅是向中国观众介绍外国文化，同时也需要向外传递中国文化。《国际双行线》与《文明之旅》不仅让中国的电视人走出国门亲身去观察、去记录国外的生活，实现了"走出去"；更把"老外"请进了演播室，与中国的普通百姓面对面地交流，也实现了"请进来"。将不同文化背景、不同思维模式、不同政治制度、不同经济发展水平、不同肤色、不同种族的人聚集在一起，就共同关心的话题来交流、碰撞和沟通，不仅使中国观众亲眼看到、亲耳听到外国朋友对中国的真实感受；同时也让外国友人们亲身感受到改革开放下中国的变化，体验到中国民众素质的迅速提高。应该说，这是一种真实与实质意义上的中外交流。《国际双行线》与《文明之旅》都明确将节目定位为"促进中外文化交流"，但侧重点略有不同：由于北京卫视的播出范围主要是国内，《国际双行线》受众群体以国内受众为主，更多是让中国观众了解外国文化；而《文明之旅》依托于中央电视台中文国际频道，频道在亚洲、非洲、拉美、北美洲、欧洲和大洋洲的许多国家和地区实现了全频道或部分时段的落地播出，面对的受众人群中其他肤色、其他种族、背靠其他文化背景的人不在少数，所以节目更偏重于将中国传统文化传递到外国受众中去。无论是试图将外国文化"引进来"，还是推动中国文化"走出去"，两档节目所做的都是用电视媒介的手段搭建一座跨文化交流的桥梁。无论传播的主体是中国文化还是外国文化，都是为了文化间更好地流动、不同文化背景的人们更融洽地交流。不同文化的嘉宾为了让对方更透彻理解自己的观点，在话题的探讨过程中，会越说越细化，从而越接近文化的缘由：对某个问题持什么样的态度，是如何产生这样的观点，又是为何坚持如此说法等。通过对这一系列问题的阐述，文化就通过嘉宾的言语传入节目中，并形成不同文化的交锋。

（二）与其他有跨文化现象节目的差异

当然，在众多电视节目类型中，有跨文化交流现象出现的并不是只有谈话节目，但是他们的定位并非如这两档节目那般力图做跨文化交流的桥梁。比如旅游节目在内容中有很多对外国风土人情的介绍，像旅游卫视的《有多远走多远》与《行者》，用直观的镜头语言描绘异国的风景与异国人的生活。《有多远走多远》的节目定位是"新鲜的视角找风景、看世界"；《行者》的定位是"以行走和发现为主题，以旅行者个人魅力展现以及目的的人文风情为主体"。如今的旅游节目不再停留在国门打开初期仅仅介绍国外风景为主旨的节目，更多是体验一个国家的人文景观，旅行者用"度假""探险"的姿态走入另一个国家人民的生活，寻找美食、与当地人聊天、到本土居民家中探访，可以说，是用更全面的方式向观众介绍这个国家的文化。但他们却仅仅停留在"介绍"，通过节目制作方的眼光观察世界，而没有让两个文化中的人们直接沟通与对话。

《国际双行线》与《文明之旅》则是将在外国拍摄的短片作为影像资料的补充，节目的主体是中国人与外国人置于电视场景中展开谈话，谈话中有冲突、有矛盾、有不理解，更有不停地阐述、证明自己观点和态度的根源。只有在谈话的基础上，才能实现更好地交流。来自不同文化的嘉宾在交谈中不断出现的火花，不仅是文化的不同之处引人关注，文化的相通之处更能引起受众的共鸣与好奇。谈话节目比其他类型的电视节目多的是"思想"。谈话节目的即时性与未知性引爆的思想火花极具吸引力。甚至谈话进行中会有些许失控的状况出现会让节目更加出彩，"失控"有时会比人为的话题引导的感染力来得更真实有效，将谈话节目从电视单向传播走向电视与观众共同参与的双向传播提供了经验。可以说谈话节目的出彩的点就在于它的不可知性。话题是在一期节目中讲完，如果这个话题恰好是观众关注的，那么在紧凑的节目结构中话题的延续性会吸引观众将整期节目看完，而不会是一扫而过或是仅做短暂停留。当谈话节目赋予跨文化交流的内容时，由于文化的不同，嘉宾间观点的差异更大，谈话内容的发展具有更多的可能。

电视谈话节目立足于谈话的基础上，不同文化背景人们间的交流通过电视的播出平台传送到更多的电视机前的受众中去，让不在现场的受众同样能感受到谈话的氛围，了解另一个文化的魅力。它像一座桥梁给桥两端属于不同文化的人们提供了往来的渠道，让另一种文化从桥的那一端传递过来，也让自己的文化通过这座桥走到对面。

二、话题的选择：人类共同关注的问题

无论什么肤色、在哪个国家、拥有怎样的文化背景、过着怎样的生活，人性的共通之处是永远存在的。对于人们而言，如果异文化与自己无关紧要，这种异质文化就难以进入人们的文化视野中；进入人们文化视野中的文化，就多少体现了文化自身共同存在的焦虑、恐惧、希望与向往。也就是说，"除非发现了这种文明可利用的价值并真诚地加以利用；将其转化为自我解放与自我超越的力量，否则，一种异域文明不管多么伟大，对文明之间的交流来说都是没有意义的"。文化之间存在的共性，使得谈话节目的话题能够选取各文化间共同面对与关注的问题，将某一种文化的喜怒哀乐表现出来，引起另一种文化的人的共鸣。在面对人类共同关注的问题时，不同文化背景的人们无论意见相合还是观点迥异，对于受众而言都有一定的吸引力。电视谈话节目在话题的选择中使用共通性的话题有利于进行跨文化交流的进行。

（一）情感与生活

人类总有一些问题是共同的：关于爱、关于信念、关于烦恼、关于忧伤，与

世界的风云变幻无关。无论文化有多么不同，人们的情感是相同的：亲情、友情、爱情涉及的诸多问题不是哪一文化的人特定面对的。同样，吃穿住行、柴米油盐、健康与否这些人类的基本需求也是不会因文化而改变的。情感与生活是生存于这个世界的人们每天都必须面对的，因而有关这类话题的选取无论来自哪一种文化的人们都有说不完的故事。同样面对情感与生活，不同文化的人却有不一样的感受与态度。这部分最容易吸引受众的关注——看看另一个文化背景中的人过着怎样生活，有着怎样的喜怒哀乐。

在《国际双行线》中选取的话题中最多就是这一类别，在倡导国际意识的基础上并不忽视平民色彩，极为关注情感与生活的话题。贴近生活的话题世界各个角落的人都在探讨。不同文化的人对同一话题会持有或迥异，或相同的观点。《你快乐所以我快乐》不同肤色的人们共同讨论爱情，当坠入爱河时、热恋时、失恋时，大家分别如何面对；《单亲家庭》讲述中国和美国单亲家庭的故事，中国的单亲家庭临社会舆论压力时的心态，而美国单亲家庭孩子成长过程中与双亲家庭差别并不大；《办公室的健康》一期中外嘉宾讨论上班族在忙碌的工作中、强大的压力下如何保持健康；《胖子的美丽人生》邀请不同国家的胖子共同探讨属于他们自己的快乐等；《全职太太》一期对于全职太太这个社会现象不同国家人们的看法，日本的嘉宾觉得这是非常正常与合理的现象；美国的嘉宾觉得这是男女不平等的表示；中国年轻一代的嘉宾认为女人需要工作不能与社会脱节；在《装修这点事》一期的一开场主持人就问在座的观众"一谈到装修你脑子里首先冒出的一个词是什么"，三个中国观众纷纷表示"累""烦""担心"；德国观众则说"请别人装修会很累，自己装修会有乐趣"。

这些情感与生活的话题就像日常生活中朋友间聊天会出现的内容"爱人怎么样""婚姻如何经营""体重的苦恼""装修怎么办"，当这些日常话题搬上电视中，受众首先会有一种亲切感，因为这些话题也出现在自己的生活中，也是自己关注的问题。其次看到外国人说这些话题有一种新奇感，好奇他们如何经营自己的感情，如何处理吃穿住行。细微的生活中看出中西方的差异，本身就具备趣味性，因而使节目有一定的吸引力和文化传播价值。

（二）艺术与热爱

艺术无国界，艺术引发人们的共鸣是无须语言诠释、可以打破语言障碍的。而热爱来自每个人的内心深处，对于某项事物的追求与专注可以得到不同国家人的喝彩。像靳羽西做客《文明之旅》的以"美丽的中国红"为主题，讲述自己对美的追求和将中国传统的美传播出去的心得体会。《国际双行线》有一期《凡花无界李玉刚》是李玉刚讲述他去悉尼歌剧院演出时的外国观众的热情，听不懂中文的人依然欣赏来自中国的音乐艺术，说明音乐是一种世界共通的语言；《跑遍全世界》邀请来自中国和瑞士的两位长跑达人一同就长跑这个看起来很小的话题分享自己的感受。他们都不是专业的运动员，只是长跑爱好者，讲述自己与长跑的情缘，来自不同国家的嘉宾用平民视角，表达对长跑这项运动的执着，在热爱面前文化差异似乎消失了。《一位欧洲贵族在中国的真实生活》说的是一位曾经有着爵位的欧洲贵族对中国的热爱，来到中国做分文不取的外国顾问，梦想成为一名中国共产党党员，讲述他为何如此留恋中国。在《文明之旅》一期名为《昆曲牡丹亭焕发青春》的节目中，著名作家更是昆曲推广人的白先勇先生介绍穿越600年沧桑的昆曲如何在当代仍然吸引年轻人甚至外国人的喜爱，虽说唱词难懂，却用优雅的身段、呢喃的语调唱出哀怨与悠长。

艺术与热爱，更多来自人类的精神层面。精神世界似乎总是带有一丝玄妙的色彩：就像外国人面对听不懂的京剧依然能够喝彩，而我们在听意大利的歌剧时也依然能够感受到情感的震撼；球迷对于外国球队的衷心与支持无非是源自内心对于足球、篮球运动的热爱与欣赏。艺术和热爱从某种程度上说将原本文化上的不通消解了，即使世界观、价值观、肤色、种族都不相同，但对艺术的欣赏、源自热爱的情感是共通的。

（三）民俗与传统

民俗与传统根植于一种文化之中，渗透于每一个人的生活中；每一种文化都有对自身民俗与传统的尊重和珍惜，对于另一种文化的民族与传统都抱有好奇。所以民俗与传统类的话题设置，可以唤醒受众心中对异质文化的民俗、传统、习惯等方面的期待。像《国际双行线》节目中《喝酒的人》这一期讲中国、日本、俄罗斯截然不同的酒文化。中国人喝酒更多是为了联络表达感情，喝的是一种氛围；日本的上班族下班后常去小酒馆为的是一种放松，是男性上班族的一种习惯；俄罗斯人喝酒最初是为了在他们国家寒冷的气候下取暖，因而俄罗斯的酒很烈。三个国家的嘉宾畅谈各自的酒文化，言语中突出了三种文化对于酒的态度的不同，形成了强烈的反差与对比。《文明之旅》对于民俗与传统的探讨在所有节目话题中占的比重约为1/5：截至5月14日共75期的节目中，有17期介绍中国民俗传统的话题。对于外国人而言，中国人众多节日的由来显得神秘而充满故事，节目中做了4期对于中国传统节日"春节""清明节""端午节""中秋节"的介绍，节目现场的外国观众与主讲的中国文化学者直接对话，将外国人普遍对中国传统节日的疑问表达出来。嘉宾对于来源、节日习俗、节日食物都有详细的讲解，事实上不仅满足外国人对中国节日的好奇心，也让中国人了解自己过的节日的意义。此外还有对中国礼仪、对中国的儒家传统和孝道、中医医术的探讨等。这些中国固有的文化传统和民俗在外国人眼中是新奇而神秘的。为什么中国人拜年时作揖而不是握手？为什么中国古代女性要缠小脚？卧冰求鲤的故事是中国人孝道的体现吗？为什么"望闻问切"就可以治病？在节目中这些疑问的解开会让外国人更了解中国的传统。只有对文化传统与风俗的掌握，才能更理解中国人的现在。同样的，对于外国文化传统与风俗的介绍也能够帮助中国受众从根源上找寻外国人处世态度、生活方式的缘由。在了解文化传统的基础上沟通会减少不必要的冲突与矛盾，促成不同文化间的人们更好地交流。

三、主持人的特殊角色：交流中的文化使者

电视谈话节目的主持人是在代表电视机前的亿万观众与嘉宾进行交流，是一个倾听者、是一个引导出谈话的启发者，更应具备掌控整个谈话场的能力。在有跨文化交流现象存在的电视谈话节目中，主持人除了需要做好倾听者、启发者、掌控者，还需要像一个文化使者一般，熟知谈话双方的文化背景，在双方因为不了解对方文化而产生冲突时，主持人可以及时而巧妙地调和，引导谈话更好地进行。

（一）主持人在跨文化交流中的重要性

摆脱电视谈话的场域，我们仅去想象当一个中国人和外国人交谈时，如果他们克服了语言上的障碍，在探讨某个话题时，因为对对方文化背景的不理解，所以难以接受对方的观点、更难以接受对方在交谈时使用的表情与手势，那么谈话的最终结果很可能是不欢而散。如果这时有一个"第三者"，他了解谈话双方的文化背景，知道谈话中一个人为何那样激动、另一个人为何那样内敛的原因，知道他们各自持有不同观点的文化缘由。那么通过"第三者"的适时解释及合理引导，让双方先冷静而后再继续交谈，那样的谈话会比之前顺畅很多。这个"第三者"在有跨文化交流现象的谈话节目中，就是主持人。

不同文化的人们因为差异、因为彼此的不了解，必然会在谈话中产生矛盾与质疑。在一场谈话节目中，两个、三个或者更多个国家的人在同一个谈话场下交谈，如果没有对彼此文化的了解，说出一句本无恶意的话也可能会伤害到来另一个文化背景下的人的自尊和禁忌。像来自高语境文化与低语境文化人的交流中会有诸多的不理解，低语境的人完全不清楚高语境的人含蓄的背后想表达什么，高语境的人也受不了低语境的人说话为何如此直白；因为彼此不了解对方的表达习惯、解决冲突的方式，最终冲突只会愈演愈烈。这个时刻急需主持人的巧妙圆场，缓解冲突的发生；而促使不同文化背景的人在同一个场景下共享信息。通过主持人的巧妙协调，使场上所有不同文化背景的人都能达到信息共享的目的。

（二）多文化的背景知识

主持人要扮演好文化使者这个角色的前提是对双方的文化都有一定的了解，这样才能知道双方为何会有反差如此大的观点交锋。这要求主持人具备一定的多元文化背景；或者说能善于把握到文化精髓的能力，在节目短暂的准备时间内迅

速了解即将在节目中出现的嘉宾的文化背景，从而在节目进行中能够对嘉宾某些观点或者某种态度的文化根源做出及时反应。

《文明之旅》一共有 3 位固定班底的主持人，他们都具备深厚的本土文化底蕴和异文化知识：刘芳菲毕业于吉林大学外国语学院日语系；杨锐现为央视英语频道主持人、制片人，他拥有上海外国语大学英语系和国际新闻专业双学位学士，并且有海外的留学背景；董倩毕业于北京大学历史系。外语专业的学习不仅在于语言，更是对该语言归属的文化的了解；而历史专业的学习给予的也不只是事件的陈述，更是打开了一扇走入民族的文化大门，民族的性格、民族的文化正是从每一个重大历史事件中发展出来的。刘芳菲、杨锐、董倩的主持风格各不相同，却都与整个节目的气息很是合拍，因为他们对于文化有足够的了解，在学术背景里受过文化学的浸染，才有可能在与文化大师的对谈中不脱节。

除了具备深厚外国文化知识的学术背景，主持人更应该有全球化的开阔眼界、关注世界大事的敏锐、丰富的知识体系。掌控跨文化交流的主持人不仅需要主持人应有的语言能力、控场能力，更应该像一个杂家，对于文化知识、世界政治走向、世界经济趋势都有完备的掌握，才能够在节目中自如的与具有不同文化背景的人聊他们的文化、社会与生活。

（三）灵活得体的言行

主持人如何承担起文化使者的角色？与其在节目中表现的言行举止也有密切的关系。当遇到嘉宾有矛盾冲突的倾向时，既不能没有察觉也不能不知所措，应该用灵活的应变能力、以从容的姿态掌控谈话话场，化解可能引发的激烈冲突。

《国际双行线》2001 年 11 月的一期节目因为主持人没有及时对嘉宾冲突做出疏通引发嘉宾退场的现象引发过学界的讨论。这期名为《谭盾来了》的节目结局是"谭盾走了"，是中国电视媒介第一次出现"嘉宾无预兆退场"，成为当时一个受瞩目的"媒介事件"。那一期的嘉宾是代表传统音乐的音乐家卞祖善和代表先锋音乐的美籍华裔音乐家谭盾，节目的开始不久卞祖善就对谭盾的音乐进行不间断的批评。在节目录制的 57 分钟时谭盾宣布退场，留下了错愕的主持人与观众。这期节目经过剪辑之后还原了谭盾退场的场景并如期播出，意外的是因为节目现场的"失控"而取得了较高的收视率，但是不容忽视的是主持人在这期的表现并不够专业。卞祖善在对谭盾批评的 10 分钟里主持人没有找到一个好的切入点将话题转移开，而任由这种不对等的交流情况继续。虽然卞祖善和谭盾都是华人面孔，但是卞祖善代表了老一辈的音乐家，谭盾在美国生活的 20 多年，正是他职业起步发展的时期，受到美国文化影响而形成了一种受西方赞许的先锋音乐。两人的音乐理念不同、文化不同，互相不理解是必然的。主持人能否在双方的话语矛盾中起到润滑剂的和谐作用，决定着这个交流是否能够顺利进行。在 BTV《国际双行线》"嘉宾退场"专题研讨会上，叶凤英教授指出：《国际双行线》的特点是中外文化的碰撞、不同观点的交锋，它的戏就出在问题的产生和化解之间，就出在节目进程的不可知性。由此也提高了对主持人的要求，对有冲突的话题要有更高的应变能力。此后《国际双行线》的主持人，无论是经历过谭盾离场的姚长盛还是后期的樊登，都具备不错的应变能力，能够在冲突中斡旋、在不同国家的嘉宾与观众间起到沟通桥梁的作用。其实如果在节目录制时，主持人能敏锐地察觉到双方的矛盾在激化，应该及时礼貌地插话，跟一方说说对方的艺术成长背景，比如可以跟卞祖善提及艺术差异的存在，"就像欣赏画作时，有人认为一文不值的画在另一个眼中价值连城。艺术范围内允许不同意见共存，也请您先聆听一下谭盾的艺术见解"。此外主持人还可以再提出谭盾受美国流行文化的影响，而且他的音乐也得到了美国艺术界的赞赏；这样平复谭盾的情绪，不至于引发他的愤然离场。

电视谈话节目中的跨文化交流所体现的文化差异本身就是极大的看点，甚至谈话过程中出现的因为文化差异而引发的失控片段更能引起观众的关注，但是这个失控的度需要主持人来做非常精准的把握。不能真的像《国际双行线》中将"谭盾来了"做成"谭盾走了"的一期节目，谈话过程中嘉宾愤而离席固然不是什么好环节。在不同文化背景的嘉宾交谈中，主持人需要时刻控制住谈话的进行，对于有冲突的观点要有更高的应变能力，用轻松的姿态化解冲突、用智慧的语言带过冲突——既要把冲突体现出来，也要找到双方冲突的根源，而使双方彼此理解。总之，主持人在跨文化电视谈话节目进行中，控场的尺度与分寸非常关键，"可控"与"失控"之间比例恰当才会使节目更有魅力。

参 考 文 献

[1] 孔朝蓬，任传功.广播节目主持艺术 [M].长春：东北师范大学出版社，2012.

[2] 王悠.中国跨文化传播研究的发展历史与现状 [D].武汉：华中师范大学，2007.05

[3] 张振华.体现时代性把握规律性切实改进对外报道 [J].现代传播，2003.06.

[4] 陈德照.21 世纪初世界经济面临重大转折 [J].国际问题研究，2002.05.

[5] 庞雨杨.我国电视英语新闻对外传播现状与发展研究——以 CCTV-9 英语新闻为例 [D].郑州：河南大学，2010.04.

[6] 程曼丽.国际传播学教程 [M].北京：北京大学出版社，2006.

[7] 丁柏栓.加入 WTO 与中国新闻传播业 [M].北京：社会科学文献出版社，2005.

[8] 李惠彬.全球化与公民社会 [M].桂林：广西师范大学出版社，2003.

[9] 范志忠.泛娱乐化语境下的电视文化生态 [J].中国人民大学复印报刊资料（新闻与传播版），2010（8）.

[10] 申凡.传播媒介与社会发展——媒介功能理论研究 [M].北京：人民出版社，2008.

[11] 徐小立.传媒消费文化景观 [M].北京：人民出版社，2010.

[12] 黄楚新.媒介融合背景下的传媒创新 [M].杭州：浙江大学出版社，2011.

[13] 孙平.受众心理学 [M].郑州：中州古籍出版社，2007.

[14] 宫淑红，张浩.媒介素养教育理论与实践 [M].济南：山东人民出版社，2010.

[15] 申凡，戚海龙.当代传播学 [M].武汉：华中科技大学出版社，2000.

[16] 刘双，于文秀.跨文化传播——拆解文化的围墙 [M].哈尔滨：黑龙江人民出版社，2000.

[17] 陆扬，王毅.大众文化与传媒 [M].上海：上海三联书店，2002.

[18] 陆道夫.狂欢理论与约翰·菲斯克的大众文化研究 [J].外国文化研究，2002（4）.

[19] 刘京林，罗观星.传播一媒介心理 [M].北京：北京广播学院出版社，1999.

[20] 梅尔文·德弗勒.大众传播学诸论 [M].北京：新华出版社，1990.

[21] 胡文仲.跨文化交际学概论 [M].北京：外语教学与研究出版社，2012.

[22] 潘知常，林玮.大众传媒与大众文化 [M].上海：上海人民出版社，2002.

[23] 冉儒学.真人秀节目形态分析 [J].当代电视，2002（6）.

[24] 苏元益.圈地贵族：国际传媒业十大实力品牌发展战略 [M].杭州：浙江大学出版社，2004.

[25] 张开.媒体素养教育在信息时代 [J].现代传播，2003.1.

[26] 陈先元.大众传媒素养论 [M].上海：上海交通大学出版社，2005.

[27] 崔欣，孙瑞祥.大众文化与传播研究 [M].天津：天津人民出版社，2005.

[28] 石惠敏.媒介素养教育应普及 [J].新闻前哨，2004（4）.

[29] 裴涵，虞伟业.日本媒介素养探究与借鉴 [J].现代传播，2007（5）.

[30] 李艳华.传播素质与媒介素养辨析 [J].当代传播，2006（2）.

[31] 喻国明."碎片化"语境下传播力量的构建 [J].新闻与传播，2006（4）.

[32] 金海燕.现代企业管理人员和媒介素养 [J].山东纺织经济，2007（6）.

[33] 郭庆光.传播学教程 [M].北京：中国人民大学出版社，1999.

[34] 胡文仲.跨文化交际学概论 [M].北京：外语教学与研究出版社，2012.

[35] 胡文仲.跨文化交际与英语学习 [M].上海：上海译文出版社，1988.

[36] 朱春阳.现代传媒产品创新理论与策略 [M].济南：山东人民出版社，2005.

[37] 熊澄宇.新媒介与创新思维 [M].北京：清华大学出版社，2001.

[38] 邵陪仁，陈兵.《媒介战略管理》[M].上海：复旦大学出版社，2003.

[39] 包国强.媒介营销理论方法案例 [M].北京：清华大学出版社，2005.

[40] 孙旭培.中国传媒的活动空间 [M].北京：人民出版社，2004.

[41] 陆地.中国电视产业的危机与转机 [M].北京：中国人民大学出版社，2002.

[42] 张同道.媒介春秋 [M].北京：中国电影出版社，2002.

[43] 任金州.中国电视与市场经济对话 [M].北京：北京广播学院出版社，2002.

[44] 克雷顿·克里斯藤森.创新者的困窘 [M].吴潜龙，译.南京：江苏人民出版社，2001.

[45] 彼得·F.德鲁克.创新与创业精神 [M].张炜，译.上海：上海人民出版社，2002.

[46] 迈克尔点波特.竞争优势 [M].陈小悦，译.北京：华夏出版社，2004.

[47] 胡正荣，段鹏，张磊.传播学总论 [M].北京：清华大学出版社，2008.

[48] 李艳丹.浅议"买方时代"的电视综艺节目创新 [J].当代电视，2015（7）.

[49] 李艳丹.至真·至善·至美——评电视综艺节目《中国民歌大会》[J].当代电视，2017（1）.

[50] 李艳丹.浅析我国电视综艺节目发展新态势 [J].新闻知识，2014（7）.

[51] 李艳丹.浅议网络新闻文本的优缺点 [J].南阳理工学院学报，2014（4）.